dtv

Im ersten Band seiner Erinnerungen, ›»Bleib übrig«‹, berichtete der Journalist Ulrich Frodien von seiner Kindheit und Jugend in Breslau unter dem prägenden Einfluß des Nationalsozialismus, vom Fronteinsatz als Kriegsfreiwilliger und der Flucht. »Ulrich Frodien reifte während einer Nacht zum Pazifisten. Jetzt schrieb er sich den erlittenen Wahnsinn von der Seele. Relativ nüchtern wirkt Frodiens Text, manchmal ironisch, oft distanziert, dann wieder beklemmend«, urteilte die ›Südwest Presse‹ über dieses Buch. Im vorliegenden Band setzt er seine Erinnerungen fort und erzählt von den ersten Nachkriegsjahren, die er in der damaligen Ostzone verbrachte.

Ulrich Frodien, geboren 1926 in Breslau, arbeitete ab 1950 als Redakteur für die ›Süddeutsche Zeitung‹ und die ›Münchner Illustrierte‹. Von 1954 bis 1991 leitete er den von ihm begründeten Bilderdienst im Süddeutschen Verlag in München und baute dessen Bestand zu einem der heute bedeutendsten Pressebildarchive in Deutschland aus.

Ulrich Frodien

Um Kopf und Kragen

Eine Nachkriegsjugend

Deutscher Taschenbuch Verlag

Von Ulrich Frodien ist außerdem im
Deutschen Taschenbuch Verlag erschienen:
»Bleib übrig«. Eine Kriegsjugend in Deutschland (30849)

*Für Prof. Dr. Hans Günter Hockerts,
Ludwig-Maximilians-Universität München,
in Dankbarkeit für seine Unterstützung und
hilfreiche Ermutigung bei meiner Arbeit und
die vielfachen Anregungen und Hinweise
in seinen Vorlesungen*

Originalausgabe
März 2005
Deutscher Taschenbuch Verlag GmbH & Co. KG,
München
www.dtv.de

Umschlagkonzept: Balk & Brumshagen
Umschlagfoto: © DIZ, München
Gesetzt aus der Minion (10/12')
Gesamtherstellung: Druckerei C. H. Beck, Nördlingen
Gedruckt auf säurefreiem, chlorfrei gebleichtem Papier
Printed in Germany · ISBN 3-423-34171-8

Übers Niederträchtige
Niemand sich beklage;
Denn es ist das Mächtige,
Was man dir auch sage.

In dem Schlechten waltet es
Sich zu Hochgewinne,
Und mit Rechtem schaltet es
Ganz nach seinem Sinne.

Wanderer! – Gegen solche Not
Wolltest du dich sträuben?
Wirbelwind und trockner Kot
Laß sie drehn und stauben.

G.

Von schlauen Mädchen, wütenden Russen und großer Freiheit

Den russischen Soldaten in der Saaltür hatte kaum einer der vorbei Tanzenden bemerkt. Auch nicht die Kalaschnikow, die er umgehängt hatte. Es war Samstag abend. Im »Goldenen Mond« begann, was man damals als »Remmi-Demmi« bezeichnete. Die Kapelle auf der Bühne gab sich alle Mühe, ihre großen amerikanischen Vorbilder von jenseits der Zonengrenze möglichst überzeugend zu imitieren. Das gelang ihr wesentlich besser als den Tanzpaaren das rhythmusgerechte Schieben und Hüpfen von Swing und Boogie-Woogie, für das es als Vorbild nur Ausschnitte aus den DEFA-Wochenschauen und gelegentliche Tanzszenen aus den wenigen amerikanischen Filmen gab, die über die Kinoleinwände der russischen Besatzungszone flimmern durften.

Es ging auf Mitternacht. Die Kapelle hatte noch nicht zu ihrem berühmt-berüchtigten Endspurt angesetzt, mit dem sie die Fenster der dörflichen Tanzsäle zum Klirren und das Holzparkett zum Beben brachte. Der begann immer mit einem in den Saal geröhrten: »Oh, when the saints ...!«, worauf selbst die rötesten Neukommunisten lauthals zurückbrüllten: »go marching in!« Wer sich noch fit genug fühlte, vielleicht auch das Gefühl hatte, bisher an diesem Abend eigentlich zu kurz gekommen zu sein, wußte, daß die letzte Chance gekommen war, und stürzte auf das Parkett.

Es gab nur wenige, die die neuen Tänze wirklich beherrschten. Aber gerade deshalb genierte sich niemand, so loszulegen, wie es dem eigenen Rhythmusgefühl entsprach. Dabei erwiesen sich die Frauen meist als die weitaus besseren Tänzer. Der entschlossene Wille sich zu amüsieren, und die allgemeine Begeisterung nach dem strikten Tanzverbot während der sechs langen Kriegsjahre brachten den Saal zum Kochen. Die Kapelle wußte, was sie ihrem Publikum schuldig war. Das Mittelstück des Finales bestand immer aus dem großen einsamen Solo des Schlagzeugers, der wie ein tanzender Derwisch auf seine Instrumente eindrosch. Er genoß die bewundernden Blicke der Mädchen ebenso wie das rasende Stakkato seiner Schlagstöcke. Dann, immer leiser werdend, streichelte er die Trommelhaut nur noch mit seinen Jazzbesen und steigerte damit die Spannung seines Publikums auf das Höchste. Jetzt gleich, das wußten alle, würde die ganze Kapelle mit einem Schlag und in größtmöglicher Lautstärke loslegen und mit einem Aufschrei in die große rasende Zielgerade des ganzen Abends einbiegen, den absoluten, nicht mehr zu steigernden Höhepunkt, auf den alle seit ihren ersten Tanzschritten gewartet hatten.

Dann war es soweit. Ein markerschütternder Trompetenstoß, und es begann das von allen heiß geliebte Schlußstück, »Tiger rag«. Von der akustischen Wirkung her war das Folgende nur mit der berüchtigten Stampede zu vergleichen. Wie eine riesige Bison- oder Rinderherde hetzten alle über das Parkett und ließen die Erde unter sich zittern. Erst wenn die ersten schweißüberströmt und völlig erschöpft auf ihre Stühle sanken, die Mädchen so außer Atem, daß es nicht einmal mehr zu den üblichen Kicheranfällen reichte, erst dann machte die Kapelle Feierabend.

An dem Abend sollte es aber nicht so weit kommen. Noch wurden die hereingeschmuggelten Limonadenflaschen mit selbstgebranntem Kartoffelschnaps unter der Hand weitergereicht. Der Totengräber des Ortes, einst eine mit allgemeiner Nichtachtung bestrafte Unperson, aber seit dem Einmarsch der Roten Armee wegen seiner Uralt-Mitgliedschaft in der KP eine von allen hofierte Persönlichkeit, stand noch aufrecht an der Theke. Was sich im Laufe des Abends, wie an jedem Wochenende ändern würde. Er hatte sich angewöhnt, jedem Bittsteller, der sich ihm näherte, erst dann Audienz zu gewähren, wenn dieser ihm einen Doppelten spendierte. Die Intensität seiner Aufnahmebereitschaft für bestimmte Anliegen hing, besonders wenn es sich dabei um ehemalige Honoratioren handelte, die inzwischen die politische Leiter hinuntergerutscht waren, sehr davon ab, wieviel Doppelte im Laufe des Gesprächs folgten. Ich hatte staunend beobachtet, wie er diese zahllosen Wässerchen im Laufe eines Abends in seinem langen spindeldürren Körper versickern ließ. Nur die allmähliche Neigung seines Oberkörpers ließ gewisse Rückschlüsse auf den Grad seiner Trunkenheit zu. Gerüchteweise hieß es, daß er schon am kommunistischen Aufstand 1923 in Sachsen teilgenommen hatte, der damals von der Reichswehr blutig niedergeschlagen worden war. Aus unerfindlichen Gründen genoß ich seine Sympathie, vielleicht weil ich als besitz- und heimatloser Flüchtling nicht mehr zum Bürgertum zählte, obwohl mein Vater hier seit einem Jahr als Landarzt arbeitete. Es gelang mir nie, den Altkommunisten über diesen Aufstand zum Reden zu bringen, auch wenn mich die Geschichte brennend interessierte. Jetzt stand er noch schön aufrecht an der Theke, im Kreis von Mitgliedern des Ortsverbandes der SED, und winkte mir gönnerhaft zu, als ich mit meiner neuen Freundin an ihm vorüber tanzte. Auch er hatte, wie die meisten anderen, den Rotarmisten noch nicht bemerkt, der jetzt mit schwankenden Schritten die Theke ansteuern wollte. Das funktionierte nicht, weil es ein Hindernis gab, an dem er nicht vorbei kam. Das war ein Tisch, auf dem die Eintrittskasse stand und die Banderole mit den Eintrittskarten. Dahinter thronte auf ihrem Stuhl die Kassiererin, Frau Wolkant, die dieses Geschäft schon seit Jahrzehnten betrieb und längst alle Tricks kannte, mit denen sich die Leute an ihr vorbei zu schleichen versuchten.

An Frau Wolkant waren schon ganz andere kläglich gescheitert, geschweige denn ein kleinwüchsiger, krummbeiniger Usbeke in der Uniform der Roten Armee, von dem sie später, wenn sie über den Zwischenfall befragt wurde, nur immer als von »dem Chines« redete. Er sollte, wie alle anderen, gefälligst Eintritt bezahlen, wozu er nicht bereit war. Wahrscheinlich verstand er überhaupt nicht, was die Frau von ihm wollte. In dieser Zeit, man schrieb den Sommer 1946, tat jeder gut daran, Begegnungen mit Soldaten der Roten Armee möglichst aus dem Wege zu gehen.

Hier im Sächsischen hatten die Amerikaner dieses von ihren Soldaten eroberte deutsche Gebiet im Juni 1945, also kurz nach Kriegsende, wieder geräumt. Das ganze Land wurde im Tausch gegen die Berliner Westsektoren an die Sowjets übergeben. Es gab immer noch zahlreiche Zwischenfälle, auch wenn die Vergewaltigungen und anderen fürchterlichen Übergriffe vorbei waren. Man wußte, daß die Russen unberechenbar waren, vor allem wenn sie getrunken hatten, und dieser hier trug eine Fahne vor sich her, die jeden vorsichtigen Menschen zur Flucht genötigt hätte. Nicht aber Frau Wolkant, die mit ihrer voluminösen Erscheinung jetzt dem Iwan den Weg versperrte. Der war aber nicht so betrunken, um nicht zu erkennen, daß mit dieser deutschen Abwehrstellung ein anderer deutscher Besitz für seinen Zugriff offen war – die Geldkasse auf dem Tisch. Also griff er zielsicher nach diesem Ersatz, um unverzüglich den Rückzug anzutreten. Daraufhin protestierte Frau Wolkant laut und umklammerte ihn von hinten. Es bestand wenig Zweifel, daß ihm die Dame körperlich weit überlegen war.

Bis hierher hatten wir im Saal nichts mitbekommen. Erst das Protestgeschrei von Frau Wolkant machte die Gäste an den Tischen in der Nähe der Tür aufmerksam. Es kam ihr niemand zu Hilfe. Auch das war ganz charakteristisch für diese Zeit. Es gab viel zu wenig Männer »in den besten Jahren« auf diesem Tanzboden. Die Frauen waren weit in der Überzahl. An den Tischen saßen flaumenbärtige Jüngelchen, alte Männer, viele durch den Krieg mehr oder weniger stark angeschlagene ehemalige Soldaten, und nur sehr wenige, die durch Glück oder ihre u.k.-Stellung ihre Knochen heil über die kriegerischen Zeiten hinweggerettet hatten. Aber gerade diese Glücklichen waren nicht bereit, sie in einer solchen Auseinandersetzung leichtsinnig aufs Spiel zu setzen. Irgendwie gelang es dem Russen, sich aus dem Klammergriff herauszuwinden und seine Maschinenpistole zu fassen. Frau Wolkant war klug genug, in diesem Moment den Rückzug anzutreten. Die Kasse war auf den Boden gefallen, der Tisch umgestürzt, das Geld lag auf dem Boden verstreut. Plötzlich stand der betrunkene und jetzt sichtlich wütende Rotarmist mit seiner Kalaschnikow in der Hand im Türrahmen.

Die Kapelle spielte ungerührt weiter, aber die Tanzpaare wichen erschrocken zurück, und dann geschah es. Der Russe feuerte eine ganze Salve aus seiner MP über die Köpfe des Publikums hinweg in die Decke des Saales, so daß ein Teil der Lampen krachend zerbarst und die Glassplitter in der Gegend herumflogen.

Ich riß meine Freundin mit einem einzigen Ruck runter auf den Tanzboden und warf mich über sie. Die Erfahrungen von der Front lagen noch nicht so lange zurück. Diese Reaktion war im Kopf eingespeichert gewesen. Noch 1949 auf der Kaufingerstraße im Münchner Zentrum, damals noch keine Fußgängerzone, als direkt hinter mir, aber ich hatte ihn nicht gesehen, ein schwerer LKW eine Salve knallender Fehlzündungen auslöste, warf ich mich, belacht und bestaunt von allen Umstehenden, instinktiv flach auf den Gehsteig und suchte Deckung.

Überall neben mir geschah das Gleiche, die Tänzer rissen ihre Damen zu Boden, rund um die Tanzfläche krachten die Tische und Stühle zusammen, weil alles hinter ihnen Deckung suchte. Die Musiker hatten sich in Panik hinter die Bühnendekorationen gestürzt oder hingeworfen. Plötzliche Stille. Wir hoben vorsichtig die Köpfe und schielten zur Tür. Da stand »der Chines« mit seiner Kalaschnikow und ein breites Grinsen ging über sein Gesicht. Dann fing er an zu lachen. Deutete auf uns, diese Germanskis, die da zu seinen Füßen lagen. Weil das Ganze so lustig war, jagte er noch eine Salve in die Decke und wollte sich totlachen über unsere Angst. Man konnte ihm ansehen, wie er die Situation genoß. Er brüllte auch immer mal wieder etwas auf russisch, was aber keiner von uns verstand. Jetzt konnte man erkennen, daß das ein ganz junger Mensch war, vermutlich jünger als ich selber.

Um mich herum konnte ich beobachten, daß sich fast alle Tänzer über ihre Partnerinnen geschoben hatten. Nicht nur ich hatte erbärmliche Angst. Das einzig Komische an der Situation war die Tatsache, daß es einige wenige Paare gab, da hatten sich die Frauen über ihre Tanzpartner geworfen und verhinderten jetzt sehr geschickt, daß das sich das änderte. Hinterher gab das Anlaß zu reichlich Dorfklatsch. Im Moment aber lagen wir alle hilflos am

Boden, das Personal hatte sich in die Küche geflüchtet und der Wirt war verschwunden.

Nun hatte der Ort einen Bürgermeister, auch er natürlich Altkommunist, ein wenig beliebter, untersetzter, stiernackiger Typ. Bauernschlau und gerissen war er, ein Machtmensch der neuen Zeit. Bösartig beurteilt, hätte er auch in die Schuhe seines NS-Vorgängers gepaßt, wenn seine Lieblingsfarbe nicht rot, sondern braun gewesen wäre. Bei allen charakterlichen Nachteilen besaß er eine Eigenschaft, die sich für uns im Saal als segensreich erweisen sollte, großen persönlichen Mut. Er hatte sich zunächst neben dem Totengräber hinter der Theke zu Boden geworfen, erhob sich aber jetzt und näherte sich mit entschlossenen Schritten dem Rotarmisten. Dabei hielt er, zu unser aller Überraschung, eine Pistole in der Hand.

Bei Waffenbesitz in deutschen Händen drohte in dieser Zeit das Todesurteil vor einem sowjetischen Militärgericht. Wie in den westlichen Besatzungszonen lag die vollziehende Gewalt auch hier bei der Militärregierung, und die verschaffte sich Respekt mit rigorosen Strafandrohungen und Urteilen. Die Sieger wollten die Bildung einer NS-inspirierten Werwolf-Organisation oder anderer, illegaler und bewaffneter Gruppen im besetzten Deutschland unter allen Umständen schon im Keim ersticken. Deshalb durften anfänglich auch die ersten deutschen Polizisten keine Waffe besitzen. Statt dessen drückte man ihnen in den westlichen Besatzungszonen einfach Holzknüppel in die Hand. Das änderte sich, als die ersten Beamten bei Razzien von Kriminellen über den Haufen geschossen wurden. Die Russen handhabten diese Waffenkontrollen etwas geschickter. So waren die ersten kasernierten Vopos von Anfang an bewaffnet, und auch besonders zuverlässige, potentielle Funktionsträger, natürlich nur Genossen, durften, wie unser Bürgermeister, zu ihrer persönlichen Sicherheit eine amtlich registrierte Waffe besitzen. Die meisten Leute wußten das allerdings nicht. Jetzt begann er russisch auf den Soldaten einzureden, mit seiner Pistole signalisierend, daß der jetzt besser mit seiner Schießerei aufhören sollte. Wir alle bewunderten in diesem Moment seine

Kaltblütigkeit. Wenn der Russe mit seiner Kalaschnikow übel reagiert hätte, wäre dieses ungleiche Duell für den Bürgermeister böse ausgegangen. Er hatte aber Erfolg, zog den Soldaten an die Theke, wo er ihm eigenhändig ein Bier einschenkte, und verschwand für kurze Zeit.

Inzwischen hatten die Musiker wieder Platz genommen, die Tanzpaare erhoben sich, alles klopfte seine Kleidung ab, die Kellnerinnen fegten auf dem Parkett die Glassplitter zusammen, man nahm wieder Platz, und alle Damen mußten sofort auf die überfüllte Toilette, um ihr ramponiertes Aussehen aufzufrischen und das Ereignis gebührend zu bereden. Die Männer griffen nach ihren Gläsern, tranken Dünnbier oder Schnaps, um den Schrecken runterzuspülen, und an der Theke hofierte alles unseren Iwan, um ihn bei Laune zu halten. Der hatte seine Kalaschnikow an die Thekenwand gelehnt und amüsierte sich. Das änderte sich schlagartig, als eine Gruppe sowjetischer Militärpolizisten in den Saal stürmte, kenntlich an ihren roten Mützenbinden, und sich auf unseren »Gast« stürzte. Bevor der wußte, wie ihm geschah, hatten sie ihm die Arme auf den Rücken gedreht, so daß er vor Schmerzen aufschrie, und beförderten ihn mit Stößen auf den Gang hinaus. Das dauerte nur Minuten. Was draußen weiter geschah, berichtete später eine entsetzte Kellnerin. Sie banden dem Jungen mit Draht die Hände auf dem Rücken zusammen, bogen seine Beine nach hinten und banden Füße und Hände mit einem weiteren Draht zusammen. Dieses unförmige menschliche Paket warfen die Militärpolizisten mit Schwung aus der Höhe des 1. Stocks, wo die Steintreppen des Aufgangs draußen endeten, auf den Boden des wartenden Lastwagens, stiegen ein und fuhren los.

Das Intermezzo war vorbei, aber es bot in dieser nachrichtenarmen Zeit, wo jeder vorwiegend damit beschäftigt war, nicht zu verhungern, noch Gesprächsstoff für viele Wochen. Diese Samstagnacht hatte nämlich ein Nachspiel, über das sich das ungebundene Jungvolk, zu dem ich damals zählte, noch köstlich amüsierte. Als Folge des Menschenteppichs auf dem Tanzparkett begann es in diversen Ehen erheblich zu krachen. Man hatte doch tatsächlich

Hände beobachtet, die sich, begünstigt durch diese Ausnahmesituation, in Gegenden beim Gegenüber bzw. Gegenunter bewegten, wo sie partout nichts zu suchen hatten, wenn es sich nicht gerade um die Ehefrau oder Verlobte handelte. Es schwirrten Namen herum, und ich wurde den Verdacht nicht los, daß manche diese Gelegenheit benutzten, um jemandem, den sie sowieso nicht leiden konnten, noch eins auszuwischen und am Zeuge zu flicken. Da wurden auch alte Rechnungen beglichen.

Ich als Fremder war davon nicht betroffen. Ich war erst kurz zuvor im Ort eingetroffen und noch völlig damit beschäftigt, mich in einen ganz normalen, durchschnittlichen 19jährigen Zivilisten zu verwandeln, nicht ganz einfach nach den hinter mir liegenden Jahren beim Reicharbeitsdienst in Polen und als Panzergrenadier an der Ostfront, nach schwerer Verwundung, Lazarett, Flucht aus Breslau, Flucht aus Berlin und Kriegsgefangenschaft. Zunächst war ich froh, auf dem riesigen, leeren Dachboden bei meinen Eltern Bett, Tisch und Stuhl vorzufinden, ungestört und allein meinen Gedanken nachhängen zu können und nach fünf Jahren ununterbrochenen Lebens in der Gruppe wieder einen Weg zu mir selber suchen zu können.

In diese Arztvilla am Ortsrand war mein Vater von der Ärztevereinigung eingewiesen worden, weil der Vorgänger und Besitzer kurz vor Kriegsende verstorben war und die Bevölkerung dringend einen Arzt brauchte. Seine Witwe, verzweifelt über seinen Tod, den Einmarsch der Roten Armee und die Zwangseinweisung des Nachfolgers, war eines Tages plötzlich verschwunden. Mein neunjähriger Bruder Michael fand sie, Tage später, beim Räuber und Schandi-Spiel in der zum Anwesen gehörenden Remise auf dem Dachboden, wo sie sich erhängt hatte. Das war damals, in den ersten Nachkriegswochen, nichts Ungewöhnliches. An Tote war man damals sehr viel mehr gewöhnt als heutzutage. Es fing an mit den vielen Selbstmorden von Juden in den dreißiger Jahren, dann die Kriegstoten an der Front, zu Hause die immer zahlreicheren Opfer des Bombenkrieges, die vielen Toten in den Lazaretten, und schließlich Hunderttausende von Ostflüchtlingen, verhungert, erschlagen und erfroren. Und als das vorbei war, sahen die Menschen die Bilder aus den befreiten KZ- und Vernichtungslagern, wo die Opfer ihrer eigenen Regierung mit Schaufelbaggern in Massengräber gekarrt wurden, weil es viel zu viele für Einzelbeerdigungen waren. In diesen Nachkriegsmonaten schien es manchmal so, als ob es mehr Tote als Lebende gäbe. Und die Lebenden schotteten sich ab. Wenn es sich nicht um Familienangehörige oder Nachbarn und Freunde handelte, war man nicht mehr bereit sich groß zu echauffieren. Das war keine Abgebrühtheit, keine seelische Verrohung, das war einfach eine Art Selbstschutz, um in dieser Zeit nicht den Verstand zu verlieren. Erst später, als sich die Verhältnisse wieder wirklich normalisierten, änderte sich auch das Verhalten der Menschen gegenüber ihren Toten.

Ich hatte mal wieder mehr Glück als Verstand gehabt. Als wir, einige Dutzend entlassene Kriegsgefangene, von der englischen Militärpolizei an einem Übergang der neuen Zonengrenze hinter Göttingen den wartenden russischen Offizieren übergeben worden waren, hatte ich mich sofort unauffällig seitwärts in die Büsche geschlagen. Mir war der ganze militärische Aufwand wegen uns paar Hanseln nicht geheuer, ich wußte nicht, daß sich unter uns Entlassenen einige ehemalige hohe Offiziere befanden. Auch störte mich, daß wir am Schlagbaum einen ellenlangen Fragebogen in die Hand gedrückt bekamen, den wir sofort ausfüllen sollten. Ich verdrückte mich ganz unauffällig, eine Kunst, die ich damals perfekt beherrschte. Unbehelligt fuhr ich auf einem Holzbrett, das ich zwischen den Puffern des letzten Eisenbahnwagens festgebunden hatte, meinem neuen Zuhause entgegen. Allerdings wußte ich da noch nicht, daß ich, nach einer kurzen Übergangszeit, erst dann richtige Lebensmittelkarten bekommen würde, ohne die ein Überleben unmöglich war, wenn ich meinen Entlassungsschein aus dem sowjetischen Entlassungslager bei Wittenberg vorweisen konnte.

Ich kannte niemand im Ort, war ausgehungert nach Leben, wollte meinen Eltern möglichst wenig zur Last fallen und überlegte mir in langen Sommernächten auf dem Dachboden, welchen Schritt ich jetzt zuerst tun sollte. Meine Familie, der ich half, wo

Not am Mann war, ließ mich in Ruhe, begriff, daß ich jetzt erst mal versuchen mußte, Boden unter die Füße zu bekommen, denn die Grundlage, auf der ich mich durch meine ganze Jugend hindurch bewegt hatte, war weggebrochen.

Meine Ideale, meine Vorstellungen von Leben, meine Ziele, mein Glauben, nahezu alles, was mir wichtig gewesen war, war gestört, ja, erwies sich, je mehr ich jetzt erfuhr, als Illusion und als ein gigantischer politischer Schwindel. Die Führergestalten, die unsere Vorbilder gewesen waren, die uns jahrelang Heldenmut und Opfertod gepredigt hatten, waren ein Haufen politischer Desperados, von denen nicht ein einziger am Schluß den Mut gehabt hatte, das zu tun, was sie sechs lange Jahre von jedem einfachen Soldaten eingefordert hatten: sich mit der Waffe in der Hand an vorderster Front dem Feind entgegenzuwerfen. Keiner von uns konnte das jemals vergessen.

Ich versuchte mich davon abzulenken, wobei mir meine Jugend und ein gewisser Leichtsinn behilflich waren. Also besuchte ich den Tanzboden des Ortes, praktisch die einzige Abwechslung im Alltag, denn das Nest besaß nicht einmal ein eigenes Kino. Hier machte ich meine erste Bekanntschaft, was nicht so besonders schwierig war, weil junge Männer in meinem Alter selten waren. Diese Jahrgänge waren völlig ausgeblutet. In dem einen, letzten Kriegsjahr, seit dem fehlgeschlagenen Attentat auf Hitler am 20. Juli 1944, waren mehr Soldaten gefallen und mehr Zivilisten getötet worden als in den fünf Kriegsjahren vorher zusammen. Außerdem saßen noch Millionen ehemaliger Soldaten hinter Stacheldraht in Kriegsgefangenschaft oder lagen kaputtgeschossen in Lazaretten. Keine gute Zeit für fröhliche Mädchen, die ebenso wie wir den Krieg möglichst schnell vergessen wollten. Vielleicht war das der Grund, warum damals viele Verbindungen und Bekanntschaften durch eine gewisse Hektik geprägt waren. Man hatte Angst noch mehr zu versäumen, wieder jemanden zu verlieren, weiter alleine zu sein. Selbst für uns junge Leute, die wir ja unsere ganze Zukunft noch vor uns hatten, war der schnelle Wechsel von Freundschaften nichts Ungewöhnliches. Ich hatte mit meinen 19 Jahren noch nicht viel

Erfahrungen mit Frauen sammeln können. Meine Tanzstunde hatte ich auf dem Kasernenhof in Neiße absolviert, das MG-42 war mir viel vertrauter als ein weiblicher Körper, auch weil ich es, anders als viele meiner Kameraden, immer abgelehnt hatte, eines der Soldatenbordelle aufzusuchen. Ich wußte instinktiv, daß das nicht mein Weg war. Außerdem war mir die vorgeschriebene anschließende Sanierung einfach widerlich.

Aber es war klar, daß ich alles tat, um mir meine mangelnde Erfahrung auf keinen Fall anmerken zu lassen. Ich spielte deshalb, nicht ohne Erfolg, den Draufgänger. Das hatte sich schon nach Kriegsende während meiner Göttinger Lazarettzeit bewährt, wo ich beinahe als bäuerlicher Ehemann auf einem großen Hof gelandet wäre. Also probierte ich es jetzt hier auf dem Tanzboden wieder. Nun waren die Mädchen damals, die Großmütter von heute, auch schon ganz schön schlau. Sie war ein Flüchtlingsmädchen aus dem Osten, arbeitete in einer großen Gärtnerei und lachte etwas spöttisch, als ich ihr meinen Besuch ankündigte. Überlegte dann kurz und sagte: »Gut, mein Junge, wenn du das schaffst, dann wird das Fenster offen sein, aber nur dann!« Aufgrund dieser erfreulichen Aussichten machte ich mich gleich in den nächsten Tagen auf den Weg, um die Lage zu erkunden. Da sah ich ziemlich dumm aus der Wäsche. Ich stand vor einer fast unlösbaren Aufgabe. Ihr Zimmer im ersten Stock lag über einem etwas niedrigeren Querbau, der mit Wellblechplatten gedeckt war. Um auf dieses Dach zu kommen, würde ich eine Leiter brauchen, weil das Regenabflußrohr völlig verrostet und morsch war. Aber vorher mußte ich über einen zwei Meter hohen Drahtzaun klettern, fast 40 Meter über den offenen Hof laufen, und als ob das noch nicht genug gewesen wäre, hing am Tor ein großes Schild: Vorsicht! Frei laufender, bissiger Hund! Wegen der ständigen, durch den Hunger bedingten Diebstähle von Obst und Gemüse in der Gärtnerei ließen die Besitzer, bevor sie ins Bett gingen, jeden Abend ihren großen Schäferhund über das ganze Anwesen streichen, und der sah mich schon bei meiner ersten Rekognoszierung so haßerfüllt an, als ob er es gar nicht erwarten könnte, sich in meinem Hintern festzubeißen.

Als ich das alles festgestellt hatte, packte mich die Wut. Ich beschloß ihr zu beweisen, daß sie sich in mir gründlich getäuscht hatte. Ihr Fenster war in den nächsten Tagen das Ziel aller meiner Überlegungen. Eine leichte Leiter trieb ich auf und versteckte sie in der Nähe in einem dichten Gebüsch. Ich brauchte jemanden, der mir den Hund wenigstens so lange vom Halse hielt, bis ich über den Zaun und auf dem Schuppendach war. Ich würde dafür den 13jährigen Nachbarsbuben chartern, der sich gegen einen Obolus bereit erklärte, die Sache zu übernehmen. Ich wartete eine Nacht ab, nicht zu dunkel, aber auch nicht mit zu viel Mondschein. Die Leiter, an der ich oben einen Strick befestigt hatte, half mir über den Drahtzaun, dann zog ich sie zu mir herab, lief über den Hof, legte sie an die Schuppenwand und war auf dem Dach. Es war viel schwieriger und auch wegen meiner noch nicht lange zurückliegenden Verwundung anstrengender, als ich mir das vorgestellt hatte. Immerhin war ich jetzt außer Reichweite des verdammten Köters, der am Ende des Anwesens wie ein Verrückter herumkläffte. Der Junge leistete gute Arbeit. Ich wollte zu dem Fenster hinüberlaufen, das nur noch wenige Meter von mir entfernt war. Das war völlig unmöglich, weil das Wellblech so unter meinem ersten Schritt nachgab, daß es mit einem lauten Knall zurückschnalzte. Es hörte sich an, als ob jemand eine Kanonenkugel abgeschossen hätte. Da auch das Schlafzimmer ihres Arbeitgebers nach dem Hof hinaus ging, erwartete ich jeden Moment, daß drinnen das Licht anging.

Wie hätte ich meine Situation erklären können, ohne das Mädchen mit hineinzureißen? Die Sitten waren dazumal, zumindest offiziell, noch lange nicht so locker wie heutzutage. Die hätten mich für einen Einbrecher gehalten. Der Sohn vom Dorfarzt als Einbrecher, das wäre ein gefundenes Fressen für den Dorfklatsch gewesen. Zurück konnte ich nicht mehr. Inzwischen war der Hund schon wieder unterwegs, der durfte mich weder sehen noch riechen. Ich legte mich auf den Bauch, verteilte mein Gewicht gleichmäßig auf die Hände und Füße und schob mich ganz langsam und vorsichtig vorwärts. Geräusche macht auch das noch, jedenfalls so viel, daß sie aufwachte. Ich sah sie im Nachthemd am offenen

Fenster stehen und die Hände ringen. Mein Anblick war bestimmt nicht sehr beeindruckend, als ich mich ihr bäuchlings näherte, und dreckig war ich auch. Aber ich schaffte es. Schließlich schwang ich mich über das Fensterbrett und war am Ziel.

Als ich aufwachte, war es noch stockfinster, und draußen prasselte ein Wolkenbruch auf das Wellblech. Ich mußte mich, ungeachtet des Regens, auf den Rückweg machen, bevor es hell wurde. Der konnte mich nur über die Haustreppe abwärts führen, denn im Hof lauerte immer noch der Köter in seiner Hütte. Also wurde ich zärtlich verabschiedet und machte mich, um die Holztreppe nicht knarzen zu lassen, strumpfsockig auf den Rückweg. Erst als ich die Haustür leise hinter mir ins Schloß fallen ließ, merkte ich, daß ich meine Schuhe oben im Schlafzimmer vergessen hatte. Wesentlich später, als ich mich dann wirklich ernsthaft mit einer Frau zusammengetan hatte, erzählte sie mir, daß der Dorfklatsch in den folgenden Tagen prompt berichtete, man habe den Sohn des Doktors bei anbrechender Morgendämmerung und in strömendem Regen strumpfsockig heimwärts schleichen sehen, in einem klatschnassen Trainingsanzug. Wo er aber gewesen war, das blieb ungeklärt, und das war damals das Wichtigste.

Vom Gärtnereibetrieb hatte ich jetzt genug. Ich begann mich nach einer Volontärstellung bei einer der wenigen Zeitungsredaktionen umzusehen. Das war ein Trauerspiel. Außer den SED-Parteiblättern gab es nur noch zwei winzige Blätter, für die LDP und für die CDU. Die hatten nur vier Seiten, bekamen viel weniger Papierzuteilungen als die rote Konkurrenz, und in meinen Gesprächen mit den bürgerlichen Journalisten zeichnete sich bereits das ganze Dilemma ab, das ihre Arbeit immer mehr zur Farce machen sollte. Die zur Staatspartei mutierte SED begann alles abzuwürgen, was ihr noch auf dem Weg zur Macht entgegenstand. Das waren in dieser Zeit vor allem noch zornige alte SPD-Anhänger und Vertreter des Bürgertums mit Zivilcourage, die den Mut hatten, sich der neuen Diktatur, die sich da schon in Umrissen abzuzeichnen begann, entgegenzustellen.

Ich war in diesen Tagen viel mit dem Fahrrad unterwegs, um die von meinem Vater verschriebenen Medikamente an die Patienten in den Dörfern zu verteilen. Die Verkehrsverbindungen waren immer noch miserabel. Es gab viel zu wenig Medikamente. Vor allem Antibiotika und das heißbegehrte Penicillin waren nur illegal zu beschaffen. Schmuggelbanden schafften es in kleinen Mengen aus dem Westen über die Zonengrenze. Auf dem Schwarzen Markt wurde es zu sündhaften Preisen gehandelt. Die hygienischen Verhältnisse in den provisorischen Flüchtlingslagern, wo die Menschen wie die Heringe zusammengepfercht wurden, waren eine einzige Katastrophe. Dazu kam der Hunger als Dauererscheinung. Die Alten und die Säuglinge starben als erste. Die wenigen Ärzte, die es gab, erwarteten jeden Tag das Ausbrechen von Seuchen, weil die Hitze im Hochsommer unerträglich wurde und jetzt auch das Wasser rationiert werden mußte.

Jeden Monat einmal mußten sich alle Ärzte im Bezirk auf der sowjetischen Kommandantur zum Befehlsempfang melden. Sie erschienen pünktlich, jeder mit einem schweren Rucksack auf seinen Schultern. Darin befand sich alles, was man bei einer Verhaftung in den ersten Gefängniswochen brauchen würde, um zu überleben. Das gehörte damals zur Überlebenstaktik. Es war eine nur zu berechtigte Vorsichtsmaßnahme, weil immer wieder Menschen spurlos verschwanden, bei denen sich erst viel später herausstellte daß sie verhaftet worden waren. Stalin starb erst 1953, und die Methoden seiner Geheimpolizei wurden im besetzten Ostdeutschland eingesetzt, in dem das KZ Buchenwald gleich als NKWD-Sonderlager weitergeführt wurde.

Meine Eltern hatten allen Grund eine Verhaftung zu fürchten. Sie hatten verschwiegen, daß sie seit 1932 Mitglieder der NSDAP gewesen waren. Warum? Sie standen bei Kriegsende als Flüchtlinge auf einer Landstraße bei Halle. Auf ihrer Flucht, erst aus Breslau, dann aus Berlin, zum Schluß aus der von der Roten Armee schon besetzten Kaserne in Jüterbog, hatten sie alles verloren, besaßen nur noch, was sie auf dem Leibe trugen, waren verlaust, zerlumpt und abgerissen, am Ende ihrer Kräfte. Mein neunjähriger Bruder

Mischa war nach den langen Fußmärschen völlig entkräftet und hatte Fieber. Sie standen vor dem Nichts und ihre einzige Überlebenschance bestand in einer Arbeitsmöglichkeit für meinen Vater als Arzt. Ärzte wurden dringend gebraucht. Aber mit ihrer politischen Belastung hätte er niemals eine Arbeitsgenehmigung bekommen. Also logen sie um zu überleben, und ich fand das völlig in Ordnung. Später stellte sich dann heraus, daß es zahlreiche Flüchtlinge ähnlich gehalten hatten, immer in der Hoffnung, daß ihre politische Vergangenheit nicht herauskommen würde. Die Hoffnung war vergeblich. Im Hof einer Altpapierhandlung in Berlin wurde 1946 die komplette Zentrale Mitgliederkartei der NSDAP gefunden, zu deren Vernichtung die Zeit bei Kriegsende nicht mehr ausgereicht hatte.

Die Zeit bis zur erneuten Flucht war mit so viel Angst und Ungewißheit über die Zukunft ausgefüllt, daß sich meine Eltern im Sommer 1947 dazu entschlossen, noch einmal alles aufzugeben, auch die inzwischen sehr gut eingeführte Praxis. Sie entschieden sich, erneut die Flucht in eine ungewisse Zukunft zu wagen, aber diesmal in Westdeutschland. Mein Vater setzte, wie meistens in seinem Leben, wenn es um lebenswichtige Entscheidungen ging, alles auf eine Karte. Er packte sein Arztauto, einen kleinen Vorkriegs Opel, voll mit allen Unterlagen und Utensilien, die er brauchen würde – wir waren ja inzwischen Profis in Sachen Flüchtlingsgepäck – und fuhr frech und dreist hinein in die schon bestehende Sperrzone an der Zonengrenze. Wie durch ein Wunder fiel er keiner Kontrolle in die Finger und erreichte in dem Dorf, an dessen Hauptstraße ein Zonengrenzübergang eingerichtet worden war, eine davor liegende kleine Querstraße. Hier hielt er an der Ecke mit laufendem Motor, und als die Schranke für einen großen LKW-Transporter nach oben ging, trat er sein Gaspedal bis zum Anschlag durch und raste mit aufheulendem Motor vorbei an dem Lastwagen, vorbei an den überrascht zurückspringenden Volkspolizisten in Richtung Westen. Sein KFZ-Zeichen hatte er vorher mit Kuhmist zugeschmiert. Er wartete auf die Schüsse, aber es kamen keine.

Zum Glück reagierten die hessischen Grenzpolizisten richtig und rissen ihre Schranke hoch, als sie beobachteten, was er da riskierte. Er hatte es geschafft – und bekam sofort ein Strafmandat wegen illegalen Grenzübertritts ohne gültige Papiere, 5 Reichsmark, die Polizisten lachten, mein Vater war glücklich.

Meine Mutter und mein Bruder folgten ihm später über Berlin, bis zum Bau der Mauer die einzige gute Möglichkeit sich aus der Ostzone zu verabschieden. Im Westen füllten beide ihren Fragebogen korrekt aus, und mein Vater bezahlte, bei seinem Entnazifizierungsverfahren als »Mitläufer« eingestuft, mit Berufsverbot und Geldstrafe. Die Familie wäre in diesen Vorwährungsreformzeiten in dem zertrümmerten Frankfurt am Main, wo sie erst zu dritt, dann mit meiner dazukommenden Schwester zu viert in einem Zimmer hausten, wahrscheinlich verhungert oder völlig verkommen. Gerettet hat sie ein Trick meines Vaters, eines Mannes, der in diesen Zeiten den Überlebenswillen einer Katze entwickelte.

Er hatte in Breslau, im letzten Kriegsjahr 1944, bei den festen Bergschuhen, die jeder von uns besaß, die alten Absätze gegen neue, hohle austauschen lassen, die man abdrehen konnte. In diese Hohlräume kamen die Schmuckdiamanten meiner Mutter und einige kleinere Juwelen aus dem Familienerbe. In eine alte, abgetragene Jagdweste ließ er das Blattgold von der DEGUSSA einnähen, das er als Zahnarzt im Krieg zugeteilt bekam. Das Zeug war in den ganzen Fluchtzeiten als eiserne Reserve für den äußersten Notfall nicht angerührt worden. Aber jetzt war es soweit. In Zeilsheim bei Frankfurt gab es ein riesiges Lager für Tausende von »Displaced Persons«, ehemalige Zwangsarbeiter, KZ-Häftlinge und ausländische Flüchtlinge, das größte Zentrum für den Schwarzen Markt in ganz Hessen, wo diese Menschen auf ihre Auswanderungspapiere warteten und erpicht darauf waren, Werte einzutauschen, die man in der Hosentasche transportieren konnte. Hier verwandelten sich Schmuck und Gold in amerikanische Zigarettenstangen, die kostbarste Währungseinheit vor dem 20. Juni 1948. Es reichte notdürftig zum Überleben. Das Meiste wurde in den Wiederaufbau einer ausgebombten Trümmerwohnung gesteckt, wo er in der Habsburger Allee 63 nach dem Ende des Berufsverbotes seine provisorische Arztpraxis eröffnen wollte. Sie schafften es gerade noch rechtzeitig vor der Währungsreform. Für ihren politischen Irrtum von 1932 hatten sie einen hohen Preis bezahlt, so wie die meisten Deutschen, aber anders als die wirklichen Opfer blieb die Familie am Leben.

Aber noch saß die Familie in diesem immer unerträglicher werdenden Hochsommer 1946 in der Arztvilla, und es sollte noch viel passieren, bis es zur endgültigen Fluchtentscheidung kam. Der medizinische Befehlsempfang auf der Kommandantura war wieder fällig, und diesmal wurde es ernst. Im Bezirk hatte es die ersten 50 Typhus-Toten gegeben, und bei den Russen war höchste Alarmstufe. Die Seuche machte nicht halt vor Kasernenmauern, und eine Epidemie unter der russischen Besatzung, zu der inzwischen auch zahlreiche Frauen und Kinder zählten, wäre eine Katastrophe gewesen. Ein leibhaftiger General mit Eskorte baute sich vor den erschreckten Medizinern auf. Er befahl mit Stentorstimme, sofort die gesamte deutsche Bevölkerung gegen Typhus zu impfen. Die Ärzte hätten dazu genau eine Woche Zeit. Die sahen sich entsetzt an, jeder von ihnen wußte, daß das völlig unmöglich war. Millionen Menschen, das Massenheer der Flüchtlinge, die wenigen Ärzte, dieser Befehl war der absolute Wahnsinn. Sollte es in einer Woche noch Gegenden geben, wo die Leute ungeimpft herumlaufen würden, so fuhr der General fort, so würden der dafür verantwortliche deutsche Arzt und der Bürgermeister vor ein Kriegsgericht der Roten Armee gestellt und wegen böswilliger Sabotage abgeurteilt. Alles klar, noch irgendwelche Fragen? Auf den leisen Hinweis eines mutigen Arztes, daß der vorhandene Impfstoff noch nicht mal ausgereicht habe, das Sanitätspersonal zu impfen, kam die barsche Antworte: »Flugzeug aus Moskau schon unterwegs, morgen Impfstoff überall, und jetzt meine Herren, dawei, dawei!«

Die drei Ärzte vom Ort saßen bei uns zusammen. Da waren der Frauenarzt im Alter meines Vaters, der 1940 aus dem Baltikum nach Deutschland umgesiedelt worden war, Dr. von G., ein anderer, der später plötzlich nach Westen verschwand, und mein Vater. Die Herren rechneten, bis ihnen die Köpfe rauchten. Bevölkerungszahl mal Arbeitszeit geteilt durch die Zahl der benötigten Impfstoffampullen oder so ähnlich. Es wurde viel Wodka dazu getrunken, denn die Ergebnisse wurden immer furchterregender. Zum Schluß war klar, die ganze Sache konnte überhaupt nur funktionieren, wenn Tag und Nacht durchgehend im Schichtdienst geimpft wurde. Die Menschen mußten auch um Mitternacht, um zwei oder vier oder fünf Uhr früh zum Impfen in der Schule antreten, organisieren mußte das der Bürgermeister. Der erklärte den Leuten einfach, ohne Impfbescheinigung bekommt keiner mehr seine Lebensmittelkarten. Das zog. In der Schule wurde das größte Klassenzimmer ausgeräumt, jeder Doktor brachte mindestens eine Helferin mit. Es gab viel zu wenig Spritzen, Einwegspritzen waren in Deutschland noch nicht gebräuchlich. Am nächsten Tag brachte ein russischer Sanitätswagen den Impfstoff und noch ein paar Spritzen, und dann ging es los.

Es wurde eine wahnsinnige Schinderei, auch für die Patienten. Die ganze Nacht durch standen sie Schlange vor der Impfstelle, hatten ihre Kinder und Kleinkinder dabei, mit Pferdefuhrwerken wurden die Alten und Schwachen herbeigekarrt. Meinem Vater stand für die Besuche in den Dörfern ein Motorrad zur Verfügung, das ich jetzt benutzte, um aus der Kommandantur neuen Impfstoff zu holen. Die waren freundlich und hilfsbereit, ich bekam sogar eines von den berühmten »Freßpaketen«, Inhalt Butter, Wurst, Gänseschmalz und Fleisch, für die Ärzte mit. Denen ging es nicht gut. Am Stück konnte keiner länger als 4 Stunden schlafen, dann war er wieder dran. Gelegentlich rauschte ein Jeep mit russischen Militärpolizisten draußen vorbei, um zu beobachten, wie die Angelegenheit sich entwickelte. Wenn ich nach meinem Vater sah, der immer blasser wurde, und beobachtete, wie die Helferin die Spritzen, die schon 50 mal gebraucht worden waren, nochmal auskochte, wurde auch mir beinahe schlecht. Die Kanülen sahen vorne aus wie eine Harpune, der Einstich war vor allem für die Kinder sehr schmerzhaft. Ich versuchte noch einmal beim Iwan neue Spritzen loszueisen, aber die hatten selber nichts mehr. Auch mein 10jähriger kleiner Bruder Mischa wurde als Helfer gebraucht. Man postierte ihn mit Wattebausch und Desinfektionslösung an der Tür, wo er die Impfstellen abtupfen sollte. Nach Stunden mußte er abgelöst werden, weil ihm im Stehen die Augen zugefallen waren. So schlichen die Tage dahin und am Ende der Woche war die Schlacht geschlagen, die gesamte Bevölkerung gegen Typhus geimpft, der General zufrieden, Befehl ausgeführt.

Ich war gerade von einer kurzen Schlafpause aufgestanden, als mir mein Vater auf dem Gang vor der Praxis entgegenkam. Der sah mich überhaupt nicht. Glasigen Blicks tastete er sich an der Wand entlang. Ich erschrak, sprang hinzu und wollte ihn festhalten, als er mich mit einer laschen Armbewegung fortwischte. Da roch ich es. Er trug eine so intensive Alkoholfahne vor sich her, er wäre explodiert, wenn man ein Streichholz dran gehalten hätte. Ich habe meinen Vater weder vor- noch hinterher je in meinem Leben besoffen gesehen, obwohl er in Gesellschaft gerne mitbecherte. Aber er konnte sich eindrucksvoll zusammennehmen und fand Menschen, die unter Alkohol völlig die Beherrschung verloren, ebenso abstoßend wie ich. Aber an diesem Tag war er so sturzbetrunken, daß er sich schließlich an der Wand entlang die Treppe hochrollte, um sein Bett wiederzufinden. Was war passiert? Als in der Schule der endgültig letzte Patient geimpft worden war und sich die drei Doktors gegenseitig gratulierten, kam die Frau von Dr. von G., eine ungeheuer sympathische, lebenstüchtige Baltin, die wir alle in unser Herz geschlossen hatten, in das Klassenzimmer und stellte neben einer dampfenden Schüssel mit herrlichem Gulasch eine große Flasche Wodka auf den Tisch. Der hat nach dieser mörderischen Strapaze trotz Gulasch zwei Ärzte umgehauen. Nicht aber Dr. von G., der sich später gelegentlich über die »leichtgewichtigen« Kollegen amüsierte.

Es war an einem dieser brütend heißen Sommertage 1946, als ich auf dem Bahnhof in M., zerbombt und zusammengeflickt wie die ganze Stadt, eine kleine Gruppe von ungefähr zehn Menschen erblickte, wie ich sie bisher noch nicht gesehen hatte. Sie trugen nicht identifizierbare Lumpen am Leib. Sie hatten einen Zuchthäuslerhaarschnitt. An den Stricken, die sie als Gürtel benutzten, baumelten Blechbüchsen. Die Gesichter glichen mit Haut überzogenen Totenschädeln. Was sie an den Füßen trugen, war als Schuhwerk nicht erkennbar. Die meisten stützen sich auf Holzstöcke. Schweigend standen sie zusammen und vermieden jede überflüssige Bewegung. Es war ein Anblick zum Gotterbarmen. Die wenigen Wartenden gingen, ohne etwas zu sagen, mit scheuen Blicken und stumm an dieser Gruppe vorüber. Mir wurde klar, daß es sich um die ersten Heimkehrer aus russischer Kriegsgefangenschaft handelte. Die Russen entließen in dieser unmittelbaren Nachkriegszeit nur deutsche Gefangene, die für keinerlei Arbeitseinsätze mehr brauchbar waren. Damit entledigten sie sich der unnützen Esser. In den von den Deutschen eroberten und lange besetzten Gebieten der UdSSR wurde ebenfalls gehungert. Die von der Wehrmachtführung auf dem deutschen Rückzug befohlene Politik der »verbrannten Erde« hatte der russischen Bevölkerung, soweit sie überlebt hatte, ein ödes Land, eine ausgeraubte und ausgebrannte Trümmerwüste hinterlassen.

Die Entlassenen verharrten stumm. Sie mieden das blendende Licht der Sommersonne. Erst nach einiger Zeit wagte es eine ältere Frau, den unsichtbaren Ring, der sich um sie gebildet hatte, zu durchbrechen. Dann erzählten sie von einer endlos langen Fahrt im Güterwagen über Brest-Litowsk bis Frankfurt an der Oder, wo sie den ostdeutschen Behörden übergeben wurden. Viele von ihnen waren auf diesem Transport noch gestorben. Es gab keine Ärzte, keine Medikamente, keine Sanitäter. Sie bekamen Wasser, Sonnenblumenkerne und ab und zu kleine Stückchen trockenes Brot. Mit dieser »Marschverpflegung« waren sie auf dem vom Krieg zerstörten russischen Eisenbahnnetz wochenlang unterwegs gewesen.

Inzwischen hatte sich ein Kreis um die Gruppe gebildet. Es gab leise, vorsichtige Gespräche. Wer konnte, steckte den Heimkehrern was zu. Viel war es nicht, denn auch die Menschen hier litten große

Not. Aber es reichte für ein paar Zigaretten, ein Margarine-Brot, etwas Rübensirup. Ich drückte einem von ihnen meinen kleinen Beutel mit Gemüsezwiebeln und Mohrrüben in die Hand, die ich mir gerade »organisiert« hatte, wie man den Diebstahl auf Äckern damals beschönigend nannte.

Für meinen Vater als Arzt wurden diese und viele der noch folgenden ehemaligen Kriegsgefangenen zu einem Problem, dem er fast hilflos gegenüber stand. Es fehlte an allem. Der Mangel an Medikamenten war so groß, die Not dieser Patienten so dringend, daß die Ärzte überall mit Hilfe noch vorhandener Bücher einfach auf viele alte Rezepte der Naturheilkunde zurückgriffen. Die erwiesen sich zum Erstaunen der Schulmediziner in vielen Fällen als erstaunlich wirksam. Fast alle Rußlandheimkehrer litten an Hungerödemen und Wassersucht, hatten unförmig angeschwollene Beine. Hier half ein Kräutersud. An seine Zusammensetzung kann ich mich nicht mehr erinnern, wohl aber an das Gewicht der Flaschen, die ich damals über Land zu den Patienten schleppte. Besonders erfindungsreich zeigte sich auf diesem Gebiet der Kollege meines Vaters, Dr. von G., der aus seiner baltischen Heimat einige Kräuterrezepturen mitgebracht hatte, die hier völlig unbekannt waren. Damit beeindruckte er auch die sowjetischen Armeeärzte so sehr, daß sie ihm im Gegenzug sogar einige dringend benötigte Medikamente schenkten. Später in den 50er Jahren in Frankfurt a. M., als niedergelassener Arzt mit einer gutgehenden modernen Praxis gestand mir mein Vater, daß ihm diese erste Nachkriegszeit deshalb besonders wichtig geblieben war, weil er damals am meisten gefordert wurde. Es gab so gut wie keine technischen Hilfsmittel. Die möglichst auf Anhieb richtige Diagnose war entscheidend. Erfahrung, Phantasie und Improvisationstalent waren die wichtigsten Elemente für die Behandlung, und so wurde jeder unter diesen Umständen geheilte Patient zu einem kleinen Triumph über die Allgegenwärtigkeit des Todes in diesen Zeiten.

Einen von diesen Fällen habe ich in Erinnerung behalten, weil die Umstände besonders tragisch waren. Es gab in einem ziemlich weit entfernten Dorf einen Bauernhof, dessen Größe knapp unter dem Wert lag, von dem ab für die Bodenreform entschädigungslos enteignet worden war. Der älteste Sohn war schon an der Ostfront gefallen, der jüngste galt seit Monaten als vermißt, ebenfalls an der Ostfront. Es war ein schönes, gepflegtes Anwesen mit so viel Vieh in den Ställen, daß die Besitzer ständig in der Angst lebten, doch noch enteignet zu werden. Wir sprachen darüber, wenn ich der Bäuerin ihre Medikamente brachte und mich jedesmal herrlich gesättigt von ihrem Tisch erhob. Oft gab sie mir etwas Mehl oder Gemüse für meine Eltern mit. Ich versuchte ihr Hoffnung zu machen, daß der Sohn und Hoferbe vielleicht doch noch lebend zurückkehren würde. Dabei hatte ich ein schlechtes Gewissen, denn wie gering die Chancen waren, wußte ich aus meiner eigenen Erfahrung als Soldat an der Ostfront. Aber das wollte ich diesen freundlichen und hilfsbreiten Menschen nicht sagen.

Wie recht ich mit meiner Zurückhaltung hatte, zeigte sich einige Monate später. Der vermißte Sohn benachrichtigte die Eltern aus einem Entlassungslager, daß er vermutlich in wenigen Tagen wieder zu Hause sein werde. In der folgenden Woche erreichte meinen Vater ein dringender Hilferuf von eben diesem Bauernhof. Der vor drei Tagen heimgekehrte Sohn sei schwer erkrankt, mein Vater möge bitte sofort kommen. Das tat er und kam an diesem Tag und auch in der folgenden Nacht nicht mehr zurück.

Die Nachrichtenverbindungen in dieser Zeit waren katastrophal. Es gab viel zu wenig Telefonanschlüsse, oft fielen Leitungen einfach aus, oder es gab Pannen in den Vermittlungsstellen. Das Telefonnetz stammte noch aus der Vorkriegszeit, war nie überholt oder ergänzt worden, und die Russen hatten auch noch Teile demontiert und nach Osten abtransportiert. Die Geräte fielen oft gerade dann aus, wenn man sie am nötigsten brauchte. So kam ein Bub mit dem Fahrrad zu uns. Er brachte eine Nachricht meines Vaters, wir sollten die Praxis auch am folgenden Tag noch geschlossen halten, er müsse sich um seinen Patienten kümmern. Erst spät in der nächsten Nacht kam mein Vater wieder nach Hause, völlig erledigt und tief deprimiert. Der Heimkehrer war tot. Er hatte ihn nicht mehr retten können. Was war geschehen?

Als auf dem Hof die Nachricht von der bevorstehenden Heimkehr eintraf, hatten die Eltern etwas getan, was schon im Krieg und danach bis zur Währungsreform 1948 streng verboten war. Sie hatten »schwarzgeschlachtet«, eine mittlere Sau, und dann noch aus gehamsterter Butter, Mehl und Zucker eine Torte gebacken. Für den von Krankheit gezeichneten Heimkehrer gab es ein üppiges Begrüßungsmahl, das sich über Stunden hinzog und mit dem Schluck aus der Wodkaflasche endete. Es war die Henkersmahlzeit für den Sohn, der plötzlich bewußtlos zusammenbrach. Als mein Vater eintraf, war er nicht mehr transportfähig. Herz und Kreislauf hatten versagt. Alle verzweifelten Versuche, ihn zu retten, blieben vergeblich. Er starb. Mein Vater mußte sich um die völlig verzweifelten Eltern kümmern, denen klar wurde, daß sie ihren einzigen Sohn und Hoferben zu Tode gefüttert hatten.

Das war nicht die einzige Tragödie, die sich damals und noch viele Jahre später im Zusammenhang mit Heimkehrern, besonders denjenigen aus der UdSSR, abspielte. Man ging mit einem Achselzucken darüber weg, und es ist heute längst in Vergessenheit geraten, wie viele Ehen schon kurz nach einer solchen Rückkehr zerbrachen. Vor allem – das konnte man auch in L. beobachten – gab es für die meist unter Zeitdruck geschlossenen »Kriegsehen« wenig Chancen. Die feschen Uniformträger, umstrahlt vom Glanz und Ruhm der ersten Kriegsjahre, kehrten als gedemütigte und geschlagene, oft kranke und deprimierte »alte« Männer zurück. Nun wollten sie wenigstens innerhalb der Familie das gewohnte patriarchalische Rollenmodell aufrechterhalten. Ich konnte das in meinem Umfeld beobachten. Es funktionierte nur, wenn die Frauen mitmachten. Aber die meisten Frauen hatte der Krieg gründlich verändert, selbst in einer weitgehend bäuerlichen und konservativ geprägten Umgebung. Die Bäuerinnen waren jahrelang alleine für den ganzen Betrieb verantwortlich gewesen. Auf etlichen Höfen krachte es vernehmlich. Für die Heimkehrer war es besonders schwierig, sich an den neuen Tonfall ihrer Frauen zu gewöhnen. Die hatten jahrelang das Kommando über die französischen Kriegsgefangenen, die Zwangsarbeiter aus Polen und Rußland auf ihrem Hof gehabt und sich durchsetzen müssen, was auch gegenüber diesen Männern nicht immer ganz einfach war. Das schlug sich auf den weiblichen Umgangston nieder und schockierte bei der Heimkehr die Ehemänner.

Andere Frauen waren jahrelang dienstverpflichtet gewesen, hatten andere Länder, andere Menschen und Verhältnisse kennengelernt. Dabei ist zu bedenken, daß vor Kriegsbeginn 1939 der Bewegungsradius der meisten Menschen viel kleiner gewesen war, als man sich das heute vorstellen kann. Kaum einer hatte ein eigenes Auto. Bahnfahren waren teuer und unbequem. Man beschränkte sich in der Regel auf die nähere Umgebung. Das galt nicht nur für die Landbevölkerung. Aus diesen engen Verhältnissen heraus erklärt sich auch der große NS-Propaganda-Erfolg der KdF (»Kraft durch Freude«)-Reisen und des Angebots, einen »Volkswagen« für 999,- Reichsmark erwerben zu können. Dann wurden durch den Krieg Millionen Menschen in alle Gegenden Europas katapultiert. Vom Nordkap bis zu den griechischen Inseln – immer gehörten dienstverpflichtete Frauen dazu, die für die Wehrmacht und den Rattenschwanz von NS-Organisationen unverzichtbar waren. Durch diese Erfahrungen hatten viele traditionelle Vorstellungen und Beschränkungen ihre Bedeutung verloren. Es gab auch den Typ der Geschäftsfrau, die an Stelle des einberufenen Ehemannes jahrelang den Betrieb am Laufen hielt und sich dabei manchmal sehr unfreiwillig eine große Selbständigkeit zugelegt hatte. Aus dem Zusammenprall dieser divergierenden Erfahrungen wieder einen gemeinsamen Weg in die Zukunft zu finden, gelang am besten älteren Ehepaaren, die vorher schon andere private Stürme überstanden hatten.

In einem so kleinen Ort wie L. mit wenigen tausend Einwohnern, von denen jeder fast jeden kannte, ließen sich diese tiefgreifenden Veränderung im Privatleben kaum verborgen halten. Das machte sich auch in der Arztpraxis meines Vaters bemerkbar. Viele der strapazierten und schwer angeschlagenen Heimkehrer, des Umgang mit Frauen seit langem entwöhnt, hatten auch noch andere Probleme. So kam eines zum anderen, und die äußeren Verhältnisse in diesen Not- und Hungerjahren erleichterten auch nicht gerade den Wiederaufbau der Beziehungen. Uns Junge berührte dies kaum, wenn nicht gerade die eigene Familie davon betroffen war. Aber ich bekam es immer wieder mal mit, wenn sich mein Vater mit seinem Kollegen Dr. von G. beriet, der hier als Frauenarzt natürlich eine Schlüsselrolle spielte. Sie taten beide ihr Bestes, mahnten immer wieder zu Geduld und Ausdauer. Zahlreiche Patientengespräche gingen weit über den üblichen medizinischen Rahmen hinaus. Der Arzt war dann auch als privater Nothelfer gefragt. Schließlich wunderte man sich, daß es doch so viele Ehepaare schafften, ihren Laden zusammenzuhalten.

Inzwischen hatte ich ein einheimisches Mädchen kennengelernt, die mein Leben verändern sollte, Gisela. Aus einem lustigen Geplänkel, Wortspielen und Andeutungen entwickelten sich wichtige Gespräche. Ich begann, ganz langsam, etwas von dem großen Zauber zu spüren, der einen gefangen nimmt, wenn man sich verliebt. Ich begann die Welt mit anderen Augen zu sehen. Was mir immer noch wie zentnerschwere Bleiklötze anhing, dieses ganze grauenhafte Erinnerungsgeflecht der letzten zwei Jahre, der nächtliche, immer wiederkehrende Albdruck des Tötens und Getötetwerdens, das, worüber ich damals mit niemandem sprechen konnte, es verschwand nicht – es ist nie ganz verschwunden –, aber es begann endlich sein Gewicht zu verlieren. Zum erstenmal erlebte ich, wie ein liebevolles Lächeln, eine zärtliche Geste mich in einen solchen Glückstaumel versetzen konnten, daß alles andere nur noch wie die Erinnerung an ein verschwundenes finsteres Schattenreich wirkte.

Viele Jahre später, als ich längst in eine andere Welt verschwunden war, begriff ich erst, welch unwahrscheinliches Glück mir damals begegnet war. Ich bin wohl nur durch diese gemeinsame Zeit mit Gisela zu dem geworden, was ich trotz aller in den folgenden Jahrzehnten erlittenen Rückschläge, schweren Krankheiten und harten Erfahrungen werden konnte. Ein glücklicher Mensch, wenn man darunter die Möglichkeit versteht, das Leben und die Menschen so zu sehen, wie sie wirklich sind und beides trotzdem zu lieben. Ich habe in diesen Monaten einen Begriff davon bekommen, was eine Frau sein kann und was das für einen Mann bedeutet. Eine der wichtigsten menschlichen Grunderfahrungen, die ich trotz der vielen gegenteiligen, späteren Eindrücke nie mehr vergessen sollte. Nur so war es möglich, daß ich, 20 Jahre später, noch einmal den gleichen Weg gehen konnte und die große Liebe meines Lebens fand, die ich ohne Gisela und unsere gemeinsame Zeit nie hätte finden können.

Es kam aber dann der Tag, an dem die Leute in der Lebensmittelkarten-Ausgabenstelle endgültig die Geduld mit mir verloren. Ich hatte die mir eingeräumte Zeitspanne zum Eingewöhnen nach meinem Eintreffen im Ort schon weit überzogen. Alle mir gesetzten Termine waren längst abgelaufen. Wenn ich mich nicht sofort nach Wittenberg in das russische Entlassungslager für aus dem Westen kommende Kriegsgefangene begab, sei endgültig Schluß mit den Lebensmittelkarten.

Natürlich fiel mir der Abschied jetzt besonders schwer, zumal mir niemand sagen konnte, wie lange ich dort festgehalten werden würde. Es gingen sehr viel Gerüchte um in dieser Zeit, meistens von der Sorte, die Soldaten als »Latrinenparolen« bezeichneten, aber daß den Russen nicht zu trauen war, weil sie völlig willkürliche Befehle und Anordnungen gaben, das war eine nicht zu bezweifelnde Tatsache. Ich packte also wieder meinen Rucksack, machte mich auf den Weg und meldete mich in dem russischen Gefangenenlager Pretzsch.

Ich hatte inzwischen gelernt, diese Lager zu hassen. Diese verfluchten Lager, deren Holzbaracken von deutschen Kriegsgewinnlern in den NS-Jahren zu Hunderttausenden am Fließband produziert worden waren. Es gab damals kaum einen Menschen in Deutschland, der nicht irgendwann in seinem Leben mit diesen elenden Holzschuppen Bekanntschaft gemacht hätten. Ob 15jähriger Flakhelfer oder 60jährige Rot-Kreuz-Schwester, ob RAD-Schaufler, Soldat, Hitlerjunge, Arbeitsmaid, ob Kriegsgefangener, KZ-Häftling, Jude oder Zwangsarbeiter, wer auch immer, wo auch immer, überall im besetzten Europa, mit dem NS-Regime zu tun hatte, der landete auf den Einheitsholzpritschen dieser Lagerbaracken. Die letzten, die dieses »Vergnügen« nach Kriegsende genossen, waren die DP's, die »displaced persons«, und dann als allerletzte die Millionen Ostflüchtlinge, die hier zusammengequetscht wurden. Erst Ende der fünfziger Jahre wurden die letzten Baracken abgebrochen. Wenn es überhaupt ein architektonisches Symbol für die Herrschaftsjahre dieses Regimes gab, dann sind das nicht die Protzbauten für die Reichsparteitage in Nürnberg, nicht Münchens Haus der Kunst oder die »Führerbauten« am Münchner Königsplatz. Nein, es wäre eine von diesen elenden Holzbaracken, die sich wie die Eiterbeulen eines Pestkranken überall im Herrschaftsgebiet des Dritten Reiches ausbreiteten.

Das Lager war von einem Stacheldrahtzaun umgeben. Mit Sperrschranke und Wachhaus erinnerte es schon mehr an ein Gefangenenlager als an ein Entlassungslager, und ich zögerte einige Zeit, bis ich mich dann doch beim Lagerleiter anmeldete. Ich wurde eingewiesen, bekam meine Holzpritsche mit Strohsack zugeteilt und war wieder von all den Leuten umgeben, mit denen zusammen ich die letzten Jahre verbracht hatte. Es war aber Mai geworden, ein herrlicher warmer Frühsommer, draußen blühte es, an jeder Ecke roch es nach feuchtem Gras, nach Bärlauch und vor allem nach Leben und Freiheit. Keiner von uns wußte, wie lange unsere Vorstellung hier dauern würde, und nach einigen Tagen wurde meine Sehnsucht so groß, daß ich beschloß nachts über den Zaun zu gehen. Es hieß, daß hier keiner unter fünf Wochen wieder rauskommen würde, mindestens, und die konnte ich auch woanders verbringen. Im lautlosen Verschwinden war ich inzwischen ein Profi, die Zurückbleibenden konnten sich meine Verpflegungsration teilen und versprachen mir, dicht zu halten und meine Abwesenheit zu tarnen. Es waren ehemalige Soldaten, die diese Scherze alle kannten.

Mit meiner Flucht beging ich einen Fehler, der mich beinahe teuer zu stehen gekommen wäre. Seit Jahrzehnten ist ein Fehler nur selten lebensgefährlich. Man kann um Entschuldigung bitten, man kann ihn korrigieren, man kann versprechen, ihn nicht zu wiederholen, meistens läßt sich die Angelegenheit irgendwie ausbügeln. Nicht so damals. Schon im Krieg konnte jeder Fehler irreparable Folgen haben, bis hin zum nicht nur eigenen Tod, und auch jetzt noch konnte die Fehleinschätzung einer Situation in einer Katastrophe enden. Ich wußte nicht, daß der deutsche Lagerleiter von dem russischen Kommandanten den strikten Befehl bekommen hatte, die Namen aller auffälligen ehemaligen Kriegsgefangenen, und dazu gehörten natürlich auch die Flüchtenden, sofort an die Kommandantur zu melden. Die wurden dann vom NKWD gesucht, und wen der damals erwischte, der saß schon im Straflager oder gar in Sibirien, bevor er überhaupt begriff, was mit ihm geschehen war.

Ich erfuhr später auch den Anlaß für diesen Befehl. Die Russen befürchteten, wohl nicht ohne Grund, daß der englische und amerikanische Geheimdienst auf diesem Wege potentielle Spione und Agenten in die Ostzone einschleusten würden. Auch fürchtete man das Untertauchen von Leuten, die als Kriegsverbrecher gesucht wurden. Der heutige Leser muß sich immer vor Augen halten, daß das damals alles dominierende Grundgefühl in der Ostzone eine völlige Unsicherheit war, was die eigenen Lebensverhältnisse und selbst die nächste Zukunft anbetraf. Den roten Propagandaparolen glaubte fast keiner, die Diskrepanz zur Wirklichkeit war viel zu groß. Dazu kam die völlige Rechtlosigkeit für alle Deutschen, nicht etwa nur gegenüber der Besatzungsmacht – das war damals auch in den Westzonen nicht viel anders –, sondern auch gegenüber der von den Russen ernannten und eingesetzten deutschen Verwaltungsbürokratie. Das waren alles neue Leute. Anders als im Westen war das Berufsbeamtentum in der Ostzone zerschlagen worden, es gab keine Beamten mehr. An ihre Stelle war der Funktionär getreten, und diese neue Herrenkaste war ähnlich unerträglich wie ihre Vorgänger. Deshalb machten sich schon damals jede Woche Tausende auf den Weg, ließen wieder alles im Stich, um sich im Westen in Sicherheit zu bringen.

Nach drei Wochen bei Gisela kam die kalte Dusche, als ich mich wieder in das Lager hineingeschlichen hatte und feststellen mußte, daß die ehemaligen Kumpels inzwischen alle schon entlassen worden waren und mich lauter neue Gesichter umgaben. Die kannten meinen Fall, der hatte sich inzwischen herumgesprochen, und der wütende Lagerleiter hatte damit gedroht, an mir ein Exempel zu statuieren. Da ich von Natur aus kein Held bin, überlegte ich eine halbe Stunde, ob es nicht überhaupt besser sei, sofort »die Kurve zu kratzen«, wie wir damals sagten, und in den Westen abzuhauen. Meine Familie und die eben erlebten drei Wochen mit Gisela erwiesen sich als stärker. Ich nahm alles, was mir an Chuzpe zur Verfügung stand, zusammen und war bereit, mich sehr weit vorzuwagen, als ich das Büro des Lagerleiters betrat. Ich hatte nicht darauf geachtet, daß mir von dort gerade ein Briefträger entgegengekommen war. Selbst die größten Helden wären verloren ohne jenes kleine Quentchen Glück, das oft an den entscheidenden Ecken unseres Lebens herumliegt. Manche nennen es Zufall, andere Schicksal, manche glauben an Gottes Hand. Wenn es einem begegnet, sollte man dankbar sein, und man sollte versuchen, es an andere Menschen bei Gelegenheit weiterzugeben.

Der Kerl sah mich überhaupt nicht an, der blickte durch mich durch, als ob ich aus Glas wäre. Er hielt mit völlig verzücktem Gesichtsausdruck einen Brief in der Hand und stammelte fassungslos: »Sie leben, sie leben alle, mein Gott, kein Traum, alle sind noch am Leben!« Sah mich an, packte mich an beiden Schultern und brüllte: »Sie leben, sie leben, sie leben«, schüttelte mich dann wie ein Verrückter und schrie: »Alle, Menschenskind, alle, meine Frau, die Kinder, stell dir das vor, nie mehr was gehört, dachte alle tot, nie mehr und so!« So viel sah ich, es war ein Vordruck und Brief vom Suchdienst vom Roten Kreuz, was der Lagerleiter da in der Hand hielt, und daß er vor Glück völlig aus dem Häuschen war, sah ich auch. Ich gönnte ihm ja diese freudige Überraschung von Herzen, aber vor allem brauchte ich jetzt schleunigst meinen von ihm abgestempelten Entlassungsschein, bevor er eventuell noch einmal auf die Idee kommen konnte, an mir ein Exempel zu statuieren.

Die Formulare lagen, das stellte ich mit schnellem Blick fest, auf seinem Schreibtisch. Ich griff mir eines, sah ihm treudeutsch in die

Augen, sagte meinen Glückwunsch und: »Na dann schenken Sie mir jetzt auch ein bißchen glückliche Zukunft.« »Klar«, sagt er, »Mensch, jetzt wird alles anders, jetzt fängt endlich ein neues Leben an, jetzt ist die ganze Scheiße für uns endlich vorbei«, nimmt das Formular, schreibt meinen Namen – völlig falsch – aber ich wage es nicht mehr ihn zu korrigieren, das machte ich dann zu Hause mit Giselas Hilfe, dann knallt er seinen Stempel darunter, wir umarmen uns, wünschen uns Glück, ich stehe vor dem Lagereingang, bin ein freier Mensch und zum letztenmal in meinem Leben schließt sich die Holzschranke eines Barackenlagers hinter mir.

Ich fuhr zurück zu Gisela. Was konnte mir eigentlich noch passieren! Als ich in der folgenden Nacht auf dem Heimweg zu meinem Dachboden über die stockdunkle Dorfstraße schlenderte, es war sehr spät geworden, stieg mir ein betäubender Duft in die Nase, den ich eigentlich bisher nie wahrgenommen hatte. Der Jasmin mit seinen Blütenwogen duftete in den hohen dichten Buschgruppen direkt neben mir so intensiv, daß es mir fast den Atem verschlug. Für den ganzen langen Teil meines noch folgenden Lebens blieb mir dieser wunderbare Duft der weißen Jasminblüten als Symbol für meine grenzenlose Freude am Leben damals, für das gewaltige, unüberbietbare Abenteuer, von einer Frau wirklich geliebt zu werden, erhalten.

Von Haftbefehlen, großer Rede und neuer Freundschaft

Es dauerte einige Zeit, bis ich begann, mich mit dem Ort und seinen Bewohnern vertraut zu machen. Wie in den meisten deutschen Klein- und Mittelstädten, besonders aber in den Dörfern, gab es auch hier eine scharfe Trennungslinie zwischen den Einheimischen und den vielen Flüchtlingen, die jahrelang Bestand haben sollte. Da zählten nicht nur die Mentalitätsunterschiede, die anderen Sitten und Gebräuche, die damals, vor mehr als einem halben Jahrhundert noch eine sehr viel wichtigere Rolle spielten als heute. Der Unterschied der Religionen zählte ebenso stark wie die völlig verschiedenen historischen Vergangenheiten und deren Beurteilung. Aber der tiefste Graben trennte die Besitzenden von den Besitzlosen, das hieß in der Praxis, die Einheimischen von den Flüchtlingen. Noch etwas anderes hatte vor allem in den unmittelbaren Nachkriegsjahren seine besondere Bedeutung, und zwar sehr unauffällig und für Außenstehende nicht auf Anhieb zu erkennen. Das war das engmaschige Geflecht der über Jahrzehnte hinweg gewachsenen persönlichen Beziehungen und Verbindungen unter den Einheimischen, das ihnen unter den chaotischen Nachkriegsbedingungen zahlreiche Vorteile für den Neuanfang verschaffte, die den Flüchtlingen fehlten. Flüchtlinge waren unerwünscht und unbeliebt, vor allem wegen der zwangsweisen Einquartierung über die Wohnungsämter. Man mußte sie als engste Nachbarn dulden, ohne zu wissen, wie lange dieser Zustand andauern würde. Die von der NS-Regierung zwölf Jahre lang intensiv propagierte »Volksgemeinschaft« platzte wie ein zu stark gefüllter Luftballon. Es gab wenige rühmliche Ausnahmen, und es zeichnete sich, von mir staunend registriert, schon in diesem ersten Nachkriegsjahr ein wichtiger Unterschied zwischen den drei Westzonen und der Ostzone ab.

Ganz anders als die westlichen Besatzungsmächte begannen die Russen sofort nach Kriegsende in ihrer Besatzungszone damit, die gesamte gesellschaftliche und soziale Struktur, ebenso wie die Bereiche Industrie, Wirtschaft und Handel, nach dem Vorbild ihres eigenen Staates umzukrempeln – und zwar so gründlich und radikal, daß den Deutschen dabei bald Hören und Sehen verging. Natürlich propagierten auch die Westalliierten in ihren Hoheitsgebieten das Modell des eigenen Landes als Vorbild, und sahen es gerne, wenn einiges davon übernommen wurde. Das geschah meist nicht ganz freiwillig, aber es hielt sich sehr in Grenzen. Die Sowjetunion brach in ihrer Zone wie mit einem metertiefen Stahlpflug erst einmal den vorhandenen, historisch gewachsenen Boden metertief auf, um anschließend unerwünschte Wurzeln auszumerzen und überall ihre eigenen Ideologien einzupflanzen. Auch ihre Propaganda bediente sich durchaus dieser Symbolbilder von »der neuen Saat« und ähnlichen Parolen. Was wir sehr bald erkennen konnten, war der Versuch der SMA, der sowjetischen Militäradministration, alles das zu zerschlagen und zu eliminieren, was es in ihrem eigenen Staat schon seit Jahrzehnten nicht mehr gab, was sie vernichtet und, wie sie hofften, für immer ausgelöscht hatten, das ganze Besitzbürgertum, die ihnen zutiefst verhaßte Bourgoisie. Als ich im Frühsommer 1946 in der Ostzone eintraf, war das für politisch Interessierte ziemlich klar erkennbar. Ein wichtiger Punkt in ihrem Programm war schon abgehakt. Bereits im September 1945, knapp fünf Monate nach Kriegsende, waren alle privaten Bauernhöfe mit über 100 Hektar entschädigungslos enteignet worden. Das war der erste Teil der Bodenreform, und ich erlebte bei meinen Fahrten über Land, wenn ich die Medikamente für die Kranken ausfuhr, wie die übrig gebliebenen Bauern, die weniger als 100 ha besaßen, zitterten, daß sie über kurz oder lang das gleiche Schicksal treffen würde. »Junkerland in Bauernhand« hieß die Parole, und wer ein wenig historisch interessiert war, erinnerte sich daran, daß schon Lenin mit einer solchen »Bodenreform« in seinem »Dekret über den Frieden« am 8. November 1917 die halbe Oktoberrevolution gewonnen hatte, weil er die Masse der landlosen Bauern damit auf seine Seite gebracht hatte. Die Situation in der Ostzone war aber ganz anders; die meisten hier lebenden landlosen Bauern waren die eben erst von ihren Höfen vertriebenen aus dem Osten, und die zogen jetzt, begleitet von einem riesigen Propagandagetöse, hinaus auf die enteigneten Äcker. Da empfingen sie Rednerpodien und Transparente und feierlich wurden ihnen die neuen Besitzurkunden für ihr zugeteiltes Minieigentum überreicht. Die wenigsten ahnten, daß sie sich schon wenige Jahre später alle in Landwirtschaftlichen Produktionsgenossenschaften, den berühmten LPGs, wiederfinden würden. Auch die wenigen Besitzer von kleinen Industriebetrieben, die es im Ort gab, kamen schnell unter erheblichen Druck, selbst wenn sie nur eine Handvoll Leute beschäftigten. Den privaten Besitzern von Produktionsmitteln jeder Art, auch das war erkennbar, sollte möglichst schnell die Luft abgedreht werden. Was offiziell noch bei jeder Gelegenheit abgestritten wurde, die Umwandlung des alten, historisch gewachsenen Mitteldeutschland in eine Musterkolonie nach sowjetischem Vorbild, begann bereits damals Realität zu werden.

Wer damals in der Ostzone lebte, hatte, ganz anders als in Westdeutschland, wo sich diese Frage auch in den härtesten Besatzungszeiten niemals stellte, nur noch zwei Möglichkeiten. Entweder er ließ alles im Stich, Besitz, Freunde, die ganze eigene Vergangenheit und floh über Berlin nach dem Westen in eine ungewisse Zukunft oder er arrangierte sich mit den bestehenden Verhältnissen, paßte sich an und versuchte über die Runden zu kommen. Nach dem Bau der Mauer 1961 gab es überhaupt nur noch die zweite Möglichkeit. Die meisten Westdeutschen haben nach der Wiedervereinigung von 1990 nie richtig begriffen, daß fast zwei komplette Generationen in Mitteldeutschland ganz anders als sie selbst sozialisiert und erzogen worden sind und daß deren Denken und Handeln von völlig anderen Prinzipien und Lebensumständen geprägt wurde. Es kann nicht anders sein, als daß es lange, sehr lange dauern wird, bis sich bei einem Menschen die Art und Weise, wie er denkt und was er denkt, ändern kann.

Diese Veränderungen zeichneten sich früh ab, aber auch schon 1946, als ich sie in unserem Ort sehr genau beobachten konnte, waren sie in diesem Tempo nur möglich mit der kräftigen Unterstützung durch deutsche Helfer und das parteipolitische Spinnennetz der SED, das bis ins letzte Dorf reichte. Auch in unserem kleinen Ort waren längst alle wirklich entscheidenden Positionen durch zuverlässige und willige SED-Leute besetzt. Die Vertreter der beiden bürgerlichen Parteien CDU und LDP, die sich anfänglich an einem gemeinsamen antifaschistischen Block beteiligt hatten, waren wegen der von ihnen bekämpften Bodenreform schon im Herbst 1945 aus dem gemeinsamen Boot ausgestiegen und versuchten mit wenig Erfolg einen eigenständigen Kurs. Verschreckt und eingeschüchtert spielten sie in dem offiziellen Polit-Theater eigentlich nur eine Statistenrolle. Aber ihr zeitiger Ausstieg machte für die zahlenmäßig sehr schwache KPD die Vereinigung mit der mitgliederstarken SPD immer dringender. Im April 1946 hatte sie es geschafft. Ohne die von der SPD-Basis geforderte Urabstimmung, die für die KPD mit einer sicheren Pleite geendet hätte, zwang ein vor nichts zurückschreckender Druck von außen und die Schwäche der eigenen Führung in Berlin die Ostzonen-SPD in die Fangarme der KPD. Die versprochene und fest vereinbarte Parität, schon damals ein Witz, weil die SPD die viel stärkeren Bataillone hatte, stand bald nur noch auf dem Papier. SPD-Mitglieder, die sich immer noch als aufmüpfig und widerstrebend zeigten, wurden erst gewarnt, und, wenn das nichts half, fuhren nachts die gefürchteten Schlapphüte in Ledermänteln vor und nahmen die Betroffenen »nur zu einer kleinen Vernehmung« mit. In Hunderten von Fällen war das letzte Bild, das die Angehörigen von dem Verhafteten sahen. Er verschwand spurlos.

Das war die Situation, die ich bei meiner Heimkehr vorfand, und das erste, was ich als bedrückend empfand, war die Unmöglichkeit, irgendwo regelmäßig eine West-Zeitung aufzutreiben. Meine einzige Informationsquelle, außer den westlichen Rundfunksendern, war ein geistesverwandter Buchhändler in der Kreisstadt, der mir, versteckt unter seinem Ladentisch, jeden Monat ein Exemplar der in Westberlin von Rudolf Pechel herausgegebenen ›Deutschen Rundschau‹ zuschob. Wenn wir wirklich mal westliche Tageszeitungen auftreiben konnten, meist aus Westberlin den ›Tagesspiegel‹, den ›Kurier‹ oder den ›Telegraph‹, dann wanderten die durch so viel Hände, daß sie schließlich auseinanderfielen. Wir waren ausgehungert nach unverfälschten Informationen, und die russische Propagandawalze hing uns bald zum Halse heraus. Niemand wußte, wie das eigentlich alles weitergehen sollte.

Ich habe die politische Situation deshalb etwas ausführlicher geschildert, weil sie zahlreiche junge Menschen, die noch nicht durch Familien- oder Berufsbindungen zur Zurückhaltung gezwungen wurden, dazu brachte, sich gegen sie zur Wehr zu setzen. Für ihr Handeln gab es eine einfache, aber wichtige Erklärung: Was die Russen und die SED aufführten, das erinnerte in Methoden und Parolen so stark an das, womit wir gerade zwölf Jahre lang gefüttert worden waren, daß man schon fast mit Blindheit geschlagen sein mußte, um nicht zu fürchten, daß das alles auf eine neue Diktatur hinauslaufen würde. Wer sich also von uns jungen Leuten überhaupt für Politik interessierte, der stand schnell vor der alles entscheidenden Frage, dafür oder dagegen? Eine Frage, die sich so zu keinem Zeitpunkt in einer der Westzonen stellte. Das war einer der alles entscheidenden Unterschiede zwischen den Besatzungszonen.

Ihre Gewissensentscheidung bezahlten viele der Jungen und der Alten, die sich gegen die Verwandlung ihrer Heimat in ein Anhängsel der UdSSR wehrten, mit beruflichen Nachteilen, mit Verhaftung, mit Gefängnis und Sonderlager, die ohne schwere Gesundheitsschäden nicht zu überleben waren, oder gar mit ihrem Leben. Die nach 1989 aufgefundenen Massengräber dieser Nachkriegsopfer sprechen eine unmißverständliche Sprache. Aber anders als die Widerstandskämpfer gegen das Nazi-Regime sind diese Männer und Frauen inzwischen vergessen worden. War es die Diffamierung durch die Täter von SED und NKWD, später das Totschweigen, das schlechte Gewissen der vielen, die sich gut arrangierten? Es kam vieles zusammen, damit diese Opfer dem Gedächtnis ihres Volkes entschwunden sind, wie Schatten der Vergangenheit, die keiner mehr beschwören will. Freunde von mir aus dieser Zeit gehörten dazu, und als schlimmste Beleidigung für sie habe ich immer die niederträchtige Behauptung empfunden, das seien alles unbelehrbare Nazis gewesen, Werwölfe die Jungen, fanatische Nazis die Alten. Nichts davon ist wahr, das Gegenteil trifft zu. Sie hatten ihre Lektion gelernt, von wenigen Ausnahmen abgesehen, wollten sie Freiheit und eine parlamentarische Demokratie nach westlichem Vorbild, so wie sie später ab 1949 in der Bundesrepublik Wirklichkeit wurde. Das war der Grund dafür, daß erst die Sowjets und später die SED jeden erkennbaren politischen Ansatz in diese Richtung mit Verhaftung und Verurteilung quittierten.

Ich bekam Post vom für mich zuständigen Arbeitsamt. Einen Brief, mit dem ich ab sofort zu Demontagearbeiten in den Leuna-Werken verpflichtet wurde. Das war ein riesiger Industriekomplex, der im Zuge der Hitlerschen Aufrüstungspolitik einen gigantischen Umfang angenommen hatte und im Krieg immer wieder das Ziel von alliierten Bombenangriffen geworden war. Jetzt wurden auf Befehl der SMA alle für die Sowjetunion interessanten Teile, vor allem die chemischen Labors und die technischen Forschungs- und Entwicklungsabteilungen, als Reparation demontiert und nach Osten abtransportiert. Das war überall so in der Ostzone, wo sich die Russen für die mörderische deutsche Besatzungspolitik in ihrem Land und für die Taktik der »verbrannten Erde«, mit der sich die Wehrmacht auf ihren jahrelangen Rückzügen aus der UdSSR verabschiedet hatte, schadlos halten wollten. Weil sich jeder vor dieser schweren körperlichen Arbeit bei miserabler Verpflegung zu drücken versuchte, befahlen die Russen drakonische Strafen für Arbeitsverweigerer. Nur eine Ärztekommission aus russischen Militärärzten hatte die Befugnis, Dienstverpflichtete aus Gesundheitsgründen freizustellen.

Ich packte meine Behandlungsunterlagen zusammen und machte mich auf den Weg, sehr im Ungewissen, ob die Folgen meiner schweren Verwundung ausreichen würden, um hier unbehelligt zu bleiben. Viel Hoffnung hatte ich nicht. Von diesen Ärztekommissionen erzählte man sich Schauermärchen. Die gut deutsch sprechende Ärztin untersuchte mich sehr viel sorgfältiger, als ich das von ihren deutschen Kollegen gewöhnt war. Schließlich wollte sie von mir wissen, wo ich gekämpft hatte und wo ich verwundet worden war. Ich zuckte zusammen, ahnte, wenn ich ihr jetzt die Wahrheit sagen würde, an der Ostfront, würde ich bestimmt keine Chance mehr bei ihr haben. Ich sah sie nachdenklich an, und sie hatte so ein gutes, offenes Gesicht, und auf einmal hörte ich mich antworten – die Wahrheit. Sie überlegte einen Augenblick sehr ernst, stempelte dann ein Papier, das sie mir in die Hand drückte und sagte: »Merkwürdig, von allen ehemaligen deutschen Soldaten hier in meiner Praxis, und das waren bisher eine ganze Menge, sind Sie der Erste und Einzige, der an der Ostfront gekämpft hat. Die anderen waren alle immer nur im Westen oder in Italien.« Sie lächelte: »Kein Wunder, daß wir Russen den Krieg gewonnen haben, wenn nur so wenig Deutsche in Rußland gekämpft haben. Finden Sie nicht auch?« und rief: »Der Nächste!«

Ich stand im überfüllten Wartezimmer, starrte auf das Papier und konnte es nicht glauben. Ich war jetzt und in der Zukunft von allen Arbeitsverpflichtungen als Schwerkriegsbeschädigter befreit. Wie ich später heraus fand, einer der wenigen Ausnahmefälle, die es geschafft hatten. Noch ganz benommen verließ ich den Warteraum mit einem automatischen »Auf Wiedersehen«. Sagte da einer der noch Wartenden lachend: »Wünschen Sie sich das lieber nicht, jedenfalls nicht hier.« Der war so alt wie ich, kam aus demselben Ort, kannte mich vom Sehen und sollte in den folgenden Monaten in meinem Leben noch eine wichtige Rolle spielen.

Wir trafen uns wieder, zwei Stunden später, als wir feststellen mußten, daß der letzte Zug, der uns hätte zurückbringen sollen, ausgefallen war, was damals häufig passierte. Ganz anders als heutzutage war man auf solche ärgerlichen, gelegentlich auch gefährlichen Zwischenfälle ganz gut eingerichtet. Es wäre viel zu anstrengend gewesen, und hätte einen auch viel zu viel Kraft gekostet, wenn man sich jedesmal über solche plötzlichen Einbrüche in den geplanten Alltag groß aufgeregt hätte. Es war viel wichtiger, man sparte seine Reserven auf, um sie erst dann einzusetzen, wenn es wirklich dringend notwendig war, zum Beispiel bei der Beschaffung von Nahrungsmitteln, die immer knapper wurden. So saßen wir also im dreckigen und tristen Wartesaal. Die Stadt draußen war zerbombt, die Geschäfte leer, die wenigen Lokale wegen Stromsperre geschlossen. Es lohnte sich nicht, einen Abendspaziergang zu machen. Wir mußten auf den Frühzug um 4 Uhr warten, der die erste Schicht ins Werk fahren würde.

In solchen Situationen ist es ein Glücksfall, wenn man einem Menschen begegnet, der einem sympathisch ist. Wir stellen bald fest, und das war damals in der Ostzone bei solchen Begegnungen enorm wichtig, daß wir offen miteinander reden konnten. Es dauerte auch nicht lange, da merkten wir beide, daß wir auf der annähernd gleichen Wellenlänge funkten. Es wurde eine lange Nacht, die erste von vielen, mit einem intensiven Gespräch, und als wir dann in der Morgendämmerung müde und hungrig in Richtung Heimat dampften, stand unser Entschluß fest. Wir würden nicht mit den Händen in den Hosentaschen zusehen, wie sich vor unseren Augen eine neue Diktatur etablierte, die uns, genauso wie die hinter uns liegende, unsere ganze Zukunft versauen würde, und nicht nur unsere. Wir wollten nicht später von unseren Kindern dieselbe Frage gestellt bekommen, die wir heute an unsere Eltern richteten: »Warum, verdammt nochmal, habt ihr eigentlich überhaupt nichts dagegen unternommen, als es noch Zeit dafür war?«

Wir waren keine Spinner und keine abgehobenen Phantasten. Wir wußten, was wir uns vorgenommen hatten, war ein Spiel mit dem Feuer, wir wußten auch, daß es ein gefährliches Spiel werden würde. Aber wir waren noch sehr jung, und es sollte sich später herausstellen, daß wir den Gegner, mit dem wir es da zu tun hatten, doch immer noch weit unterschätzten. Das sollte sich als ein Gefechtsfeld erweisen, auf dem uns unsere Kriegserfahrungen nichts helfen würden, weil hier ganz andere Mittel und Methoden eingesetzt wurden als an einer Front. Begründet war unsere Einstellung auch durch die Schockwirkung, die die Informationen über die Vernichtungslager und den Holocaust bei uns als ehemaligen HJ-Führern ausgelöst hatten. Uns trieb damals eine fast panische Furcht, daß sich so etwas Ähnliches, wenn auch auf anderer Basis, wiederholen könnte, und wir würden durch unser Nichtstun dazu beigetragen. Es war ein ganzes Bündel von Motiven, das nicht nur mich, sondern so viele, mit denen ich in den kommenden Monaten zusammenarbeiten sollte, dazu bewegte, etwas zu unternehmen. Ja, wir waren Antikommunisten, aber wir wollten alle nie mehr etwas mit dem Nationalsozialismus zu tun haben. Es war später einer der Vorwürfe von Linken und Super-Linken, das Ganze sei nichts anderes gewesen als das NS-Erbe in unseren Köpfen, von dem wir uns nie hätten richtig befreien können. Mit dieser niederträchtigen Anklage drückten sich die SED-Anhänger vor jeder Auseinandersetzung über unsere sehr einfach zu formulierenden politischen Ziele. Freiheit und Demokratie, Toleranz und Offenheit, unter solchen Vorzeichen wollten wir leben, und nicht nur wir, sondern die weit überwiegende Mehrheit der Menschen hier.

Wenn wir in den SED-Versammlungen erschienen, die so spärlich besucht waren, daß sich die Genossen über jeden Interessenten freuten, dann beteiligten wir uns natürlich an den Diskussionen, die es damals gelegentlich noch gab, aber man ließ uns bald mer ken, daß wir den Anschluß an die neue, viel bessere Zeit noch nicht gefunden hatten. Für uns war das anfangs auch ein amüsantes Spiel, dessen Regeln wir schnell lernten. Wir wußten, wenn man einen Gegner bekämpfen will, muß man möglichst alles über ihn wissen. So war es sehr wichtig, sich der gleichen Terminologie zu bedienen, nicht mit dem Holzhammer, sondern mit dem Wattebäuschchen anzugreifen, aber das konnte dann auch mal mit Gift getränkt sein. Wir beriefen uns im Zweifelsfall auf das, was im Volk geredet wurde, und die Funktionäre wußten meistens genau, daß ihnen das Volk nicht die Wahrheit sagte, einfach weil es sie fürchtete. Dabei beriefen sie sich dauernd auf ihre Volksnähe, ja sie taten immer so, als ob sie das Volk seien. Damals, und wie ich glaube, wohl auch später, ein ziemlich schauerlicher Irrtum. Manchmal taten sie mir sogar leid, wenn sie die brutalen und unsinnigen Befehle der Russen verteidigen mußten, ohne zu zögern oder mit der Wimper zu zucken. Deshalb verloren sie alle Glaubwürdigkeit bei den Menschen. Was wir aber unterschätzten, das war ihre unglaubliche Zähigkeit und Ausdauer, ein einmal gegebenes Ziel zu verfolgen. Vor allem ihr Bewußtsein, daß sie schon das Wichtigste in der Hand hatten und nie mehr freiwillig hergeben würden, die absolute Macht in der russischen Besatzungszone.

Im Büro des Landesjugendleiters der FDJ in H. klingelte das Telefon. Am Apparat die russische Kommandantur, und zwar der NKWD-Offizier: »Genossen, habt ihr in L. eine Versammlung einberufen und Plakate kleben lassen, ohne uns vorher zu informieren?« Der Landesjugendleiter, vom drohenden Unterton leicht erschreckt: »Nein, Genosse, natürlich nicht, wir kennen doch die Befehle. Nein, damit haben wir mit Sicherheit nichts zu tun, außerdem müßte das mindestens über unsere Abteilung Organisation und Propaganda gelaufen sein, und ich weiß, daß die keine Genehmigungen in L. beantragt haben. Was ist denn da eigentlich los?« Der Russe: »Das müssen ein paar Verrückte sein. Kennt ihr die Namen Heinz B. und Ulrich Frodien, die haben das Plakat unterschrieben und zeichnen als Hauptredner auf der Versammlung und bezeichnen sich als FDJ?« Worauf der Landesjugendleiter dem Russen genau erklärte, daß in ganz L. keine FDJ-Jugendgruppe existiert und sie deshalb mit der ganzen Angelegenheit überhaupt nichts zu tun haben. Nachdem die Sache geklärt ist, verabschiedet sich der Offizier mit der Bemerkung, er werde die beiden jetzt erst mal verhaften lassen, um diesem illegalen Treiben ein Ende zu bereiten.

Als sich die FDJ-Funktionäre anschließend über die beiden Verrückten in L. unterhalten, hört die anwesende Sekretärin, mit dem Vertreter des Jugendleiters eng verbandelt, den Namen von Heinz B. und schreit auf: »Um Gottes Willen, ihr müßt sofort was unternehmen, den Heinz kenne ich gut, wir saßen jahrelang in der gleichen Schulklasse, und in der Tanzstunde war er mein Kavalier.

Der ist völlig in Ordnung, für den lege ich meine Hand ins Feuer. Bitte läut den Russen an und sag, alles vorhin war ein Irrtum. Haut ihn raus, wenn die Russen ihn verhaften, landet er vor einem Militärgericht, ihr wißt doch genau, was das bedeutet!« Es dauerte, und die Sekretärin schaffte es wohl nur durch ihre private Beziehung. Sie erreichte Heinz über das Ladentelefon seines Vaters, und als er ihr die Sache erklärt hatte, erreichte der Landesjugendleiter den Offizier gerade noch rechtzeitig, bevor der Haftbefehl hinausging. Wir waren um Haaresbreite einer persönlichen Katastrophe entgangen. Als sie uns die Geschichte wenig später erzählte, zitterten uns nachträglich die Knie. Was war passiert?

Während unseres Gespräches in der langen Bahnhofsnacht waren wir zu dem Ergebnis gekommen, daß es für uns, unter den herrschenden politischen Machtverhältnissen, praktisch nur eine Möglichkeit gab sich politisch zu engagieren, wenn wir uns nicht an eine Partei binden wollten, wozu wir beide nicht die geringste Lust hatten. Diese Chance bot damals nur die »Freie Deutsche Jugend«, die im März 1946, also erst wenige Monate vorher, auf Befehl der SMA in Berlin gegründet worden war, und zwar mit dem ausdrücklichen Auftrag, als überparteiliche, einzige zugelassene Jugendorganisation in der Ostzone ein Sammelbecken für alle Jugendlichen zu bilden. Natürlich war sie, wie fast alle damals schnell aus dem Boden schießenden Organisationen, etwa der FDGB, der Frauenbund und andere, zunächst eine sowjetische Kopfgeburt. Diese Organisationen wurden alle nicht etwa demokratisch von unten nach oben aufgebaut, sondern die Leitungsfunktionen wurden erst mal mit zuverlässigen Leuten besetzt, erst dann wurden Zentralbüros eingerichtet, und diese Spitzenfunktionäre kümmerten sich, natürlich mit nachdrücklicher Unterstützung der Russen und der deutschen Verwaltungen, um den Aufbau einer entsprechenden Organisation in den einzelnen Regionen der Ostzone. Leiter der FDJ war ein gewisser Erich Honecker, den keiner von uns kannte.

Natürlich saßen auch in dieser Zonenleitung der FDJ an den entscheidenden Stellen nur ausgesuchte, geschulte kommunistische

Funktionäre, umgeben von einigen demokratischen Pappkameraden, die der Sache den damals noch für notwendig gehaltenen überparteilichen Anstrich geben sollten. Um überhaupt noch an junge Menschen heranzukommen, die nach ihren NS-Erfahrungen gegen jede Form der politischen Berieselung hochgradig mißtrauisch geworden waren, mußte die FDJ-Spitze sehr zurückhaltend und scheinbar demokratisch agieren. Dieser Erich Honecker verkündete deshalb bei seiner großen Rede vor dem mit gewaltigem Progandagetöse begleiteten »Ersten Parlament der Freien Deutschen Jugend« in Ostberlin das im Nachhinein wie Hohn klingende Versprechen, »den überparteilichen Charakter unserer Organisation wie unseren eigenen Augapfel zu hüten«. Genau diesen Umstand wollten wir uns zunutze machen. Wir stellten fest, daß es in der ganzen Umgebung unseres Ortes weit und breit keine FDJ-Gruppe gab. Die Landesleitung, die natürlich schon eingesetzt worden war, blieb zunächst eine Dame ohne Unterleib. Es fehlten einfach die Mitglieder. Unter den Jugendlichen hatte kaum einer Lust oder Interesse daran, sich für diesen neuen Verein auch nur zu interessieren. Das war der Boden, auf dem wir etwas wachsen lassen konnten.

Natürlich war das spannend, und ein bißchen Abenteuerlust war auch dabei, obwohl wir uns eigentlich schon sehr abgeklärt vorkamen. Also starteten wir im »Goldenen Mond« eine FDJ-Gründungsversammlung und kamen gar nicht auf die Idee, deshalb etwa jemanden um Erlaubnis zu fragen. Wir wußten noch nicht einmal, daß es schon eine Landesleitung gab. Wir waren von unserer Demokratie so begeistert, daß wir knallblaue Plakate in Auftrag gaben, blau war die FDJ-Farbe, darauf ein selbstverfaßter Text, mit dem wir alle Jugendlichen des Ortes einluden. Erwachsene waren als Gäste erwünscht. Hauptredner war Heinz B. Einleitung und Begrüßung Ulrich Frodien, Thema: Deutsche Jugend, wohin führt unser Weg in die Zukunft? Dann klebten wir in einer Nacht eigenhändig alle 50 Plakate überall im Ort an gut sichtbare Stellen. Wir hatten keine Ahnung, daß damals schon jedes Plakat, wie auch fast jedes in einer Druckerei eingereichte Manuskript vor Drucklegung durch die strenge Zensur der russischen Kommandantur mußte. Der Drucker im Ort, der unseren Plakatauftrag annahm, hätte uns eigentlich sagen können, daß wir das vorher genehmigen lassen müßten. Tat er aber nicht, sondern reichte einfach ein Exemplar des fertigen Plakates kommentarlos bei der Zensurstelle ein, woraufhin die Russen explodierten.

Gerettet hat uns ein lächerlicher Zufall und die Tanzstundenliebe von Heinz. Trotzdem bekamen wir gleich mal eine aufs Dach von der Landesjugendleitung, deren Vertreter wir natürlich sofort als Ehrengäste einluden, unbedingt mit Sekretärin, der wir einen extra großen Blumenstrauß überreichten. Natürlich wollten uns diese Leute, die Gelegenheit ausnützend, sofort einen eigenen Hauptredner aufdrücken. Aber das war mit uns nicht zu machen. Wir trugen ab sofort das Büchlein mit den Gründungsstatuten der FDJ wie eine Bibel immer in der Tasche. Wie fast alle diese ersten Organisationsstatuten war auch diese noch mit viel demokratischer Theorie durchsetzt. Damit konnten wir, jedenfalls in diesem ersten Jahr, recht gut arbeiten, und uns alle Versuche vom Leibe halten, zu einem Kaderverein nach dem Vorbild des »großen Bruders« umfunktioniert zu werden.

Aber erst mal saßen wir natürlich wie auf Kohlen. In meinen Albträumen sah ich den großen, an die 500 Menschen fassenden Saal des »Goldenen Mond« gähnend leer, mit einem halben Dutzend Zuschauer, und hörte unsere ins Aus hallenden Reden. Es war wirklich ein Abenteuer. Weder Heinz noch ich hatte je in unserem bisherigen, mit Marschbefehlen und Kommandos gefülltem Leben so etwas wie demokatische Methoden kennengelernt. Kam hinzu, daß meine Eltern, denen aus den schon geschilderten Gründen an einem völlig unscheinbaren und unauffälligen Leben sehr viel gelegen war, mein Treiben ziemlich mißmutig verfolgten. Mein Vater hatte es gar nicht gerne, wenn er in der Praxis von seinen Patienten plötzlich auf seinen »berühmten« Sohn angesprochen wurde. Auch Gisela mußte in dieser Zeit viel aushalten. Abend für Abend mußte sie sich immer wieder neue Formulierungen von meiner Eröffnungsrede anhören und beurteilen, bis sie sie schließlich auswendig aufsagen konnte und mich damit durch den Kakao zog. Sie saß auf der Bettkante in der mir neuerdings zugewiesenen 12 qm-Kammer, weil das die einzige Sitzgelegenheit war. Es gelang ihr tatsächlich, mir meinen immer noch dominierenden preußischen Kommißjargon, der sich in Sachsen-Anhalt ohnehin keiner großen Zuneigung erfreute, ziemlich gründlich abzugewöhnen. Auch stilistisch hatte sie gute Ideen, erklärte mir, was die Einheimischen anbetraf, gerade die Feinheiten in der Wortzusammenstellung, die man als Fremder nie begreift, wenn man nicht mit dem Dialekt großgeworden ist. Kurz, die Rede wurde eine echte Gemeinschaftsleistung.

Der Heinz als Einheimischer tat sich da viel leichter, hatte aber den Nachteil, daß ihn im Ort natürlich immer noch sehr viele Leute als ehemaligen Führer in der Hitler-Jugend im Gedächtnis hatten, und wie die reagieren würden, konnten wir überhaupt nicht abschätzen. Das Ganze war ein Schuß ins Blaue, und zum Schluß hatten wir ernsthafte Zweifel, daß sich auch nur ein Schweineschwänzchen für unsere Einladung interessieren würde. Wir hatten absichtlich einen Sonntagabend gewählt, denn gegen den Samstag-Schwof anzutreten, hätte politischen Selbstmord bedeutet.

Ich wartete bis zum letzten Augenblick, dann näherte ich mich dem Wirtshaus quer über den großen Marktplatz und war völlig überrascht. Wir mußten ein kleines Eintrittsgeld verlangen, weil wir die Saalmiete nicht aus eigener Tasche bezahlen konnten, und meinen Vater hatte ich deshalb nicht anpumpen wollen. Aber mit Schulden wollten wir auch nicht starten. Nun stand da eine Schlange am Kassentisch, die bis auf die Steintreppen hinaus reichte, und als ich mich, möglichst unauffällig, vorbei gedrückt hatte, sah ich, der Saal war rappelvoll, kaum mehr ein Sitzplatz frei.

Was war der Grund für diesen Zuspruch? Das Alltagsleben in diesen Monaten war völlig ausgefüllt mit täglicher schwerster Arbeit, es gab noch lange keinen 8-Stunden-Tag, und am Samstag wurde bis 14 Uhr gearbeitet. Dazu kam der Zeitaufwand, der nötig war für den täglichen Kampf gegen den Hunger. Viele hatten kleine Gemüsegärten, andere gingen auf die Felder, wieder andere suchten nach der Ernte die Stoppelfelder nach herumliegenden Ähren ab. Das Gras an den Straßenrändern wurde für die Kaninchen oder Ziegen mit der Handsichel gemäht. Jeder saure Apfel, jede Zuckerrübe, jedes eßbare Wildkraut waren inzwischen eine Kostbarkeit. Die Menschen schufteten bis zum Umfallen, und es reichte trotzdem nie. Sie hungerten nach Abwechslung, nach einer Unterbrechung dieses für die meisten trostlosen Alltages. Einmal in der Woche gab es eine Kinovorführung, sehr oft russische Propagandafilme von erschlagenden Primitivität. Eisenstein schaffte es leider nie bis zu uns. Der Tanzboden am Samstag war das mit fiebriger Entschlossenheit gefeierte Wochenereignis. Es gab auch kaum Rundfunkgeräte. Die mußten gleich in den ersten Wochen abgeliefert werden, angeblich für die Versendung in die UdSSR, vermutlich aber, damit niemand die Westsender hörte. Kurz, das Leben war eine einzige Schufterei, geprägt von tödlicher Langweile für die jungen Leute, und in den Orten rings um uns herum sah es nicht anders aus. Das war der Grund für den großen Erfolg unserer ersten Versammlung und nicht etwa echtes politisches Interesse. Es waren Neugier und Langeweile und Sensationslust.

Es war die erste öffentliche Rede in meinem Leben. Ich war gerade 20 Jahre alt geworden, und bisher hatte ich vor allem gelernt, erst zu gehorchen, dann zu befehlen und schließlich wieder zu gehorchen. Aber mir half die Erinnerung an die vielen, teilweise sehr scharfen Diskussionen als Internatsschüler in der ehemaligen Liegnitzer Ritterakademie, als mir mein Freund Hilmar Freiherr von Münchhausen, nach seinem berühmten Verwandten, dem Balladendichter, nur »Börries« genannt, ein sehr lässiger Typ und ein Bewunderer englischer Lebensart und Redekunst, nicht ganz ohne Erfolg rhetorischen Schliff beibrachte. Wir hatten Spaß an harten aber fair geführten Redeschlachten, mit denen er mir meine NS-Überzeugung, die er und viele andere keineswegs bereit waren zu teilen, ausreden wollte. Auch die vielen Diskussionen in der Kriegsgefangenschaft waren jetzt hilfreich. Aber es war doch eine Erlösung, als ich nach den ersten Sätzen spürte, daß ich das Publikum eingefangen hatte. Ich wollte »Tacheles« reden, ohne Umschweife oder Ausreden, und zielte mit meinen Worten auf das Denken und Fühlen und vor allem auf die Angst vor der Zukunft bei diesem Publikum. Ich sprach kurz, etwa zehn Minuten, aber atmete doch sehr erleichtert auf, als ich mit prasselndem Beifall verabschiedet wurde und Heinz das Rednerpodium bestieg.

Gisela saß mitten im Publikum. Wir hatten sie gebeten, die Reaktionen und Bemerkungen der Menschen um sie herum genau zu beobachten und zu registrieren. Als wir dann später noch zusammensaßen, gab es eine höfliche, aber gnadenlose Kritik, die für uns sehr wichtig war. Heinz hatte viele Zuhörer überfordert, zu viel in seine Rede hineingepackt, und ich war immer noch zu laut und zu direkt gewesen. Was zählte, war aber, wir hatten Erfolg. Natürlich saßen unsere Retter von der FDJ-Landesleitung vorne auf Ehrenplätzen. Neben ihnen der Bürgermeister, und auch meinem Freund, dem Totengräber, hatte ich einen Ehrenplatz zugedacht. Ich hatte das dunkle Gefühl, daß ich ihn noch einmal brauchen würde, und in diesem Punkt sollte ich mich nicht getäuscht haben. Aber das ist eine spätere Geschichte.

Ich erlebte zum ersten Mal, was es bedeutet, eine öffentliche Person zu sein. Ich war es, der die Ehrengäste begrüßte, ihnen ihre Plätze anwies, Leute miteinander bekannt machte, auch entschied, wer wo plaziert werden sollte. Ich merkte plötzlich, wie wichtig man wurde, wenn man entscheiden konnte, welche Rangstufe jemand bei so einer Veranstaltung einnehmen darf. Das war eine seltsame Erfahrung, die ich da machte, nicht ganz ohne Versuchung zur Eitelkeit, denn die Sache hatte ihren Reiz, vor allem wenn man erst 20 Jahre alt ist und eigentlich ein Niemand. Im Ort und in der Umgebung war ich nach diesem Abend bald bekannt wie ein bunter Hund, und es war sehr gut, daß mich Gisela immer wieder liebevoll auf den Boden der Tatsachen zurückholte.

Außerdem lag die härteste Arbeit noch vor uns. Wir hatten nicht die geringste Ahnung, wieviel Jugendliche, für die wir eine Altersgrenze von 14 bis 20 Jahren festgelegt hatten, sich dazu entschließen würden, an unserem ersten Jugendabend teilzunehmen. Und nur diese Zahl würde darüber entscheiden, ob wir wirklich Erfolg haben konnten. Das bisher Erreichte war ein Auftakt, ein guter Auftakt, aber die eigentliche Entscheidung würde erst an diesem bevorstehendem Abend fallen.

Wir hatten uns ein Klassenzimmer für dieses erste Treffen gesichert, nicht ideal, aber es gab nichts Besseres, und ich war noch aufgeregter als vor unserer Versammlung. Das Angebot der Landesleitung, uns mit Redner und Material zu helfen, hatten wir freundlich dankend abgelehnt. Wir wollten uns nicht in Abhängigkeit begeben. Außerdem fürchteten wir auch die Blamage, wenn da nur drei bis fünf Hanseln erscheinen würden. Es kamen aber fast dreißig, und das war unter den damaligen Verhältnissen wirklich eine Überraschung.

Jetzt begann für uns das eigentliche Problem, über das wir uns schon vorher weidlich den Kopf zerbrochen hatten. Wie gestalten wir diese Abende, wann fangen wir am besten an, wann hören wir auf, womit wollen wir arbeiten, was können wir den Jugendlichen überhaupt anbieten? In einem Punkt waren wir uns sofort einig: um Himmels willen nichts, was an die verflossenen Heimabende bei der Hitler-Jugend oder dem BDM erinnern würde. Unser Problem war, daß wir aus eigener Erfahrung nichts anderes kannten. Also mußten wir uns was Neues einfallen lassen und unsere Phantasie anstrengen. Es stellte sich schon am ersten Abend heraus, daß wir da einen ganz bunt zusammengewürfelten Haufen vor uns sitzen hatten. Volksschüler, Lehrlinge, Oberschüler, Jungbauern, Verkäuferinnen, Hausangestellte, Fabrikarbeiterinnen, Kaufleute, und ich entdeckte doch tatsächlich eine Gärtnerin auf der hintersten Bank, die mir zulachte. Also völlig verschiedene Bildungsstufen, sehr verschiedene Interessen, verschiedene Lebensalter. Das alles sollten wir unter einen Hut bringen. Hatten wir uns da nicht doch hoffnungslos übernommen?

Wir ließen es langsam angehen, machten es ganz bürgerlich höflich, stellten uns erst mal vor, und baten dann jeden einzelnen, sich auch vorzustellen, mit Namen, Alter, Beruf und besonderen Interessen. So lernte ich gleich mal unsere »Jugendfreunde«, wie die offiziell vorgegebene Bezeichnung hieß, kennen, und wir merkten schnell, daß nur wenige alleine gekommen waren. Die meisten kamen zu dritt oder viert, vor allem die Mädchen. Auch merkte ich sehr bald, daß es eben nicht nur unser persönlicher Charme war, und auch nicht unser politisches Angebot, das hier auf Anhieb so viele auf die Beine gebracht hatte. Am allerwichtigsten war den meisten, und zwar beiden Geschlechtern, daß man hier unverbindlich und vergnügt, ohne Verklemmung abends zusammenkommen konnte, daß sich Bekanntschaften und Freundschaften schließen ließen, ohne daß man dafür Geld benötigte wie bei jedem Kneipenbesuch. Viele von diesen Jugendlichen waren arm wie die Kirchenmäuse. Auch war es für die im Ort ziemlich isoliert lebenden jungen Flüchtlinge sehr wichtig, hier als Gleichberechtigte unter den Einheimischen akzeptiert zu werden. Das Interesse an politischen Themen hielt sich in Grenzen, lieber wollten sie über ihre eigenen Probleme diskutieren.

Für mich war das wichtig. Ich sollte mich um die Lektüre kümmern und merkte schnell, daß ich da ohne den Rat eines belesenen und erfahrenen Buchhändlers nicht zurecht kommen würde. Zwar hatte ich inzwischen viel gelesen, vor allem im vergangenen Winter in meiner Lazarettzeit 1945/46 in Göttingen. Aber je mehr ich las und je zahlreicher die Informationen wurden, die wir über deutsche und ausländische Literatur bekamen, die uns in den NS-Jahren verboten worden war, desto mutloser mußte man bei der Vorstellung werden, wie hoch dieser Bücherberg war. Es war unglaublich, was man uns alles vorenthalten hatte, und das betraf ja nicht nur Bücher. In der Kunstgeschichte fehlten fast alle Modernen, kein jüdischer Komponist durfte gespielt werden, nie hatte ich die Aufführung eines jüdischen oder linken Bühnenautors gesehen, kannte deren Texte nicht. Im Gespräch mit älteren, lebenserfahrenen und gebildeten Menschen überkam mich damals gelegentlich das Gefühl, einer Barbarengeneration anzugehören, die eigentlich nur marschieren, befehlen, gehorchen, töten und überleben gelernt hatte. Ich wollte auch versuchen, amerikanische und englische Autoren zu finden, und war dankbar, daß mir mein Buchhändler aus der Kreisstadt wirkungsvoll helfen konnte. So lasen wir die ersten Kurzgeschichten von Hemingway, Erzählungen von Wassermann, wir entdeckten Brecht und Döblin, Thomas Mann und Schnitzler. Das alles ging kunterbunt durcheinander, denn Bücher waren eine Mangelware. Man mußte nehmen, was man bekam. Sehr schnell stöberten die Interessierten in den elterlichen Bücherschränken die Werke auf, die bis 1945 irgendwo, ganz versteckt, aufgehoben worden waren, darunter, zu meinem fassungslosen Erstaunen, ganze Jahrgangsreihen der berühmten ›Weltbühne‹. Die anfängliche Befangenheit und Zurückhaltung wich bald der Freude am Zusammensein. Auch verschwand die Angst, sich gegenüber den anderen zu blamieren. Die meisten von ihnen mußten früh aus dem Bett und hatten arbeitsreiche Tage. Wir machten früh Schluß und mußten dann erleben, daß die ganze Corona, vor allem an den warmen Sommerabenden, noch lange vor der Schule zusammenstand, herumblödelte und alberte, auch gelegentlich noch intensiv mit uns diskutieren wollte. Für mich war das, nach all den grauenhaften Erlebnissen in den vergangenen drei Jahren, nach so viel Erfahrung mit Tod und Sterben, wie das Wiederfinden von einem Stück Jugendzeit, das ich schon völlig verloren glaubte.

Die jungen Leute hatten sehr unterschiedliche Erfahrungen hinter sich. Da war der 15 jährige Flüchtlingsjunge, der im Treck bei 25 Grad Kälte den Verlust aller jüngeren Geschwister miterlebt hatte und dessen Vater in Rußland vermißt war. Es gab den Gleichaltrigen aus einer einheimischen Kaufmannsfamilie, der die Schulbank gedrückt hatte und dessen gut situierte Familie bisher alles unangefochten überstanden hatte. Die Teilnehmer unserer Abende hätten gar nicht heterogener sein können. Wenn man unverkrampft und gut mit ihnen umgehen wollte, dann mußte man für alles offen sein. So wagte ich ein damals riskantes Experiment. Ich bat meinen Vater als Arzt, vor unserer Jugendgruppe einen Aufklärungsvortrag über Geschlechtskrankheiten zu halten, mit der Möglichkeit einer anschließenden Diskussion.

Wie tiefgreifend sich die Verhältnisse in einem halben Jahrhundert verändern können, dafür ist dieser Vortrag, über dessen Notwendigkeit heute kein Mensch auch nur ein Wort verlieren würde, exemplarisch. Damals war das, noch dazu in unserem kleinen Ort, eine Sensation. Vorsichtshalber hatten wir den Abend vorher angekündigt, hatten auch die Gruppe über das Thema abstimmen lassen. Die Entscheidung dafür fiel einstimmig aus. Da waren die Jugendlichen klüger als ihre Eltern, die sich böse über uns das Maul zerrissen. Wir bekamen auch warnende Worte von der Landesjugendleitung zu hören. Wir wimmelten alle Einwände mit dem Hinweis auf die grassierenden Geschlechtskrankheiten ab. Zahlen hatte ich mir über das Gesundheitsamt beschafft, und die sprachen eine unmißverständliche Sprache, zumal es noch keineswegs die heute längst üblichen hochwirksamen Medikamente und Behandlungsmethoden gab. Am gemeinsten fand ich damals die versteckten Hinweise einiger Eltern auf meinen Lebenswandel, der zu einigen Bedenken Anlaß geben konnte. Gut, ich war kein Kind von Traurigkeit und von meinem Verhältnis mit Gisela wußte inzwischen, wie es in einem Dorf unvermeidlich ist, fast jeder. Auch daß wir im Freundeskreis gelegentlich mehr Wodka becherten als für unser Renommee gut war, hatte sich herumgesprochen. Zudem pflegten wir gelegentlich zur nächtlichen Stunde nicht ganz stubenreine Lieder zu singen. Wenn man es aus der heutigen Perspektive betrachtet, war das alles ein recht harmloses Vergnügen.

Der Aufklärungsabend war einer unser größten Erfolge. Wir mußten in den größten Raum umziehen, weil so viele neue Jugendliche, auch aus dem umliegenden Dörfern, aufkreuzten, daß sonst die Plätze nicht gereicht hätten. Mein Vater machte seine Sache sehr gut. Vor allem nahm er nachher in der Diskussion, und das war für die Wirkung ungeheuer wichtig, alle Teilnehmer so ernst wie Erwachsene, auch deren natürlich noch sehr naive Fragen. Wir hatten vereinbart, an diesem Abend nicht aus Zeitgründen früh Schluß zu machen, sondern erst, wenn keine Fragen mehr kommen würden. Auch ich hatte das Nichtwissen und die teilweise völlige Unaufgeklärtheit unter den Jugendlichen unterschätzt. Es wurde spät, aber wir hatten das Eis gebrochen. Von da an ging es steil aufwärts. Innerhalb weniger Wochen zählte unsere Jugendgruppe an die 120 Mitglieder. Wir hatten mit dem evangelischen und dem katholischen Pfarrer gesprochen und unsere Ziele erklärt. Beide unterstützten uns. Wir warben beim FDGB und den Betriebsorganisationen um Lehrlinge und bei den Schuldirektoren um die Oberschüler.

Heinz hatte großen Anteil an unserem Erfolg. Er hatte eine ausgeprägte schauspielerische Begabung und nahm sich selber auch in kritischen Situationen, und deren gab es einige, so wenig ernst, daß er zum Schluß die Lacher immer auf seiner Seite hatte. Er war vertraut mit der Mentalität am Ort, und wie ich verlor er bei allem, was wir taten, unser gemeinsames Ziel nicht aus den Augen. Das bestand aus zwei Wörtern: »Demokratie« und »Freiheit«. Dagegen konnten selbst die stursten Kommunisten, von denen einige unser Treiben mit großem Mißtrauen verfolgten, wenig einwenden. Allerdings verstanden wir ganz was anderes darunter als sie. So organisierten wir einen Diskussionsabend über demokratische Verfassungen, aufgehängt an der Verfassung der UdSSR, die sich ja theoretisch recht gut anhörte, und holten uns dazu einen prominenten SED-Funktionär als Vortragenden. Beim nächsten Termin sprachen wir dann über die Verfassung der USA und über eine der ältesten parlamentarischen Monarchien, die bisher immer ohne Verfassung ausgekommen war, über Großbritannien. Wir schlängelten uns, behutsam und vorsichtig, aber eindeutig immer wieder um das Thema Demokratie herum, so daß sich jeder unserer Jugendlichen aufgrund der gebotenen Informationen ein eigenes Bild machen konnte. Ich besuchte jede SED-Versammlung, und bei einer der ersten geschah etwas Seltsames.

Am Ende stimmten einige Genossen ein Lied an, und auf einmal versank der Saal, die Menschen um mich herum verschwanden, und da war sie wieder, die endlose nächtliche Schneedecke bis zum Horizont, die klirrende Kälte in meinen Knochen, die Müdigkeit und diese Melodie. Das war im Winter 1943/44 tief in Polen, in einem Lager des Reichsarbeitsdienstes, das ich mit lauter gleichaltrigen 17jährigen aus den rötesten Wiener Arbeitervierteln teilte. Für mich war das damals ein Schock. Mit einem Ruck brachen alle bisherigen Vorstellungen von unseren Ostmärkern, die begeistert vom »Anschluß« an Deutschland sind, von unserem neuen, gemeinsamen Großdeutschland, kläglich zusammen. Ich hatte immer noch die Bilder der vor Begeisterung tobenden Menschenmasse auf dem Wiener Heldenplatz vor Augen, wie sie dem Führer zugejubelt hatten. Hier begegnete ich der rauhen Wirklichkeit des fünften Kriegsjahres. Diese Wiener haßten alles Deutsche, und vor allem haßten sie alles Preußische und ganz besonders verachteten sie zutiefst alles, was mit Arbeitsdienst zu tun hatte. Das waren Proletarier von einem Typ, dem ich nie begegnet war, und ich kam aus der Großstadt Breslau mit fast einer Million Einwohnern, war also kein Provinzler. Staunend erlebte ich, wie sich unsere mit Intelligenz nicht gerade gesegneten Kommißschädel von RAD-Führern an diesen Wiener Arbeitersöhnen langsam aber sicher die Zähne ausbissen. Es war beeindruckend. Man war gut beraten, ihnen nicht in die Quere zu kommen. Sie schlugen schnell und brutal zu, auch gegen ihresgleichen. Es gab keinen offenen Widerstand, nichts, was offiziell zu belangen gewesen wäre, oder gar zu bestrafen, aber hinten herum sabotierten sie alles. Sie waren meisterhafte Kämpfer im Dunklen.

Der Lagerführer, aufgebracht und wütend, beschloß diesen Wienern mit einer erprobten Radikalkur das Rückgrat zu brechen. Wir wurden nachts um drei Uhr alarmiert und mußten, mit schwerem Marschgepäck, losmarschieren. Es war Dezember, und das Thermometer zeigte fast 20 Grad Kälte an. Der Schnee reichte uns bis an die Knie, und so hetzte man uns zwei Stunden über die Feldwege. Wecken war, wie üblich, um sechs Uhr früh, und anschließend mußte den ganzen Tag über schwer gearbeitet werden. Die Wiener kochten vor Wut, und die Atmosphäre heizte sich so auf, daß sie einen Unterführer beinahe verprügelt hätten, was für die Beteiligten mit einer Katastrophe enden mußte. In der folgenden Nacht das gleiche Theater, und als wir abmarschierten, war ich fast sicher, daß es heute nacht eine Explosion geben würde. Das konnte nicht gut gehen. Es war stockfinster, nur ab und zu kam der Mond aus der Wolkendecke. Nach einer Stunde befahl der Feldmeister auch noch: »Ein Lied!« Wir waren ohnehin schon außer Puste, der hohe Schnee, das schwere Gepäck, die Schufterei am Tag vorher, jetzt bloß keine Singerei. Aber zu meiner Überraschung begannen einige der Wiener mit einem Lied, in das nach und nach immer mehr einfielen. Was war das für ein Lied? Es kam mir irgendwie bekannt vor, ich war mir sicher, es schon einmal gehört zu haben. Jetzt sangen auch meine Nebenmänner mit, und ich konnte den Text verstehen. Da fiel es mir wie Schuppen von den Augen: »Völker, hört die Signale, auf zum letzten Gefecht.« Die grölten mit äußerster Lautstärke die Internationale hinein in die Winternacht. Aber als sie bei »steht auf, Verdammte dieser Erde« angekommen waren, hatte sogar unserer Feldmeister endlich kapiert, was da hinter ihm los war. »Lied aus!« brüllte er, aber keiner richtete sich nach seinem Befehl. Im Schutze der Dunkelheit sang der ganze Haufen einfach weiter, und zum ersten Mal in meinem Leben bedauerte ich es tief, daß wir in der Hitlerjugend nie die Internationale gesungen hatten. Ich konnte den Text nicht auswendig, aber die Wiener um mich herum beherrschten ihn perfekt. Wenn die Führer vorne kontrollierten, sangen die hinteren Reihen, und wenn sie dann durch den Tiefschnee nach hinten galoppierten, wurde wieder vorne gesungen. Das Vergebliche seiner Bemühungen einsehend, gab der Feldmeister den Befehl zum Rückmarsch, und nie mehr wurden wir bis zu unserer Entlassung zu einem Nachtmarsch aus den Betten geworfen. Und jetzt hier, über zwei Jahre später, hörte ich sie zum ersten Mal wieder, die Melodie aus dieser Nacht in Polen, die ich nie vergessen konnte.

Ich bekam dann auch Einladungen zu bestimmten Veranstaltungen der SED, und gelegentlich begrüßte man mich so freundlich, als ob ich schon dazu gehören würde. Es gehörte nicht viel Scharfsinn zu dem Verdacht, daß man einige Anstrengungen unternahm, mich hinüberzuziehen. Aber es war nützlich. Was ich da hörte, darauf konnte ich mich an unseren FDJ-Abenden immer berufen. Wenn man gut aufpaßte, lernte man ein Spiel mit Worten und Ausdrücken, die man so um ihre eigene Achse drehen konnte, daß jeder begriff, was wirklich gemeint war. Mir machte das Spaß, es war wie ein Spiel, ein gefährliches Spiel, wie sich noch herausstellen sollte.

Was mir keinen Spaß machte, war das gemeinsame Singen. Natürlich wollten viele singen, wir hatten auch ein altes Liederbuch mit Liedern aus der bündischen Jugendbewegung aufgetrieben. Es gab schöne alte Lieder aus der Arbeiterbewegung, und ich stellte fest, daß die Hitlerjugend allerhand Melodien davon einfach geklaut und mit eigenen Texten versehen hatte. Nur, ich kann nicht singen, jedenfalls nicht nach Noten. Wie fast alle Männer, die nicht singen können, singe ich natürlich sehr gerne. Am liebsten in der Badewanne und schön laut, was mir später mal eine Wohnungskündigung einbrachte. Ich singe auch heute noch öfter im Auto unterwegs. Frauen, die das nicht aushalten, kommen für ernsthafte Verhältnisse nicht in Frage. Aber was ich definitiv nicht kann, ist beim Einsatz den richtigen Ton für andere anzugeben. Deshalb wäre ich als Rekrut beinahe einmal von meinem ganzen Zug verprügelt worden. Der rechte Flügelmann, also immer der Längste, und das war oft ich mit meinen 1,85 m, mußte auf das Kommando: »Ein Lied« eine Melodie anstimmen und zwar in genau der richtigen Tonlage, so daß alle anderen dann einfallen konnten. Das überforderte mich hoffnungslos. Auf das dann einsetzende atonale Gebrüll meiner Kameraden kam sofort die Reaktion: »Lied aus, Achtung, Tiefflieger von vorn!«, worauf wir alle nach rechts und links in die beiden Straßengräben hechten mußten. Wenn sich das zum drittenmal wiederholte, bekam ich wüste Drohungen bis hin zur »Hordenkeile« zugezischt. Wenn aber mein begabter Nebenmann, ein angehender Volksschullehrer, mit glockenreiner Stimme das nächste Lied anstimmte, kam prompt von vorn die Reaktion: »Was soll der Quatsch, Ton kommt vom rechten Flügelmann, unserem Caruso, also nochmal, Frodien, ein Lied!« und so ging das weiter. Hier bei der FDJ wollte ich meine Komplexe nicht weiter pflegen. Mich retteten die Mädchen, von denen viele an Musik interessiert waren und die einen recht guten Chor zusammenbrachten.

Doch es gab auch andere Probleme. Wir mußten zuerst den unvermeidlichen organisatorischen Teil hinter uns bringen. Das wollten wir, heute würde man sagen, »basisdemokratisch« machen, also genau umgekehrt, wie das bei der KPD und bei der SED lief. Weder

Heinz noch ich verbanden mit dem, was wir hier machten, persönlichen Ehrgeiz. Keiner von uns beiden wollte auf diesem Felde Karriere machen. Wir hatten nur ein einziges Ziel, so viel demokratisches und freiheitliches Gedankengut in die Köpfe hineinzubringen wie möglich. Wir sollten bald merken, daß uns die Zeit dafür knapp werden konnte. Wir brauchten auf jeden Fall ein möglichst rein proletarisches Aushängeschild als Stadtjugendleiter. Wir beide mit unserer HJ-Vergangenheit und der Abstammung aus bürgerlichen Familien wären für diesen Job viel zu leicht angreifbar gewesen. Wir brauchten einen Jugendfreund mit breitem Rücken, der uns Deckung geben würde, ohne uns das Geschäft zu vermasseln.

Wir fanden auch einen, und das kam so. Zu den positiven Seiten in der Ostzone gehörte, daß man hier bei der Abschaffung des Berufsbeamtentums auch rücksichtslos alle Lehrkräfte, von der Volksschule bis zum Oberstudiendirektor am Gymnasium aus den Schulen feuerte, wenn sie NSDAP-Mitglieder oder sonst politisch belastet waren. Anders als in den Westzonen, wo die gleichen Leute, verstärkt durch die aus der Ostzone geflohenen ehemaligen Parteigenossen, nach ihrer Entnazifizierung noch jahrzehntelang auf die nächsten Schülergenerationen losgelassen wurden, blieb ihnen hier der Zugang zum Lehrerberuf versperrt. Aufgrund unserer eigenen Indoktrinierung durch solche Lehrer in den NS-Jahren und nach der niederschmetternden Erfahrung mit dem hemmungslosen Beamtenopportunismus vor 1945 fanden wir diese radikale Lösung auf einem so wichtigen Gebiet nicht schlecht. Zumal alle Lehrkräfte, die sich geweigert hatten, in die NSDAP einzutreten, wozu sehr viel Zivilcourage gehörte, jetzt die Treppe hinauf fielen und Leitungspositionen übernehmen konnten. Aber das waren natürlich viel zu wenige, um die entstandene Lücke im Bildungswesen zu füllen.

Die Länderregierungen der Ostzone standen vor einem katastrophalen Lehrermangel und reagierten mit einer typischen, russisch inspirierten Lösung des Problems. Es wurden Schnellkurse für angehende Lehrer eingerichtet, um wenigstens die Volksschulen wieder in Gang bringen zu können. Jeder Interessierte, der politisch nicht belastet war und die Vorprüfung bestand, durfte sich anmelden, wenn er einen guten Schulabschluß vorweisen konnte. Ich erlebte staunend, was sich da aus der Masse der Bevölkerung mobilisieren ließ. Die Aussicht auf einen anständig bezahlten und gesellschaftlich anerkannten Beruf bewog zahlreiche Menschen aus den einfachsten Verhältnissen, sich mit eisernem Fleiß und wilder Entschlossenheit den nicht geringen Anforderungen dieser Kurse zu unterwerfen. Die meisten schafften ihre Abschlußprüfung, und nach dem, was wir beobachten konnten, machten sie ihre Sache in der Praxis erstaunlich gut. In diesen Monaten lernte ich einige von ihnen kennen. Die waren aus dem besten Holz geschnitzt, das sich in Deutschland finden läßt. Natürlich gab es auch die anderen Typen, die Karrieristen und Speichellecker, bei einer solchen Radikalkur wohl unvermeidlich.

Der Stadtjugendleiter, den wir uns ausgeguckt hatten, gehörte zur ruhigen Sorte. Er war nach der Volksschule Schmied geworden. Er war aber lang und dünn, und wir wunderten uns immer, wo er die Kraft für diese schwere Arbeit hergeholt hatte. Er bestand alle Prüfungen und arbeitete als Lehrer in unserem Ort. Verheiratet war er mit einer attraktiven Rothaarigen, die viel mehr vom Ehrgeiz geplagt war als ihr Mann, der alle Probleme mit einem sehr ausgewogenen Selbstbewußtsein anging. Er war in unserem Alter und natürlich Mitglied in der SED. Wir lernten uns durch die Arbeit gegenseitig schätzen und respektieren, so daß wir schließlich ein erfolgreiches Team wurden.

In diesem Sommer 1946 steckten wir sehr viel Zeit und Arbeit in unsere Pläne. Nachdem unsere Mitgliederzahl entgegen allen Erwartungen so schön in die Höhe geschnellt war, peilten wir jetzt ein besonderes Ziel an. Nach den FDJ-Statuten wurde auf die Kreis- und Landesdelegiertenkonferenzen immer für jeweils 10 Mitglieder ein Delegierter geschickt. Wir konnten also schon mal mit 12 Mann aufkreuzen und waren damit die stärkste Einzelgruppe. Die meisten anderen, von Parteiapparatschiks und Funktionären initiiert, hatten viel weniger Mitglieder und stellten deshalb weniger Delegierte. Wir wollten den waghalsigen Versuch unternehmen, mit

Hilfe dieser Konferenzen einen Antrag zur Statutenänderung bis zur Berliner Zonenkonferenz durchzupauken. Damit sollte die parteipolitische Neutralität der FDJ, sprich ihre Unabhängigkeit von der SED, endgültig festzementiert werden.

Natürlich war das unter den herrschenden Machtverhältnissen ziemlich größenwahnsinnig, denn daß die SED diesen einzigen zugelassenen Jugendverband mit allen Mitteln zwingen würde, in Zukunft in ihrem Kielwasser zu schwimmen, und zwar nur in ihrem, damit mußten wir damals schon rechnen. Aber versuchen wollten wir es trotzdem, so lange wie wir die Möglichkeit dazu hatten. Niemand sollte uns später vorwerfen können, daß wir unsere Flinte zu zeitig ins Korn geworfen hätten.

Natürlich waren wir nicht so blauäugig anzunehmen, daß wir unser Ziel im Alleingang erreichen könnten. Wir hatten inzwischen längst Verbindungen zu anderen FDJ-Gruppen im Land aufgenommen, und in einigen zeichneten sich ähnliche Tendenzen ab wie bei uns. Da gab es Jungen und Mädchen, zum großen Teil schon berufstätig, die kamen aus alten Arbeiterfamilien. Väter und Großväter hatten ihr Leben lang in der SPD für einen Sozialismus gekämpft, der ganz anders aussehen sollte als das, was uns die Russen hier aufzwangen. Das waren junge Menschen, die nichts so leicht umwerfen konnte und die mir großen Eindruck machten. Sie verbanden einen ganz eigenartigen Stolz auf ihre Herkunft mit großer Beharrlichkeit und Zielstrebigkeit. Sie wußten sehr genau, was sie wollten, und dieses System wollten sie nicht. So kamen wir uns näher, erst lange mißtrauisch beäugt wegen unserer politischen Vergangenheit, die wir nie unter den Teppich zu kehren versuchten, und auch wegen unseres Herkommens aus dem bei ihnen als wankelmütig und feige verschrienen Bürgertum.

Die damals wichtigste Frage für die alten und neuen SPD-Anhänger, die auch uns ständig beschäftigte, war die der Vereinigung von KPD und SPD auf dem Vereinigungsparteitag in Berlin am 22. April 1946. Der Riß ging mitten durch die SPD-Anhängerschaft. Es gab nach den Erfahrungen in den zwölf NS-Jahren und in den KZ-Lagern viele Stimmen, die, auch in der SPD, eine starke einige Arbeiterpartei befürworteten. Die Skepsis aber überwog bei weitem. Die alten SPDler kannten ihre Gegner von der KPD, von denen sie lange genug als »Sozialfaschisten« beschimpft worden waren, gut genug, um ihnen nicht über den Weg zu trauen. Außerdem wußten die Mitglieder, daß sich die SPD bei freien Wahlen im Alleingang eine haushohe Stimmenmehrheit in der Ostzone holen würde. Als »Zwangsvereinigung« völlig diskriminiert wurde dieser Zusammenschluß durch die Verhaftungswelle und die massiven Erpressungen gegenüber SPD-Funktionären, die auf jeden Fall erst eine Urabstimmung unter allen Parteimitgliedern forderten.

Bei einer internen Funktionärskonferenz ließ einer der wichtigsten Spitzenfunktionäre der KPD, Hermann Matern, Sekretär der Landesleitung der KPD in Sachsen, die Katze aus dem Sack. Wenn die Partei von »Demokratie« rede, so meine sie natürlich die »Diktatur des Proletariats«, und bei der sozialistischen Verstaatlichung sei es ähnlich. Die Unternehmer würden keinesfalls als »Kapitalisten« enteignet, sondern nur, weil sie »Faschisten« gewesen seien. Bei der neu aufgestellten Volkspolizei trugen schon Ende 1945 die Hälfte, darunter selbstverständlich alle Führungskader, das KPD-Parteibuch in der Tasche. Viele SPD-Mitglieder ahnten diese Entwicklung, aber offiziell wurde sie rundweg abgestritten, so lange die Vereinigung von KPD und SPD nicht vollzogen worden war. Kaum konnte dieser Punkt abgehakt werden, begann die jetzt als SED firmierende KPD mit ihrem Marsch in die Diktatur.

Für die SED-Mitglieder in den Landesregierungen, in den Gemeinden und in der allgemeinen Verwaltung galt schließlich ab 1947, daß sie ihre Tätigkeit »nur auf Vorschlag und unter der Verantwortung der Partei« ausübten. Von allen diesen Ereignissen erfuhren wir wenig bis nichts, und das Wenige nur als Gerüchte, die nicht nachprüfbar waren. Aber eines merkten wir schnell und zogen unsere Konsequenzen daraus: bei der SED hatte die Wahrheit längst die Funktion einer Genossin mit Parteiauftrag.

Es war inzwischen Hochsommer geworden. Die Tage waren heiß und staubig, geprägt von zu viel Arbeit und der Sehnsucht, sich einmal satt essen zu können. Aber dann gab es die milden warmen Abende und die endlos scheinenden Nächte. Sie boten dem sehnsüchtigen Jungvolk einen Ausgleich für den Hunger, die Unsicherheit und die Angst vor dem Kommenden. Für uns zählte vor allem das Hier und Heute. Für diejenigen, die als Flüchtlinge soeben eine ganze Welt, ihre Welt, für immer verloren hatten, unter denen der Boden immer noch zu schwanken schien wie nach einem Vulkanausbruch und die der Zukunft kein Vertrauen mehr schenken konnten, bedeutete dieses Heute viel mehr, als sich später jemand vorstellen konnte.

Ich genoß meine neue Freiheit in vollen Zügen, vor allem seit ich aus meinem Dachboden, den ich mit vielen neugierigen, freundlichen Mäusen geteilt hatte, in ein winziges Zimmerchen, aber mit eigenem Eingang, übergewechselt war. Meine Eltern versuchte ich zu entlasten und mich nützlich zu machen, auch weil sie meiner Sehnsucht nach Freiheit und Unabhängigkeit viel Verständnis entgegenbrachten. Mit dem kleinen Motorrad meines Vaters fuhr ich über Land und verteilte für ihn Medikamente, Verbandstoffe und schwer zu beschaffende medizinische Hilfsmittel an seine weit verstreut lebenden Patienten. Das ersparte ihm viel Zeit und, bei schlechtem Wetter, auch Anstrengungen, und ich lernte so Land und Menschen kennen. Ich ließ mich gerne zu einem Teller kräftiger Suppe bei den Bauern einladen und hielt immer Ausschau, wo es etwas abzustauben gab. Wenn mir in völliger Einsamkeit Hühner begegneten, bekam ihnen das nicht gut. Schon mein Eisernes Kreuz war mir nach Meinung meines Unteroffiziers Timm nur verliehen worden, weil ich als der geschickteste Hühnerdieb der Kompanie galt. Ich stellte mit einer gewissen Befriedigung fest, daß meine einstigen »militärischen Qualitäten« nicht völlig verloren gegangen waren. Zu Hause mußte ich natürlich von großzügigen Geschenken reden, konnte mich aber an den Spender schlecht erinnern, was sicher mit meinem Kopfschuß zusammenhing. Mein Vater sah mich dann immer sehr nachdenklich an, und ich denke, daß er mir kein Wort geglaubt hat. Er ließ sich aber wegen des Familienfriedens nichts anmerken.

Wer sich heute über solche Kleinkriminalität aufregt, hat überhaupt keine Vorstellung davon, wie damals gehungert wurde und wozu Menschen fähig sind, wenn sie hungern müssen – eine der härtesten und am längsten nachwirkenden Erfahrungen der damals lebenden Generation. Das konnte keiner von uns je vergessen. Die nach uns Geborenen konnten diese Generation daran erkennen, daß sie auch später nur unter größtem Widerstreben fähig war, Lebensmittel wegzuwerfen. Nicht nur ich bin heute noch unfähig, das kleinste Stück noch eßbaren Brotes in den Mülleimer zu werfen. Wer damals zu alt, zu klein, zu krank oder zu schwach war, sich nebenbei Lebensmittel zu beschaffen, verhungerte in der Ostzone buchstäblich. Meistens leise und unauffällig, und weil viele Menschen vorher an einer Infektion oder an Herz- und Kreislaufschäden starben, galten sie nicht als Hungertote. Aber es lief auf dasselbe hinaus. Wir hatten das Glück, als Arztfamilie gelegentlich Kartoffeln, etwas Mehl oder manchmal sogar ein winziges Stückchen Speck von einer schwarzgeschlachteten Sau als Honorar von den Bauern zu bekommen, auch ein wenig Gemüse. Das reichte gerade aus, um nicht direkt hungern zu müssen.

An einem Sommerabend, als wir um den kleinen Teich in dem winzigen Park spazieren gingen, fragte mich Gisela plötzlich, wie ich mir eigentlich meine Zukunft vorstellen würde. Ich hatte keine Ahnung. Bisher war ich vollauf beschäftigt gewesen, frei wie ein Vogel zu leben, so daß ich mir da wenig Gedanken gemacht hatte. Meine Versuche, ein Volontariat bei einer der drei Zeitungen zu bekommen, waren inzwischen alle gescheitert. Zu der größten, wo man mir gewisse Chancen in Aussicht stellte, der SED-Zeitung, wollte ich nicht, aus begreiflichen Gründen. Gisela wußte das und zog einen Zeitungsausschnitt aus ihrer Tasche, eine kurze Meldung, daß der Ostberliner Rundfunk einen Wettbewerb ausgeschrieben hatte, weil er dringend Reporter-Nachwuchs für seinen Sendebetrieb suchte. Auch dort hatte man, mit der in der Ostzone üblichen Radikalität, alle politisch belasteten Redakteure und Mitarbeiter inzwischen gefeuert und suchte geeignete Nachfolger. Ich war wie elektrisiert. Das war eine Chance. Ich mußte sofort nach Berlin.

Vom »Schattenmann«, geplatzten Illusionen und ersten Warnungen

Zwei Tage später stand ich in H. auf dem Bahnsteig inmitten einer unübersehbaren Menschenmenge, die auf den einfahrenden Zug wartete, einen der wenigen damals verkehrenden Fernverkehrszüge. Der zu erwartende Sturm auf die Abteile würde zur gewohnten Ellbogenschlacht ausarten. Die Schwächsten blieben immer auf der Strecke. Gegen Eisenbahnfahrten in diesen Jahren waren Bahnfahrten im Wilden Westen der USA, wie wir sie später im Kino sahen, das reinste Ferienvergnügen.

Dann ereignete sich etwas Seltsames. Der Zug hielt, aber kein Mensch kletterte durch die Tür des Waggons, der genau vor mir gehalten hatte. Alle eilten in die Wagen davor und dahinter. Das hätte mir eigentlich auffallen müssen. Ich dachte aber nur an Abteile für Kranke, oder Mutter und Kind, hatte meinen Ausweis dabei und wuchtete erst mal meinen Rucksack hinein. Ich war froh, so schnell ans Ziel zu kommen, und wurde erst mißtrauisch, als der Zug schon anfing, sich in Bewegung zu setzen. Da merkte ich zu meinem Entsetzen, daß ich als unerfahrener Provinzler einen für Deutsche streng verbotenen Wagen geentert hatte, der nur Angehörigen der Roten Armee vorbehalten war.

Der nächste im Fahrplan registrierte Halt war in Magdeburg, und bis dahin dauerte es noch mindestens drei Stunden. Ich saß fest, konnte auch nicht mehr raus, weil die Durchgänge zu den anschließenden Wagen abgeschlossen waren. Ich stand da und überlegte. Es war ganz still, ich hörte nur das Schlagen der Wagenräder und draußen den Fahrtwind. Ich ahnte noch nicht, daß diese Eisenbahnfahrt als denkwürdig und unvergeßlich in die Geschichte meines Lebens eingehen würde. Zunächst hatte ich große Angst vor der Militärpolizei der Roten Armee, die als besonders brutal verschrien war und mich vielleicht einfach aus dem fahrenden Zug hinauswerfen würde. Man erzählte sich damals in der Ostzone solche Schauergeschichten, bei denen nie so recht klar war, ob sie erfunden oder real waren. Auf jeden Fall hatten wir einen heillosen Respekt vor diesen »Genossen« in Uniform. Ich beschloß, erst ganz vorsichtig und leise über den Gang zu schleichen und einen Blick in die Abteile zu werfen. Es war so still, daß ich schon hoffte, der ganze Wagen könnte völlig leer sein.

Das war ein Irrtum. Im zweiten Abteil sah ich direkt in das Gesicht eines russischen Offiziers und fuhr erschrocken zurück. Aber da stand er schon in der Tür und winkte mich mit strengem Blick heran. Ich entschuldigte mich, auf deutsch, ich konnte inzwischen nur ein paar russische Brocken, und er fragte zurück, auf deutsch. Er kannte unsere Sprache gut. Ich erklärte ihm meine Situation und sagte, daß ich natürlich am nächsten Halt sofort aussteigen würde. Er musterte mich noch einen Moment, deutete auf den Fensterplatz ihm gegenüber und sagte: »Na, dann setzen Sie sich erst mal da hin.« Wir waren allein im Abteil, und auch die anderen Abteile schienen leer zu sein. Ich zog ein Buch aus meinem Rucksack und begann zu lesen, nachdem ich mich höflich bei ihm bedankt hatte. Als ich dann später einen verstohlenen Blick auf ihn werfen wollte, begegneten sich unsere Blicke, er hatte das Gleiche versucht, und wir mußten beide lachen. »Erzählen Sie mir doch, wer Sie sind«, sagte er. Ich stellte mich vor, sagte ihm, woher ich kam und was ich in Berlin beabsichtigte. Sah, daß er nicht so viel älter war als ich, 27 oder 28 Jahre. Er trug eine Reihe Kriegsorden an seiner Uniform. Ich fragte ihn, woher er so gut Deutsch könne. Er hatte es als Wahlfach in seiner Oberschule in Leningrad gelernt, war anschließend Schiffbau-Ingenieur auf einer großen Werft in seiner Heimatstadt geworden und schließlich Pionieroffizier. Jetzt war er in Ostdeutschland stationiert und hoffte möglichst bald wieder nach Hause fahren zu können. Er war verheiratet und hatte eine Tochter. Er zeigte mir

Fotos seiner Familie. Es entwickelte sich schnell ein lebhaftes Gespräch.

Er war einer von jenen Russen, ich sollte später noch einigen von dieser Art begegnen, die uns sehr nahe sind. Als Menschen, als Charaktere, daß man sie schnell gerne haben mag – und das ohne jede falsche Kitschvorstellung von der russischen Seele. Er kannte die Klassiker der deutschen Literatur viel besser als ich, zitierte lange Gedichte von Goethe und Rilke, die er verehrte, und war enttäuscht, daß ich so wenig vertraut war mit russischer Literatur. Ich Narr hatte mir eingebildet, mit ein paar Werken von Tolstoi, Dostojewskij und Tschechow wenigstens einige der wichtigsten gelesen zu haben. Er lachte mich aus, holte einen Zettel aus seiner Brieftasche und schrieb mir fast drei Dutzend Titel von russischen Büchern auf, die ich unbedingt lesen müßte, um überhaupt einen ersten, schwachen Eindruck von dem zu bekommen, was russische Literatur ist.

Die Zeit verging wie im Flug. Für mich war es ungeheuer interessant und wichtig, mit Hilfe dieses jungen Russen einen Einblick in die russische Wirklichkeit zu bekommen. Für uns war das doch damals eine terra incognita. Ich hatte bis zu diesem Tag nicht einen ungeschminkten, unverzerrten Bericht über das Leben in der UdSSR zu lesen bekommen. Es war immer Propaganda, erst braun, dann rot, und jetzt die Realität. Es war faszinierend. Ich hatte völlig vergessen, daß ich hier eigentlich auf einem Pulverfaß saß, als plötzlich die Abteiltür aufgerissen wurde, in der zwei uniformierte Kleiderschränke standen – Militärpolizei, die mich rausschmeißen wollten.

Jäh wachte ich aus meinen russischen Träumen auf. Jetzt entstand eine sehr ungemütliche Situation. Sie ließen sich auch durch meinen Oberleutnant, der auf sie einredete, kaum bremsen. Sie gaben ihm sogar lautstark contra. Es entwickelte sich ein heftiges Wortgefecht, und ich wunderte mich noch, daß diese Kerle, ähnlich den »Kettenhunden« in der Wehrmacht, offensichtlich fast unbegrenzte Vollmachten auch gegenüber Offizieren hatten. Schließlich brachte er sie vor die Abteiltür, drückte jedem eine Schachtel Zigaretten und noch etwas in die Hand, was ich nicht erkennen konnte, und dann zogen sie endlich ab. Ich atmete auf, bedankte mich bei ihm, und merkte plötzlich, daß ich einen kannibalischen Hunger hatte. Seit meinem Frühstück in L. waren viele Stunden vergangen. So griff ich mir meinen Rucksack und holte meinen Reiseproviant heraus. Drei Scheiben geröstetes trocknes Schwarzbrot und eine Gemüsezwiebel. Mein Gegenüber sah sich das nachdenklich an, langte sich dann seinen Koffer aus dem Netz, nahm eine Riesenknackwurst heraus, die er in der Mitte durchbrach und mir die Hälfte hinüberreichte. Dann schnitt er ein Brot in der Mitte durch, gab mir einen Teil, stellte eine Flasche Wodka auf den Tisch, packte ein Pfund Butter dazu und sagte: »Na dann, guten Appetit, ich habe großen Hunger!«

Eine vergleichbare Situation in den Westzonen, zu diesem Zeitpunkt im Sommer 1946, ein Jahr nach Kriegsende, wäre kaum denkbar gewesen. Es gab in der Ostzone sehr viel mehr spontane Möglichkeiten in der Art, wie ich sie erlebt habe, obwohl gerade diese Menschen, die Russen, unvergleichbar viel mehr unter uns Deutschen gelitten hatten als Franzosen, Engländer oder Amerikaner. Ohne diesen verdammten Kommunismus, diese SED und Stalin und ihre Mordgenossen, hätte es zwischen den Russen und den Deutschen eine gute Zusammenarbeit ohne Furcht und ohne Terror geben können. Die Menschen aus Rußland, mit denen wir es zu tun hatten, erwiesen sich oft als sehr viel besser als das ganze System, in dem sie gefangen waren. Das war häufig Inhalt unserer vielen Diskussionen, bei denen immer wieder die Frage auftauchte, warum das so war und ob man das nicht ändern könnte.

Für mich war es, ausgehungert nach Fett und Fleisch, ein Festessen. Wir aßen zusammen, sagten: »Nasdrowje« und verstanden uns gut. Es endete für mich abrupt, als er, wir waren jetzt schon Stunden zusammen unterwegs, plötzlich fragte: »Sagen Sie mir ehrlich, was denkt die deutsche Bevölkerung über uns Russen hier als Besatzung?« Ich erschrak. Das war das heißeste Eisen zwischen uns, das überhaupt vorstellbar war, und ich hatte eine Vorstellung von der Empfindlichkeit der Russen und ihrem Stolz. Was sollte ich ihm antworten, die Wahrheit? Seine Reaktion darauf konnte ich nicht abschätzen. Wir hatten bisher nur über unverbindliche Themen gesprochen. Anlügen wollte ich ihn auch nicht. Ich überlegte und sagte dann: »Jetzt gibt es zwei Möglichkeiten. Entweder ich berichte Ihnen die Wahrheit, dann muß ich damit rechnen, daß Sie mich sofort rauswerfen, eventuell sogar verhaften lassen wegen antisowjetischer Propaganda. Oder ich lüge Ihnen die Hukke voll, dann kann ich hier weiter mitfahren und Sie werden sehr zufrieden sein. Was glauben Sie, werde ich tun?« Er sah mich fast traurig an und sagte dann leise: »Ich gebe Ihnen mein Ehrenwort als Soldat zu Soldat, daß Sie überhaupt nichts zu befürchten haben. Wir sind allein, niemand hört uns zu, und wir beide werden uns sicher nie mehr wiedersehen. Jetzt erzählen Sie mir bitte die Wahrheit, ich denke, es wird Ihnen nicht an Mut fehlen.« Ich war inzwischen, wohl auch durch den guten Wodka, ganz schön aufgemöbelt, nahm sein Versprechen ernst und begann mit meinem Bericht.

Ich glaube, ich habe nichts ausgelassen. Angefangen von den bestialischen Greueltaten der Roten Armee bei ihrem Vormarsch in Deutschland, über die Massenvergewaltigung noch halber Kinder und Greisinnen bis hin zu dem brutalen Versuch, der Ostzone mit Hilfe von deutschen Kollaborateuren ein Sowjetsystem aufzuzwingen, das in der Bevölkerung verhaßt war. Ich erwähnte die erzwungene Massenflucht in Ostdeutschland, die rücksichtslose Demontagepolitik, die Hungerkatastrophe, die gewaltsame Abschnürung an der Zonengrenze. Gut, er wollte es ja wissen, also legte ich, wodkabefeuert und an allen diesen Themen besonders interessiert, ohne Punkt und Komma los. Er unterbrach mich nicht, hörte mir schweigend zu, wartete, bis ich mit meiner Attacke zum Ende kam. Dann goß er sich einen doppelten Wodka ein, und vergewisserte sich: »Sie haben keinen Zweifel daran, daß die meisten Deutschen hier so denken wie Sie?« Ich nickte.

Dann begann er sehr ruhig und langsam mit seiner Erwiderung. Nicht so eifernd wie ich, eher nachdenklich, seine Worte abwägend, immer wieder Pausen einschiebend. Er wirkte sehr überzeugend.

Ich bekam einen bis heute wirkenden Nachhilfeunterricht in Zeitgeschichte und erhielt einen tiefen Einblick in das, was wir in Rußland angerichtet hatten. Doppelt wirksam, weil es ein Stück Familiengeschichte war und viel von der russischen Denkweise verriet. Ich kann hier nur einige der wichtigsten Punkte herausgreifen, denn unser Gespräch dauerte Stunden, auch weil der Zug endlos Verspätung hatte. Er begann mit der Feststellung, daß kein Mensch in der Sowjetunion einen Krieg wollte, und er betonte ausdrücklich, daß dies sogar für das Offizierskorps der Roten Armee gegolten habe. Er wies in diesem Zusammenhang, die Angelegenheit sehr vorsichtig umschreibend, auf die gigantischen »Säuberungsaktionen« Stalins in der Roten Armee 1937/38 hin. Die Russen seien zwar immer gegen die Nazis gewesen, aber es habe keinerlei Deutschenhaß gegeben, eher das Gegenteil. Der Respekt vor der deutschen Kultur, deutschen Wissenschaften und deutscher Technik sei tief im Volk verankert gewesen. Sogar der Hitler-Stalin-Pakt 1939 sei unter diesem Aspekt ganz gut aufgenommen worden. Die Russen versprachen sich von der Zusammenarbeit mit Deutschland einen schnelleren Ausbau ihrer Industrie und eine Verbesserung ihres Lebensstandards.

Mit einem derartig brutalen Überfall wie am 22. Juni 1941 habe niemand in der UdSSR gerechnet. Der deutsche Vormarsch bis Moskau und die Vernichtung fast der gesamten Roten Armee in den Kesselschlachten 1941 habe einen Schock bewirkt, der bis heute noch anhalte. Die brutale Ausplünderung des besetzten Rußland, die Zwangsverschleppungen nach Deutschland und die absichtliche Vernichtung hunderttausender gefangener Rotarmisten, die die Deutschen einfach verhungern ließen, das alles habe eine völlige Umkehrung der Gefühle gegenüber Deutschland in der russischen Bevölkerung bewirkt. Hinzu kam die Tatsache, daß fast jede Familie in der UdSSR nahe Angehörige in diesem Krieg verlor. So waren auch seine beiden älteren Brüder gefallen. Beide ließen Frauen und Kinder zurück.

Dann kam er auf das zu sprechen, was beim Einmarsch der Roten Armee in Deutschland geschehen war. Er versuchte nichts zu beschönigen oder abzuschwächen. Die Rote Armee von 1944/45 sei eine ganz andere gewesen als die Elite-Truppe, die 1941/42 von den Deutschen praktisch ausgelöscht worden war. Man hatte, gezwungen durch die unglaublich hohen Menschenverluste, alles eingezogen, was überhaupt noch eine Waffe bedienen konnte. Auch Menschen mit Vorstrafen, Analphabeten, sehr viele Jungen aus den asiatischen Sowjetrepubliken. Dort war es oft Tradition, daß die Frauen der Besiegten den Siegern gehörten. Was aber eigentlich ausschlaggebend für viele der späteren Grausamkeiten gewesen sei, das war der persönliche Eindruck jedes einzelnen Rotarmisten.

Die russische Armee mußte auf ihrem langen Vormarsch nach Westen erst einmal fast 1000 km von der Wehrmacht auf ihrem Rückzug verbrannte russische Erde durchqueren. Wie die Deutschen dort gehaust hatten, das verzieh ihnen kein Sowjetsoldat. Alle warteten auf den Tag, an dem sie endlich die deutsche Grenze überschreiten würden. Als sie diese nach fast zwei Jahren harter Schlachten und dem Verlust zahlreicher Kameraden im Spätherbst 1944 in Ostpreußen erreichten, war die Truppe nicht mehr zu halten. Kaum ein Offizier habe noch versucht, seine Männer zu bremsen. Wo es geschah, war es eher wegen der Befürchtung, daß die notwendige Truppendisziplin zum Teufel gehen würde bei diesen Ausschreitungen. Fast alle Soldaten hatten nur noch einen Gedanken im Kopf, Rache für das, was die Deutschen in Rußland verbrochen hatten, Rache für die vielen toten Kameraden, Rache für die vielen von den Deutschen Ermordeten. Auch sei die eigentliche Kampftruppe, in der die noch verfügbaren besten Soldaten standen, relativ zurückhaltend gewesen, obwohl es auch bei ihnen zu furchtbaren Ausschreitungen kam, aber am schlimmsten sei die zweite und dritte Welle gewesen, die auch viel mehr Zeit und Gelegenheit gehabt habe, sich auszutoben.

Um mir verständlich zu machen, warum es zu solchen Grausamkeiten gekommen war, führte er noch eine Ursache an. Für sehr viele, teilweise an primitivste Verhältnisse gewöhnte Rotarmisten, besonders aus den Dörfern und den noch wenig entwickelten

Sowjetrepubliken, habe es einen besonderen Grund gegeben für ihre Vernichtungswut und ihre unvorstellbare Grausamkeit. Das war das Zusammentreffen mit einem für sie bisher unvorstellbaren Reichtum und dem hohen technischen Entwicklungsstand nicht nur in den deutschen Klein- und Mittelstädten, sondern sogar in den einzelnen Dörfern. Die Landschlösser und Herrenhäuser der ostelbischen Großgrundbesitzer, die ihnen, in rasender Eile verlassen, fast immer unzerstört in die Hände fielen, setzten nur noch einen Schlußpunkt unter immer ein- und dieselbe Empfindung in zahllosen Soldatenhirnen. Dieser provozierende Reichtum hier, ein Land, in dem ganz offensichtlich Milch und Honig fließen, überfällt das bettelarme Rußland, plündert es aus bis zum letzten Getreidekorn und hätte es vernichtet, wenn wir es nicht mit so viel Opfern verteidigt hätten. Jetzt sollen sie für ihre Verbrechen bezahlen.

Er schwieg, und ich blickte zu Boden. Ich schämte mich, denn ich wußte, daß er die Wahrheit erzählt hatte und daß der Satz »Wer Wind sät, wird Sturm ernten« auf uns zutraf. Wir hatten einen Orkan geerntet und hatten wenig Grund, andere mit Vorwürfen zu überhäufen. In den späteren Jahrzehnten, als der Kalte Krieg die Gehirne der Beteiligten, auch in Deutschland, zunehmend vernebelte, hatte ich mir oft gewünscht, seine Erklärungen und Überlegungen hätten einen Platz auch in deutschen Köpfen gefunden. Aber da war, von Ausnahmen abgesehen, lange Zeit nur eiskalte Selbstgerechtigkeit und die schon traditionell tiefbeleidigte deutsche Seele. Man verdrängte oder ignorierte, daß in den vier Kriegsjahren in der UdSSR 70 000 Dörfer und 17 000 Städte »ausradiert« worden waren. Von den 34,5 Millionen mobilisierten russischen Männern und Frauen wurden 84 Prozent getötet, verwundet oder gefangengenommen. Insgesamt verlor die Sowjetunion in diesem deutschen Angriffskrieg etwa 26 Millionen Menschen. Nur weil wir in den 50er Jahren als eventuelles Kanonenfutter gebraucht wurden, erinnerten uns die Westalliierten so gut wie nie daran, daß Deutschland sich die Katastrophe im Osten 1945 selber eingebrockt hatte. Auf dieser Bahnfahrt ging mir ein Licht auf, so als ob ich plötzlich die Lösung für eine komplizierte mathematische Formel gefunden hätte. Unsere Fahrt näherte sich ihrem Ende. Die ersten Vororte von Berlin tauchten auf.

Wir fuhren auf dem Ostberliner Bahnhof ein. Was sah ich als erstes: unsere dunkelblau uniformierten Volkspolizisten. Sie filzten alle ankommenden Reisenden nach auf dem Land gehamsterten Lebensmitteln. Durch das Jammern der Frauen ließen sie sich ebenso wenig beeindrucken wie durch die Flüche und Schimpfereien der Männer. Da ich vorher wußte, was mich in Berlin in punkto Lebensmittel erwarten würde, war mein Rucksack vollgepackt mit der Verpflegung für eine Woche, Brot, Zwiebeln, Sirup, Karotten, ein Stück kostbare Hartwurst. Das alles würde mir jetzt von diesen Mistkerlen beschlagnahmt werden. Ich flüsterte meinem Oberleutnant einen Hilferuf ins Ohr, der nahm mich an seine Seite, drückte mir seine beiden Koffer in die Hand, wischte die Vopos mit einer einzigen Handbewegung aus unserem Weg, schleuste mich als seinen deutschen Gepäckträger durch die Sondersperre für russisches Militärpersonal, und so betrat ich, sicher im Kielwasser der Roten Armee schwimmend, wieder Berliner Boden. Wir standen uns in der zerbombten Halle gegenüber, und da faßte er mich mit beiden Händen an den Schultern, lächelte und sagte: »Schade, wir beide hätten zusammen was machen können aus Ihrem Land«, und ich setzte tollkühn und wodkabefeuert hinzu: »und auch aus Ihrem.« Da mußten wir beide lachen, wünschten uns Glück und eine gute Zukunft, und dann ging jeder seinen eigenen Weg. Ich habe ihn nie wiedergesehen.

Berlin im Hochsommer 1946, ein Jahr nach Kriegsende, das ist oft von viel beruferenen Federn beschrieben worden. Wie die Stadt jetzt aussah, die ich ja 1936 während der Olympischen Spiele als Zehnjähriger intensiv erlebt hatte, und dann noch einmal auf der Flucht, im Februar 1945, wie in meinem Buch ›»Bleib übrig!«‹ beschrieben, das konnte man sich nicht vorstellen. Sie war schon durch die pausenlosen Bombenangriffe ein Trümmerhaufen geworden, und die schweren Straßenkämpfe hatten zusätzlich ganzen Stadtvierteln den Rest gegeben. Wenn man durch die Straßen, oder das, was von ihnen noch übrig geblieben war, lief, blies einem der Wind den Saharasand einer Trümmerwüste zwischen die Zähne, daß es knirschte. Sand, Staub und Dreck setzten sich in den Kleidern fest, und die Trümmer verströmten in der Sommerhitze einen Gestank nach Fäulnis und Verwesung, der einem den Atem nahm. Die Gesichter der Menschen waren geprägt vom Hunger und von der Hoffnungslosigkeit.

Ich bin einmal vom Tiergarten aus, von dessen Grünanlagen, alten Bäumen und Alleen so gut wie nichts mehr zu erkennen war, an der Ruine des Reichstagsgebäudes vorbei, deren Außenmauern von Einschüssen und Granatsplittern zersiebt waren, bis zum Pariser Platz gelaufen, am Brandenburger Tor vorüber, das immer noch so zerschossen war, daß ich fürchtete, jeder Windstoß könnte diese Ruine umpusten. Dann Unter den Linden entlang, die Universität links liegen lassend, bis zur Schloßbrücke über die Spree, wobei von Schloß nicht mehr die Rede sein konnte. Das Prunktor sah aus wie eine vergessene Bühnendekoration, hinter der sich nur Ruinen zum Himmel reckten. Das war mal die Berliner Prachtmeile gewesen. Ich hatte noch das Bild von 1936 vor Augen. Dieses Meer von bunten Fahnen, den breiten Mittelstreifen mit Zehntausenden von Flanierern aus aller Welt, und auf den Fahrbahnen rechts und links ein Auto hinter dem anderen. Die ganze Stadt schien vor Lebenslust zu pulsieren, und meine Cousine Lilo sagte beeindruckt, hör mal, da ist ja richtig Musik in der Luft. Das schrieben wir dann auch auf alle Postkarten, die wir in diesen Tagen verschickten. Es war kaum zu fassen. Von allem war nichts mehr übrig geblieben als diese Erinnerung an eine untergegangene Welt. Was heute vor mir lag, das war ein bewohnter Trümmerhaufen, der sich noch nicht entschieden hatte, ob er nun eigentlich überleben, oder doch besser krepieren sollte.

Nichts davon draußen am Wannsee, wo in einer kleinen Villa auf einem großen Ufergrundstück ein weitläufiger Verwandter von mir Krieg und Kriegsende überlebt hatte. Onkel Paul, damals so an die 70 Jahre alt, ein echter Berliner, schmal und nicht sehr groß, ziemlich zerknittert, aber im Kopf noch glasklar, hatte mir Unterkunft angeboten unter der strikten Bedingung, daß ich ihn nicht belästigen würde, er wolle seine Ruhe haben. Nichts war mir lieber. Wir hatten uns vorher noch nie gesehen, und so wurde ich erst mal einer genauen Musterung unterzogen. Die muß wohl zu seiner Zufriedenheit ausgefallen sein, denn er bot mir großzügig an, mit ihm zusammen auf der sehr schönen Gartenterrasse zu frühstücken, wenn ich nicht etwa auf die Wahnsinnsidee kommen würde, daß er etwas von seinen Lebensmittelvorräten mit mir teilen solle, was ich ihm verbindlich zusagte. »Gut«, sagte er, »du scheinst mir ein vernünftiger Junge zu sein. Kannst bleiben!«

Später erklärte er mir mit wissenschaftlichem Ernst, warum etwas zu teilen für ihn nicht mehr in Frage komme. Er ließ nämlich, nachdem die Reichsmark als Geld nichts mehr wert war, alle noch vorhandenen Vermögenswerte auf dem Schwarzen Markt gegen Ami-Zigaretten eintauschen und diese dann gegen Lebensmittel. Dank der inzwischen in Westberlin stationierten Alliierten funktionierte der Nachschub an Lebensmitteln für den Schwarzen Markt reibungslos. Die wenige Zeit, die ihm in seinem Alter noch bleibe, habe er nicht vor zu hungern. Ich hingegen mit meinen 20 Jahren habe alles noch vor mir, sicher auch Zeiten, wo ich mich wieder satt essen könne. Auf die solle ich hoffen, wenn ich mit ihm zusammen frühstücke, dann würde ich auch bestimmt nicht neidisch werden. Er war schon wirklich ein Prachtstück, mein Onkel Paul, ein echter Frodien. Er verpflichtete mich dann noch, »wie ich gehört habe, warst du doch Soldat, ein richtiger Draufgänger«, den Schutz des Hauses vor Einbrechern zu übernehmen, die er sehr fürchtete. Ich versicherte ihm, ich sei geradezu ein Spezialist in der Bekämpfung von kriminellen Elementen, und war sehr froh, daß er keine Ahnung von meiner ganzen Vorgeschichte hatte. Das alles war für mich so wahnsinnig komisch, daß ich mich dauernd bremsen mußte, um nicht laut loszulachen.

Es ließ sich gut an, auch deshalb, weil der Haushalt von meiner Tante Erna geführt wurde, auch sie eine weitläufige Verwandte aus Stettin, die ich aber schon von früher kannte und die jetzt hier als

Flüchtling bei Paul Unterschlupf gefunden hatte und ihm seinen Junggesellenhaushalt führte. Tante Erna war ein Goldstück. Sie gehörte, wie die Schwester meines Vaters, Tante Gerda, zu jener Generation junger Mädchen, die kurz vor der Jahrhundertwende geboren worden waren, und deren zukünftige Liebhaber und mögliche Ehemänner in den Massengräbern des Ersten Weltkrieges vermoderten. Wenn diese Frauen nicht großes Glück oder einen wohlhabenden oder reichen Vater hatten, blieben sie alleine, ergriffen einen Beruf und schlugen sich durchs Leben, ohne anderen zur Last zu fallen. Ich habe als Heranwachsender und auch noch später in jungen Jahren einige von ihnen näher kennengelernt und bin heute noch als alter Mann voller Bewunderung für diese Frauen. Die Verhältnisse waren nicht günstig für berufstätige Frauen, ein Aufstieg nahezu unmöglich, höhere Schule oder gar Studium scheiterten sehr oft am reinen Geldmangel. So schlugen sich die meisten von ihnen in schlecht bezahlten Positionen durch. Wer es zur Lehrerin schaffte, wie Tante Erna, war noch relativ gut dran. Wo immer sie saßen, in der Regel waren sie das unverzichtbare, immer zuverlässige Rückgrat ihrer Firma oder ihres Geschäftes. Gelohnt wurde es ihnen selten. Sie haben kein leichtes Leben geführt, und trotzdem konnte man bei ihnen einen Humor erleben, eine vitale Lebenskraft, verbunden mit der Freude an Büchern, an kulturellen Ereignissen, die mich tief beeindruckte. Ich habe sie auch im Zweiten Weltkrieg erlebt, als Oberschwester in den Lazaretten, in zahlreichen verantwortungsvollen Positionen, wo sie sich nie unterkriegen ließen. Inzwischen hatten viele von ihnen ein solches Durchsetzungsvermögen entwickelt, daß man gar nicht mehr versuchte sie zu bremsen. Sie taten ohnehin meistens das einzig Vernünftige und Richtige.

Noch etwas fiel mir auf, erst hinterher, als der Krieg vorbei war. Diese Art von Frauen erwies sich, für mich erstaunlich, als relativ resistent gegen die Nazis und ihre Propagandamaschen. Wenn mich meine Tante Gerda, meine Patentante, die zu diesem Kreis von Frauen gehörte und die mich sehr gerne hatte, in der Uniform als Führer der Hitler-Jugend sah, sagte sie nur: »Junge, zieh die

Klamotten aus, sonst wird mir schlecht. Nimm Rücksicht auf ein altes Weib!« Da war sie mal gerade Anfang vierzig, und sie war der einzige Mensch, der das zu mir sagen durfte.

So saß ich also jetzt am nächsten Morgen auf der Terrasse und genoß den Millionärsblick zwischen den alten Bäumen hindurch auf den See. Knabberte an meinen gerösteten Brotscheiben, trank Pfefferminztee aus einer hauchdünnen, kostbaren Porzellantasse, die noch nicht auf den Schwarzen Markt gewandert war. Ich beobachtete Onkel Paul, der sich die russische Butter dick auf sein getoastetes amerikanisches Weißbrot strich und noch einen Löffel englischer Orangenmarmelade dazu gab. Irgendwie kam mir die Situation saukomisch vor, aber ich wußte nicht genau, wie ich das einordnen sollte. Es war alles sehr neu für mich. Früh war ich aufgestanden, hatte mich durch das noch stille Haus geschlichen und war hinunter an den See gelaufen. Ich besaß keine Badehose, es war auch niemand zu sehen, also sprang ich nackt ins Wasser und schwamm hinaus. Ein tiefes Glücksgefühl durchströmte mich. Es war herrlich, den ganzen See für sich alleine zu haben und endlich mal wieder richtig schwimmen zu können.

Ich war immer ein passionierter Schwimmer gewesen, weil ich alle Kinder- und Jugendferien auf der Insel Usedom, in Zempin im alten Holzhaus, das mein Großvater noch eigenhändig gezimmert hatte, zusammen mit Vetter und Cousine und meiner Schwester verlebt hatte. Wir haben da nach dem Laufen auch schnell das Schwimmen gelernt. Das war ganz einfach gewesen. Ich legte mich auf den Rücken meines Vaters, merkte, daß einen das Wasser trug, hielt mich nur mit einer Hand an seiner Schulter fest, und dann ging es hinaus ins Meer. Das ging so zwei, drei Wochen und auf einmal konnte ich schwimmen. Jahre später setzten wir, als Jungen, unsere Fähigkeit auch kommerziell ein, denn Taschengeld war knapp. Damals, in den dreißiger Jahren, gab es am Strand noch die großen Wasserbälle, ein richtiger großer Gummiball mit einer Stoffhülle, und das Ganze mußte aufgeblasen werden. Die Dinger waren nicht billig und wurden wegen ihrer Größe schnell vom Wind aufs Meer hinausgetrieben, wenn man nicht aufpaßte. War der Wind für uns günstig, kam also vom Land, dann stand ich mit meinem Vetter Jürgen, der etwas älter war als ich, am Ende der langen hölzernen Landungsbrücken, die es damals noch in Zempin gab, und wir warteten, bis der erste Wasserball abtrieb. Dann hechteten wir ins Wasser, schnitten ihm den Weg ab, brachten ihn dem Besitzer zurück ans Land und warteten, besonders bei den geizigen Typen, die es auch gab, bis man uns das verdiente Trinkgeld in die Hand drückte. Jahre später stand ich im Sommer 1941 wieder mit Jürgen auf der Landungsbrücke, und als da ein Wasserball vorbei trieb, sagte ich lachend; »Na, Herr Leutnant, haben Sie vor lauter Fliegen inzwischen das Schwimmen verlernt?« Er war Jagdflieger und schon einmal abgeschossen worden, hatte aber überlebt. Wir überlegten beide, ob wir es nochmal schaffen würden, »auf unsere alten Tage«, wie er sagte. Saßen in der Sonne und erinnerten uns an die Mädchen, mit denen er damals geflirtet hatte. Ein Jahr später kam die Nachricht, abgeschossen im Luftkampf über Malta, tot.

Ich lag auf dem Rücken im Wasser und ließ mich treiben. Es war ganz ruhig, auch waren noch keine Boote unterwegs. Die Zeit schien auf einmal still zu stehen. Es gibt Augenblicke im Leben, da scheinen Vergangenheit und Gegenwart miteinander zu verschmelzen. Wir sind plötzlich nicht mehr nur der, der gerade etwas denkt oder tut, sondern wir sind auf einmal gleichzeitig auch der, der wir einmal waren. Damals, vor langer Zeit, und wir spüren ganz stark, daß wir eins sind mit unserer Vergangenheit. Sie ist in diesen seltenen Momenten nicht vergangen, sondern lebendig und gegenwärtig. Wir meinen, sie anfassen und berühren zu können. Und weil es mir in dieser Situation damals so ging, überlegte ich, wann ich überhaupt das letzte Mal geschwommen war, und wußte, daß das sehr lange zurück lag. Dann war es plötzlich wieder da, so als ob es gestern gewesen wäre.

Das war im Frühsommer 1944 während unserer Rekrutenausbildung in Neiße in Oberschlesien, als die Offiziersanwärter durch ihre Annahmeprüfung gescheucht wurden. Wir mußten für die

Sportprüfung auf Zeit schwimmen und Turmspringen machen, aber es gab unter uns Bewerbern auch vier Nichtschwimmer, schon damals eine Seltenheit. Von denen wurde, zum Ausgleich, verlangt, daß sie vom 5-Meter-Turm des Schwimmbades in das Becken springen sollten, in dem wir als Rettungsschwimmer auf sie warteten, ausgerüstet mit langen Bambusstangen, an denen sie sich beim Auftauchen sofort festhalten konnten. Ich weiß nicht, welcher Sadist unter den Prüfungsoffizieren, alles ältere, nicht mehr frontdienstverwendungsfähige Opas, sich diesen Wahnsinn ausgedacht hatte. Auch jeder gute Schwimmer weiß, daß für einen Nichtschwimmer schon der Sprung vom Beckenrand in tiefes Wasser mit Todesangst verbunden ist. Es war eine von dieser entsetzlichen Mutproben, denen man uns unterzog. Sie waren in den NS-Jahren große Mode, denn nach dem Willen unseres Führers sollten wir ja »hart wie Kruppstahl und zäh wie Leder« werden.

Vom 5 m-Brett sprangen selbst einige unserer Schwimmer nur sehr zögerlich und hätten es ohne diesen Befehl nie getan. Man muß schon mal da oben gestanden haben, um die Angst nachzuvollziehen. Ich war glücklicherweise im großen Breslauer Schwimmstadion draußen in Scheitnig schon sehr früh gesprungen. Erst vom 1 m-, dann vom 3 m- und schließlich vom 5 m-Brett. Ich stand auch oft auf dem 10 m-Turm, aber ich habe mich nie getraut, von dort runter zu springen, geschweige denn im Kopfsprung, den ich als meine Höchstleistung vom 5 m-Brett schaffte. Zu Höherem fehlte es mir an Mut.

Ich glaube nicht, daß diese Prüfungsoffiziere sich vorstellen konnten, welche Todesangst sie in diesen vier 17 jährigen Nichtschwimmern mit ihrem Befehl auslösten. Sie taten uns allen so leid, daß wir dauernd versuchten, ihnen Mut zu machen. Wir schworen ihnen in die Hand, daß wir sie sofort rausholen würden. Sie sollten sich vor allem ruhig die Nase zuhalten, was wegen des komischen Anblicks eigentlich verpönt war, und einfach nur fest die Luft anhalten. Sie würden dann schon, allein durch ihren Auftrieb, schnell nach oben kommen. Dann würden wir sie sofort packen und rausziehen, es sei wirklich kein Risiko dabei, wenn sie alles richtig machten. Auf keinen Fall sollten sie versuchen, unter Wasser nach Luft zu schnappen.

Ich war als Leiter für die Rettungsschwimmer eingeteilt, und ich hatte so eine wahnsinnige Wut auf diese widerlichen alten Knacker von Prüfungsoffizieren, daß ich sie am liebsten selbst ins Wasser geworfen hätte. Ich war nicht allein mit dieser Wut. Nicht nur meine Kameraden, auch unser Zugführer, der Stabsfeldwebel Stephan, ein alter Profi noch aus der Reichswehr, kochte innerlich. Es war ihm anzusehen. Einer der vier Jungs stieg aus, verzichtete auf seine Offizierslaufbahn und heulte hinterher in unserer Gemeinschaftsgarderobe vor Wut über seine eigene Angst. Die anderen drei sprangen tatsächlich. Es war unglaublich. Es schüttelte sie vor Angst, aber sie sprangen trotzdem. In mir riß bei dieser Erfahrung etwas, ich merkte zum ersten Mal, daß da etwas nicht stimmen konnte in meinem überwiegend militärisch geprägten Weltbild. Diese Prüfer hätten den Sprungbefehl nicht geben dürfen, weil sie damit ihrer Verantwortung und ihrer Fürsorgepflicht für einen Untergebenen nicht gerecht wurden. So hatte ich das gelernt. Aber wenn das so war, warum gab es keine Möglichkeit, diesen Wahnsinn zu verhindern? Da stimmte doch etwas nicht. Ich fand keine Antwort darauf – noch nicht.

Beim ersten ging alles gut. Er hielt die Luft an, kam hoch, wir rissen ihn sofort über die Bambusstange, so daß er wieder atmen konnte, und dann brachten wir ihn an den Beckenrand. Aber der zweite kam schon nicht senkrecht ins Wasser, sondern knallte seitlich auf die Oberfläche, was aus dieser Höhe elend wehtun kann, wie wir aus eigener Erfahrung wußten. Ich ahnte Schlimmes. Kaum war er eingetaucht, gab ich meinem Nebenmann das Zeichen und wir tauchten runter. Wir erreichten ihn gerade noch rechtzeitig, er hatte schon seinen Mund aufgerissen und jede Menge Wasser geschluckt, alleine wäre er nicht mehr hoch gekommen. Er war bewußtlos, als wir ihn am Beckenrand auf den Kopf stellten und er die ganze Soße auskotzte, aber er kam dann wieder zu sich, es war noch mal gut gegangen. Jetzt endlich hatten die Herren von der Prüfungskommission kalte Füße bekommen und wollten den dritten, der schon oben stand, von dieser Übung dispensieren. Aber der begriff die Zurufe nicht, weil er sich so auf seinen Sprung konzentriert hatte, daß er alles um sich herum nicht mehr wahrnahm, und sprang tatsächlich. Es war keiner von uns im Wasser. Er hing noch in der Luft, als wir zurück ins Becken hechteten. Wir packten ihn rechtzeitig, wobei wir uns beinahe noch selber in die Quere gekommen wären, weil so viele von uns ins Wasser gesprungen waren. Es war keinem was passiert, alle bestanden die Prüfung, und bis auf mich waren ein halbes Jahr später alle tot.

Das wußte ich an diesem Sommertag im Wannsee ein Jahr nach Kriegsende noch nicht. Wenn meine Gedanken überhaupt zurückgingen, und das geschah nicht sehr häufig, weil die Gegenwart von 1946 so erdrückend war, dann überwog immer das Glücksgefühl, alle diese menschenvernichtenden Katastrophen, wenn auch angeschlagen, überlebt zu haben. Damals, als ich im See schwamm, hing ich lange meinen Gedanken nach, ließ mich auf dem Rücken von den Wellen treiben, bis es mir zu kalt wurde. Ich schwamm zurück und bewunderte wenig später die dicken Scheiben Cornedbeef, die sich Onkel Paul auf seine Semmel legte. Heute hatte ich Glück, er spendierte mir doch tatsächlich freiwillig eine, natürlich etwas dünnere Scheibe aus seiner englischen Konservenbüchse, weil er guter Laune war. Tante Erna, die seine Marotten kannte, hatte ihm berichtet, daß ich am Vortag wegen der gefürchteten Einbrecher alle ebenerdigen Türen, Schlösser und Fenster inspiziert hatte, und ihm dringend einen Schlosser empfahl. Mit Hilfe solcher kleinen Tricks gelang es uns, ihm doch das eine oder andere winzige Stückchen Schinken oder Wurst zu entreißen.

Dann wurde es ernst. Nach langer S-Bahnfahrt stand ich vor dem riesigen Bürogebäude des Ostberliner Rundfunks, und mein Start erwies sich gleich als ein Schlag ins Wasser. Ich war sehr früh da und hatte nicht darauf geachtet, daß dieser Tag ein Feiertag war, ob einer der neuen oder noch einer der alten Zeit, weiß ich nicht mehr. Zwar saß die fleißige Sekretärin des Chefs, der für die ganzen Nachwuchsangelegenheiten zuständig war, auch an diesem Tag im sonst fast leeren Haus hinter ihrer Schreibmaschine, aber sie wollte mich auf das Ende der kommenden Woche vertrösten, weil er in den nächsten Tagen wegen seiner Teilnahme an einem wichtigen Parteikongreß für niemanden zu sprechen sei. Das war schlecht, weil ich so lange auf keinen Fall in Berlin bleiben konnte. Weder mein weniges Geld noch meine mitgebrachte Verpflegung würden so lange reichen, und ob ich als Angler so viele Fische aus dem Wannsee herausholen könnte, um bei diesem Onkel nicht zu verhungern, darauf wollte ich mich nicht verlassen. Ich schilderte ihr meine Situation, warf alle verfügbaren Mittel in die Schlacht und konnte die Dame wenigstens so weit erweichen, daß sie ihren Chef antelefonierte. Das Wunder geschah, ich sollte rauskommen in seine Wohnung und mich vorstellen. Am liebsten wäre ich ihr um den Hals gefallen, bedankte mich überschwenglich und sauste los.

Was dann geschah, gehört bis heute zu meinen verrücktesten Erinnerungen. Mit dem Adressen-Zettel in der Hand landete ich nach langer Fahrt in einem der wenigen, völlig unzerstörten Villenviertel von Ostberlin. Das waren alles großzügige Anwesen mit eindrucksvollen Gärten. Ihre Bauzeit schätzte ich auf 1910 bis in die dreißiger Jahre. Alles wirkte leicht verschlampt und verwildert. Die Hecken waren lange nicht mehr geschnitten worden, auch der Rasen hatte nichts Englisches mehr, man hätte da auch Kühe grasen lassen können. Es war ganz still, kein Mensch auf der Straße, keine Bewachung, keine Polizei. Ich fand das Haus, durchquerte den Vorgarten mit seinen vielen Rosenbüschen und drückte auf die Klingel. Es dauerte ziemlich lange, bis mir jemand öffnete. Da stand eine vollbusige Blondine in der Tür, bekleidet nur mit einem zu engen Bademantel, der ihre fülligen Formen eher hervorhob als verhüllte. Die Haare waren flüchtig zusammengebunden. Die Füße steckten in seidenen Pantöffelchen mit Puderquaste vorne drauf. Zu Hause hätten wir gesagt, »ein ausgesprochen griffiger Typ«, so um die 30 Jahre alt. Sie betrachtete mich mit einem abschätzenden, aber eher wohlwollenden Blick. Ich machte meinen Kratzfuß, entschuldigte mich für die Störung, aber bevor ich mit meiner Einleitung fertig war, ertönte schon irgendwo eine befehlende Stimme: »Bring den Kerl rein!«

Dieses Haus war nie ausgeplündert worden, um das festzustellen, genügte ein einziger Blick. Was da an Teppichen auf dem Boden lag, farblich aufeinander abgestimmt, was an Bildern an den Wänden hing, die Kronleuchter, die Möbel und ihre Verteilung im Flur und im Vorraum, das alles war der unveränderte Originalzustand. Wie ging das zusammen? Die jetzigen Bewohner waren nicht die Besitzer, das war mir klar. Es gab eigentlich nur eine Erklärung. Die Eigentümer mußten auf der Stelle umgebracht worden sein oder man hatte sie ganz schnell verhaftet und verschleppt. Auf jeden Fall hatte hier keiner mehr Zeit gehabt, am ursprünglichen, über die Jahrzehnte gewachsenen Zustand etwas zu verändern. Für kurze Sekunden war das für mich ein fast gespenstischer Eindruck. Ich kannte solche Villen aus dem Freundeskreis meiner Eltern in Breslau, die weißen Schleiflackmöbel, den Treppenaufgang zum ersten Stock mit der messinggoldenen Handlauffläche und den weißen Metallstäben, es riß mich förmlich, und ich wußte doch, daß jetzt alles darauf ankam, mich auf dieses Gespräch zu konzentrieren, von dem ich meinte, daß meine Zukunft davon abhängen würde.

Ich betrat ein großes Wohnzimmer mit einer weiten Fensterfront in den Garten hinaus. Auf dem riesigen Ecksofa thronte der Hausherr, der Chef. Das war ein breitschultriger, mittelgroßer Mann, etwa fünfzig Jahre. Schon schütteres graues Haar, ein Gesicht wie ein Steinbruch, durchzogen von tiefen Falten, breite schwere Hände, sehr selbstsicher, und Augen, die mich mit geradezu polizeilicher Intensität musterten. Was mir selten passiert, ich war befangen. Trotz allem, was ich schon erlebt hatte, war ich noch zu jung, um diesen Mann in dieser Umgebung auf Anhieb richtig einschätzen zu können. Soweit das in solchen Situationen möglich ist, versuchte ich alle bisherigen Eindrücke schnell zu einem Bild zusammenzufassen. Das Umfeld, ganz offensichtlich eine beschlagnahmte Villa, die Blondine, bestimmt nicht seine Ehefrau, das Villenviertel, seine messerscharfen Augen, seine hohe Funktion im Rundfunkhaus, wie sollte ich diesem Mann jetzt begegnen? Dann kam seine erste Frage: »Sie haben Hunger?«, und ich antwortete: »Ja, natürlich, wer hat heute keinen Hunger.« »Na, dann wollen wir erst mal frühstücken.« Es war inzwischen Mittag geworden, und ich hatte, nach einem spartanischen Frühstück vor sechs Stunden, einen leeren Magen. Die Blondine brachte uns ein Tablett und setzte sich zu uns. Mir gingen die Augen über: Eier, Butter, Speck, Schwarzbrot, Marmelade, Honig, ich wußte überhaupt nicht mehr, wo ich zuerst zulangen sollte. Ich aß nicht, ich fraß. Wie immer dieses Gespräch enden würde, ich ging hier hinaus mit einem Bauch wie eine Trommel. Die anderen beiden langten auch kräftig zu, aber ich war der Beste. Als die Blondine nach dem Kaffee den russischen Cognac eingoß, lehnte er sich zurück und sagte: »So, und jetzt erzählen Sie mir Ihr Leben, und, wenn Sie mich anlügen und ich merke das, dann schmeiße ich Sie sofort raus. Ist das klar?« Irgendein Instinkt sagte mir, daß dieser Mann durch eine eisenharte Schule gegangen sein mußte. Hinter seiner Bonhomie und Freundlichkeit verbarg sich ein Kern aus Stahl. Mit dem war, im Ernstfall, nicht gut Kirschen essen, obwohl er, so wie er da noch im Schlafanzug mit Bademantel auf dem Sofa saß, fast spießbürgerlich aussah.

Also erzählte ich ihm, wer ich war, wer meine Eltern waren, wo ich her kam und auch daß ich Führer in der Hitler-Jugend gewesen war, Kriegsfreiwilliger, an der Ostfront schwer verwundet, meine FDJ-Erfahrungen hier aus der letzten Zeit. Er hörte sehr konzentriert zu, ohne mich zu unterbrechen. Wir waren inzwischen zum russischen Wodka übergegangen, und mein Glück war dieses fettreiche Frühstück und daß ich aus L. inzwischen auch einiges gewöhnt war. Aber ich achtete höllisch darauf, mich auf keinen Fall so vollaufen zu lassen, daß mir die Selbstkontrolle entglitt. Dann geschah etwas Merkwürdiges. Als ich fertig war mit meinem Bericht über mich selbst, fragte er: »Versuchen Sie mir, aber bitte rücksichtslos ehrlich, zu erklären, warum Sie ein vom Nationalsozialismus begeisterter HJ-Führer waren und sogar noch im Krieg auf diesen Führer geschworen haben?« Ich konnte das Gespräch, das sich nun entwickelte, nie vergessen. Stunde um Stunde verging. Es stellte sich heraus, daß dieser Mann, vor 1933 KPD-Funktionär, fast die ganzen 12 NS-Jahre im KZ gesessen hatte. Abgeschottet von der deutschen Wirklichkeit außerhalb des Lagers, angewiesen auf spärliche Informationen, völlig auf das eigene Überleben konzentriert, war da ein Faden gerissen, den er jetzt seit einem Jahr wieder zu knüpfen versuchte. Er war ausgehungert nach Informationen, wie es da draußen wirklich zugegangen war, wie es möglich gewesen war, daß ein ganzes Volk auf diesen Todfeind der Kommunisten hereinfallen konnte. Nach der Befreiung traf er nur auf viertel-, halbe- oder ganze Antifaschisten. Alle seine Gesprächspartner waren eigentlich immer schon dagegen gewesen, niemand gab zu, NS-Anhänger gewesen zu sein. Es war das übliche, aus Selbstschutz errichtete Lügengebäude, das mir nur zu bekannt vorkam. Das irritierte diesen ehemaligen Häftling maßlos, er kam nicht damit zurecht.

Er erzählte aus seinem Leben, schilderte seine harte Jugend in einer Arbeiterfamilie, und daß er schon mit 13 Jahren in der Fabrik gestanden habe. Sprach von Armut und seinem Willen weiterzukommen. Über die Gewerkschaft kam er in die KPD, stieg auf, wurde zu Lehrgängen in die UdSSR geschickt, kehrte später zur illegalen Arbeit nach Deutschland zurück, bis ihn ein Spitzel verriet und er von der Gestapo verhaftet wurde. Da er, wie sich schnell herausstellte, eine Menge von Propaganda und Agitation verstand, interessierte er sich vor allem für die Methoden und die Wirkungsweise des Goebbels-Ministeriums. Er wollte genau wissen, wie es in den Führerkursen der HJ zugegangen war, mit welchem Material gearbeitet wurde. Über die sowjetische Besatzungspolitik fällte er, das fiel mir auf, ein ziemlich vernichtendes Urteil und kritisierte vor allem die blinde Übertragung der sowjetischen Politik-Schablone auf die ganz anderen deutschen Verhältnisse. Ich hatte in diesen Monaten immer wieder, gerade aus dem Mund von langjährigen KZ-Häftlingen, die sich eigentlich der Sowjetunion tief verbunden fühlten, ähnliche Urteile gehört. Da gab es viele Enttäuschungen und schließlich Resignation.

Er fragte, fragte, fragte, und die Blondine brachte Wodka und zwischendurch wunderbare Sachen zum Essen, und ich versuchte alle seine Fragen ehrlich zu beantworten. Zum erstenmal fing ich an zu begreifen, welche furchtbaren Jahre diese ehemaligen Häftlinge hinter sich hatten, und was für ein mörderisches System da in unserem Rücken entstanden war, das Menschen, nur weil sie politische Gegner waren, viel schlimmer als das Vieh behandelte.

Schließlich, am Spätnachmittag, stand ich mühsam auf und erklärte: »Schluß der Vorstellung, ich kann nicht mehr, ich bin so angesoffen, daß ich keine Ahnung mehr habe, wie ich jetzt zurück an den Wannsee komme!« Er lachte und bedankte sich bei mir. Er war lange nicht so betrunken wie ich, obwohl er genau so viel intus hatte. Er sagte: »Ulli, Sie sind in meinem nächsten Kursus, in sechs Wochen geht's los. Ich brauche Leute wie Sie, schicken Sie mir gleich Ihre Unterlagen, gratuliere, Sie haben's geschafft.« Er führte ein Telefongespräch, und Tante Erna staunte nicht schlecht, als ich in einem Ostberliner Dienstwagen mit Chauffeur vorgefahren wurde. Auch Onkel Paul war beeindruckt, wollte aber genau wissen, ob ich mich jetzt etwa mit diesem roten Abschaum der Menschheit eingelassen hatte.

Ich schlief erst mal meinen Rausch aus. Am nächsten, meinem letzten Tag in Berlin, fuhr ich zur brasilianischen Militärkommission in Westberlin. Alles, was sich im Laufe der Zeit als mit Deutschland im Kriegszustand erklärt hatte, war jetzt in Berlin mit einer Militärkommission vertreten. Ich hatte den Eindruck, daß besonders die mittel- und südamerikanischen Staaten hier viel Personal auf Besatzungskosten abgeladen hatten, Leute, die zu Hause besonders gute Beziehungen hatten. Es gab auch eine Unmenge höchst reizvoller Posten mit wenig Arbeit und bildhübschen, möglichst blonden deutschen Sekretärinnen. Es dauerte, bis es mir überhaupt gelang, einen für Einwanderungen nach Brasilien kompetenten Gesprächspartner zu finden. Das war nämlich mein Anliegen. Ich sollte für meinen Vater erkunden, wie die Chancen für eine Auswanderung nach Brasilien für einen deutschen Facharzt stünden. Sie standen schlecht. Er hätte alle Examina in der Landessprache, und das war portugiesisch, noch einmal ablegen müssen. Aussichtslos in unserer Situation. Trotzdem fuhr ich glücklich und hoffnungsfroh nach Hause, schickte am nächsten Tag alle meine

Unterlagen und den ausgefüllten Fragebogen, den der Chef mir mitgegeben hatte, nach Berlin, und meine Eltern waren zufrieden, daß ich endlich Boden unter die Füße bekommen würde.

Die nächsten zwei Wochen vergingen mit intensiven Vorbereitungen für die erste Kreisdelegiertenkonferenz der FDJ, wo wir unseren Antrag zur Erweiterung der Statuten durchbringen mußten. Nach Vorabsprache mit befreundeten Jugendgruppen, mit denen sich inzwischen eine gute Zusammenarbeit entwickelt hatte, konnten wir mit einer klaren Mehrheit bei der Stimmenabgabe rechnen. Als es so weit war, landeten wir einen Überraschungserfolg, der nur deshalb einfach über die Bühne ging, weil der kommunistische Flügel in unserem Verein von unserem Antrag völlig überrumpelt wurde. Wir hatten vorher alle dicht gehalten, und niemand von den anderen, die sich ihrer parteipolitischen Machtstellung absolut sicher wähnten, hatte unter den gegebenen politischen Verhältnissen damit gerechnet, daß jemand offenen Widerstand gegen den von der FDJ einzuschlagenden Kurs wagen würde.

Es kam, wie es bei diesem Gegner immer kommt. Kaum war der Antrag mit eindeutiger Mehrheit angenommen, kam dessen Antrag »zur Tagesordnung«. Dann zog man alle Geschäftsordnungsregister, um die Angelegenheit ungeschehen zu machen. Ich weiß heute nicht mehr, was sie alles aus ihrer Trickkiste rausholten. Die aber war gut bestückt. Eine immer erbitterter werdende Diskussion dauerte stundenlang. Sie wollten uns weich kochen, aber wir waren gut vorbereitet und hatten unseren Antrag auf die Festschreibung der parteipolitischen Neutralität der FDJ mit Hilfe eines alten Verwaltungsjuristen absolut wasserdicht formuliert und in die Tagungsordnung eingepaßt. Schließlich wußten wir vorher, daß wir es mit einem ausgefuchsten Gegner zu tun bekommen würden. Gegen Ende wurden sie, auch das war zu erwarten, ausgesprochen aggressiv. Jetzt war ganz klar zu erkennen, daß sie uns einschüchtern wollten, damit wir unseren Antrag zurückziehen sollten. Ich wurde wütend und bat ums Wort. Dann erklärte ich ruhig, aber sehr bestimmt, daß die lieben Jugendfreunde drauf und dran seien, unsere ganze bisherige, sehr erfolgreiche Jugendarbeit im Kreis zu sabotieren, denn wir hätten hier nur, und das sei bei ihnen offenbar in Vergessenheit geraten, die Meinung der Mehrheit unserer Mitglieder vertreten, wie es in einer demokratisch verfaßten Organisation wie der FDJ doch wohl selbstverständlich sei. Ihr Verhalten würde einen größeren Teil unserer Mitglieder zum sofortigen Austritt bewegen, weil es völlig undemokratisch sei. Im übrigen könne ich mir nicht vorstellen, daß unsere sowjetischen Freunde von der SMA, die unsere Arbeit so wirkungsvoll unterstützten und an einem Erfolg so stark interessiert seien, mit dieser Art von Querschießerei, die wirklich an Sabotage grenze, einverstanden sein würden.

Peng, das saß, denn natürlich waren bei dieser wie bei jeder Delegiertenkonferenz Beobachter der russischen Kommandantur in Zivil anwesend, um anschließend Bericht zu erstatten. Ich wollte unbedingt verhindern, daß uns hier absichtlich ein antisowjetisches Mäntelchen umgehängt würde, denn dann hätten wir sofort einpacken können. Ich berief mich abschließend noch auf einen Satz von Lenin, den ich mir vorher schon ausgeguckt hatte. Damit war die Sache zunächst gelaufen. Auf der Heimfahrt war die Stimmung unter uns Freunden prächtig, aber ich wußte, daß wir einen Pyrrhussieg errungen hatten. Die kommunistischen FDJ-Funktionäre würden jetzt begreifen, daß sie es mit einer Kraft zu tun hatten, die sie nicht länger übersehen durften. Sie waren aufgewacht, und das würden wir zu spüren bekommen. Noch immer wartete ich auf die Antwort aus Berlin, nichts hatte sich in den vergangenen drei Wochen gerührt, und ich begann unruhig zu werden.

Ich merkte den Gegenwind am Eintritt von neuen Jugendlichen, die sehr engagiert waren, viel mitschrieben, gelegentlich Fangfragen stellten, und bei denen ich mir sicher war, daß jedes Wort, das bei uns fiel, weitergemeldet wurde. Man hatte uns ein unsichtbares Kontrollnetz über den Kopf geworfen und war in Zukunft über jeden unserer Schritte informiert. Also mußten wir noch vorsichtiger arbeiten als bisher.

Heinz hatte eine sehr gute Idee. Eines Abends fragte er: »Warum gründen wir nicht einfach eine eigene Theatergruppe?« Erst verblüfftes Schweigen, dann begeisterte Zustimmung. Endlich etwas ganz Neues, Aufregendes, das versprach Abwechslung für eine lange Zeit in diesem trostlosen Hungersommer. In den kommenden Wochen mußten die politischen und historischen Themen in den Hintergrund rücken, weil sich fast alle Mitglieder, vom Theaterfieber gepackt, in die Arbeit stürzten. Sogar unsere Amateurspitzel wurden mitgerissen, bekamen Rollen verpaßt und vergaßen, zeitweise, ihre Überwachungsaufgabe. Heinz war in seinem Element und riß alle mit. Welches Stück sollten wir spielen? Natürlich ein großes, damit alle eine Rolle bekommen würden. Als ich ihm den ›Raub der Sabinerinnen‹ vorschlug, und für ihn die Rolle des Theaterdirektor Striese in petto hatte, warf er mich hinaus, weil es mir am sittlichen Ernst für diese Kulturaufgabe fehlte.

Es ging mir nicht so gut in diesen Wochen. Ich wurde zusehends nervöser, hatte auch Ärger mit Gisela, wurde immer ungeduldiger. Ich hatte immer noch keinerlei Nachrichten aus Berlin. Alle Versuche, den Chef telefonisch zu erreichen, scheiterten merkwürdigerweise, ich bekam keine Verbindung. Ich hatte es in den Knochen, daß irgendetwas an dieser Sache nicht stimmte.

Damals ereignete sich ein böser Zwischenfall von der Sorte, die in dieser Zeit in der Ostzone nicht gerade selten waren. An einem besonders heißen Sonntag war ich mit Freunden zu einem der wenigen kleinen Seen hinausgefahren, wo wir schwimmen wollten. Die Hitze hatte auch eine Menge russischer Soldaten, darunter auch einige weibliche, ans Wasser gelockt. Wir amüsierten uns noch über deren steinzeitliche Bademonturen aus Schlüpfern und Büstenhaltern und sprangen dann alle ins Wasser, wo wir uns verteilten. Ich schwamm allein, hatte den See zu ungefähr zwei Drittel überquert, als seitlich hinter mir so eine Art Holzfloß auftauchte und mir einer der Ruderer mit seiner Latte eine volle Ladung Wasser ins Gesicht klatschte. Ich holte mit dem Arm aus und klatschte eine volle Ladung zurück. Erst an dem dann einsetzenden wütenden Geschrei, auch mit weiblichen Stimmen, merkte ich, das waren keine deutschen Badegäste, sondern Russen, und die begannen jetzt wütend loszubrüllen und versuchten, mich mit ihrem

Floß zu rammen und unter Wasser zu drücken. Ich bekam einen wahnsinnigen Schreck. Ich hatte auch den Eindruck, daß die Kerle angesoffen waren, was sie besonders gefährlich machte. Ich spürte plötzlich wieder die gleiche Todesangst, die mich zuletzt als Soldat an der Ostfront überfallen hatte. Die konnten mich hier wie eine Katze ersäufen, kein Mensch konnte mir helfen. Ich mußte vor ihnen den dichten Schilfgürtel am jenseitigen Ufer erreichen, in dem ich mich verstecken konnte. Ich bin kein schlechter Schwimmer, aber jetzt begann ich um mein Leben zu kraulen. Zwar verlieh mir die Angst ungeahnte Kräfte, aber ich wäre trotzdem verloren gewesen, wenn meine Verfolger in einem Boot gesessen hätten. Mein Glück war, daß ein Floß auf einem ruhigen See nur schwer zu steuern ist, wenn gleichzeitig mehrere nicht mehr nüchterne Ruderer den Kurs bestimmen wollen.

Ich mußte noch genug Luft behalten, um kurz vor dem Schilfgürtel wegzutauchen, denn wenn sie die Stelle sehen konnten, an der ich im Schilf verschwand, hätten sie mich schnell gehabt. Es reichte gerade, und wenn sie ins Wasser gesprungen wären, hätten sie mich wahrscheinlich doch noch erwischt. So zog ich mich unter Wasser in diesen Schilfurwald hinein, erwischte eine kleine Lücke und mußte hoch, weil ich fast am Ertrinken war. Ich war völlig ausgepumpt und fertig, merkte nicht einmal, daß ich blutete, weil mir die scharfkantigen Schilfblätter unter Wasser Hände und Arme zerschnitten hatten. Jetzt begann das Warten. Fast eine Stunde tobten sie draußen mit ihrem Floß am Schilfrand entlang, dann wurde ihnen die Sache offenbar zu dumm. Ich hatte meine Brille nicht dabei. Die lag am Ufer bei meinen Sachen, weil ich sie im Wasser nicht verlieren wollte. Eine neue wäre sehr schwer zu beschaffen gewesen. Jetzt konnte ich das gegenüberliegende Ufer nicht erkennen, hatte keine Ahnung, ob die Russen noch da waren, und wenn ja, wann sie aufbrechen würden. Wenn ich auf Nummer sicher gehen wollte, und dazu war ich nach diesem Schreck entschlossen, dann mußte ich warten, bis die Dunkelheit hereinbrach – im Spätsommer. Endlich war es so weit. Ich war völlig durchgefroren, schaffte es gerade noch bis ans Ufer, wo die anderen saßen, die schon mit dem Schlimmsten gerechnet hatten. Eine völlig aufgelöste und verzweifelte Gisela fiel mir weinend um den Hals und wärmte mich später wieder so ins Leben zurück, daß ich nicht einmal einen Schnupfen bekam.

Immer noch kam keine Nachricht aus Berlin, die sechs Wochen waren fast vorbei, der Ausbildungskursus würde beginnen und ich war nicht dabei. Hatte mich der Chef zum Narren gehalten, hatte er sich anschließend doch noch alles anders überlegt, hatte ich mich in dem Typ völlig getäuscht, weil ich meiner Sache so sicher war? Ich zermarterte mir stundenlang den Kopf, ob ich irgendwo einen Fehler gemacht hatte. War es falsch gewesen, meine ganze Vergangenheit so offenzulegen? Hätte ich mehr verschweigen sollen? Ich bildete mir mit meinen 20 Jahren nicht ein, ein großer Menschenkenner zu sein, aber mein Instinkt hatte bisher eigentlich fast immer gut funktioniert. Dieser Mann war ein mit allen Wassern gewaschener, harter Brocken, aber warum hätte er mir solche Versprechungen machen sollen? Er war zu nichts verpflichtet, hätte ohne Probleme nein sagen oder mir später abschreiben können. Er war auch nicht so betrunken, daß er mir hier eine Suffzusage gemacht hatte, er war viel nüchterner als ich am Schluß. Je mehr ich überlegte, desto weniger bekam ich das Puzzle zusammen. Es gab nur eine Lösung, ich mußte nochmal nach Berlin. Mein Vater sagte ja, Onkel Paul hoffte auf weiteren Schutz vor Einbrechern und sagte zu, ich fuhr los, einen Tag, bevor der Kurs beginnen sollte.

Was ich jetzt schildern werde, wird vielen der Nachgeborenen unter den Lesern völlig unglaubhaft erscheinen. Aber wer dieses erste Nachkriegsjahr in der Sowjetzone als Erwachsener miterlebt hat, weiß, daß es diese Fälle gab. Was damals in Berlin passierte, kann ich heute leider nicht mehr beweisen. Meine wenigen Unterlagen mit den Namen und den Adressen mußte ich bei meiner zweiten Flucht, diesmal aus der Zone im Frühjahr 1948 in den Westen, die ich noch schildern werde, zurücklassen. Ich rettete mein Leben. Alles andere blieb in L. Ich stand vor dem Pförtner des Rundfunkhauses, der mich gefragt hatte, wo ich hinwolle, und nannte den Namen der Chefs. Er stutzte einen Moment, griff nach seinem Verzeichnis, in dem er mit seinem Zeigefinger herumfuhr und sagte: »Muß ein Irrtum sein, den gibt's bei uns nicht!« Ich war völlig verblüfft. Ich dachte einen Moment nach, nannte dann seine Funktion und sagte, daß ich erst vor sechs Wochen mit ihm gesprochen hätte. Er sah mich an, als ob ich verrückt wäre, und erwiderte, jetzt im Ton schon merklich schärfer: »Wenn ich Ihnen sagte, den gibt's hier nicht, dann hat es ihn auch nie hier gegeben. Die Abteilung, die Sie da nennen, wird schon lange vom Genossen sowieso geleitet, und jetzt verschwinden Sie hier gefälligst und halten nicht länger den Betrieb auf.« Ich wurde wütend: »Glauben Sie vielleicht, ich komme extra von M. nach Berlin, um ein Gespenst zu besuchen. Was soll der Quatsch? Melden Sie mich beim Genossen«, ich nannte den von ihm erwähnten neuen Namen, »und sagen Sie ihm, ich bin einer der Kursusteilnehmer.« Sah er mich an und erklärte: »Was soll der Unfug, hier gibt's keinen Kursus und keine Teilnehmer.« Schließlich ließ er sich doch breitschlagen oben anzutelefonieren. »Na, ich hab's Ihnen doch gleich gesagt, es gibt keinen Kursus und der Genosse sowieso ist in einer Konferenz und nicht zu sprechen. So, und jetzt reicht's, wenn Sie nicht sofort verschwinden, sag ich denen drüben Bescheid.« Er deutete auf die Vopo-Wache. Ich war wie erschlagen. Das konnte doch nicht wahr sein. Das war doch kein getarnter NS- Funktionär oder Hochstapler, den sie da plötzlich »hops« genommen hatten, wie der Volksmund das schnoddrig nannte. Auf jeden Fall ging ich jetzt erst mal in Deckung, ich mußte nachdenken, mir überlegen, was ich tun konnte. Das kam alles so plötzlich, war so verwirrend, ich war auf diese Lösung des sechswöchigen Rätselns nicht vorbereitet und mußte erst mal meine wild durcheinander schießenden Überlegungen ordnen.

Dann fiel mir die Sekretärin ein, seine Sekretärin oben im Büro, die mich vor sechs Wochen zu ihm rausgeschickt hatte und mit der der Zerberus eben telefoniert hatte, falls es noch dieselbe war. Ich mußte noch einmal versuchen, in das Gebäude reinzukommen, aber es war klar, daß mich der Aufpasser nicht mehr vorbei lassen würde und eine Verhaftung durch die beiden Vopos konnte ich nicht riskieren, schon gar nicht in diesem offensichtlich gefährlichen Zusammenhang. Ich wollte mich ja nicht am eigenen Strick bzw. der eigenen Dummheit aufhängen lassen. Ich wappnete mich mit Geduld. Irgendwann würde der Kerl Pause machen oder abgelöst werden.

Dann kam, nach relativ kurzer Zeit, eine wunderbare Gelegenheit. Ein Bus fuhr vor, die herausquellende Besuchermenge drängte durch den Eingang und ich mitten drin. Machte mich möglichst klein und unsichtbar, und schon war ich unten an der Treppe, fand das Vorzimmer zu seinem Büro wieder, horchte, ob kein Besucher drinnen sprach, und trat ein. Es war immer noch dieselbe Sekretärin. Sie sah mich an, erkannte mich wieder, erinnerte sich sofort an das eben geführte Telefongespräch mit dem Pförtner, fing an zu zittern und begann vor Aufregung zu schlucken: »Gehen Sie, bitte gehen Sie sofort, ich weiß überhaupt nicht, was Sie eigentlich von mir wollen. Gehen Sie, ich weiß nichts, wenn Sie nicht sofort gehen, rufe ich die Polizei.« Ich machte eine beruhigende Handbewegung und antwortete: »Ich geh sofort, aber ich muß es wissen, was ist mit Ihrem alten Chef. Ich habe extra den weiten Weg von M. nach Berlin gemacht, weil er mir versprochen hatte, mich in seinen Kursus aufzunehmen?« »Gehen Sie endlich, es gibt keinen Kursus, es hat nie einen gegeben. Ich kann Ihnen nicht helfen, wie kommen Sie überhaupt hier rein? Bitte seien Sie doch vernünftig und fragen Sie nicht weiter, es hat keinen Zweck.« Ich sah ein, es hatte keinen Sinn, weiter auf sie einzureden, die hatte solche Angst, die brachte es wirklich fertig, noch die Vopos zu alarmieren. Ging und sagte traurig: »Einen schönen Scheißladen habt ihr hier beieinander, aber ich wünsche Ihnen trotzdem viel Glück und nochmals meinen Dank für Ihre freundliche Hilfe vor sechs Wochen.« Sie war am Heulen, und als ich mich umdrehen wollte, legte sie plötzlich ihre beiden Hände auf die Schreibtischplatte vor sich, sah mich mit durchdringendem Blick an und schob beide Handgelenke über Kreuz. Sie konnte immer behaupten, daß dies eine rein zufällige Bewegung gewesen war, aber in dieser Situation und in diesem Zusammenhang verstand ich sofort, was sie mir damit signalisieren wollte. Ihr Chef war verhaftet worden, die gekreuzten Handgelenke deuteten die Handschellen an, es war eine nicht mißzuverstehende Geste. Man war damals sehr sensibilisiert für solche Art stummer Kommunikation.

Ich ging, ich wußte genug, aber ich habe nie erfahren, was sich da tatsächlich ereignet hatte und was der eigentliche Grund für seine Verhaftung war. Auch ist mir sein Name, solange ich ihn noch im Gedächtnis hatte, nie mehr begegnet. Er gehörte nicht zu den Großen oder Prominenten, aber er war ein nicht unwichtiges Rädchen im Mittelfeld, jedenfalls kein Fall, der damals, als häufiger Menschen verschwanden, großes Aufsehen erregt hätte. Als Fremder fragte man besser nicht zu intensiv nach solchen plötzlichen Unpersonen. Aber etwas wollte ich doch wissen. Ich fuhr hinaus in das Ostberliner Villenviertel, fand auch das Haus ohne Schwierigkeiten, nur daß jetzt ein anderes Namensschild an der Tür befestigt war.

Ich zögerte erst, aber dann siegte meine Neugierde, ich läutete. Mir öffnete ein junger Mann, so Ende zwanzig, kein sympathischer Typ, und ich machte mein dümmstes Provinzlergesicht und fragte: »Können Sie mir helfen, ich suche Herrn X, mir wurde gesagt, daß er hier wohnt. Wissen Sie, ich komme aus der Provinz und wollte mich beim Rundfunk bewerben.« Er sah mich mißtrauisch an, und dann kam wie aus der Pistole geschossen seine Frage: »Wo haben Sie die Adresse her?« Auf die Frage war ich gefaßt, die mußte kommen, da war ich mir sicher. »Ach, die hat mir so vor zwei Monaten einer in die Hand gedrückt, der hatte sich auch beworben, war aber nix.« Darauf er unwirsch: »Das muß eine Verwechslung sein, ich hab' den Namen nie gehört, und wir wohnen schon lange hier. Wenden Sie sich halt direkt an den Rundfunk.« Bums, war die Tür zu und dieser Teil meiner Geschichte zu Ende.

Ich fuhr zurück, niedergeschlagen und entmutigt. Ich hatte so viel Hoffnungen auf diesen Start gesetzt und war ratlos, wie ich jetzt weitermachen sollte. Aus einem Gespräch erfuhr ich, daß eine der noch arbeitenden kleinen Privatfabriken jemanden suchte, der an einer Drehbank arbeiten konnte. Ich war während meiner Schulzeit als sogenannter Werkhelfer der Hitler-Jugend zwei Monate an einer Drehbank ausgebildet worden, wußte aber nicht, ob dieser Schnellkurs für eine solche Tätigkeit ausreichen würde. Ich wollte aber endlich eigenes Geld verdienen. Meine Eltern hatten mir lange genug geholfen. Aus Krieg und Gefangenschaft hatte ich mich inzwischen freigeschwommen. Es wurde Zeit auf eigenen Füßen zu stehen, und Gisela, die glücklich war, daß ich im Ort blieb, bestätigte mich in meinem Vorhaben. Man stellte mich ein, die Arbeiten waren recht unkompliziert, die verlangten Werkstücke nicht zu schwierig herzustellen, wenn man nur sehr sorgfältig arbeitete. Das war das Schwierigste, weil meine Drehbank ein altes, ausgeleiertes Museumsstück war. Aber Ersatz zu beschaffen, noch dazu für einen Privatunternehmer, war in der Ostzone damals aussichtslos. Der Inhaber zitterte ohnehin jeden Monat aufs neue, ob ihm die beantragte Materialmenge auch tatsächlich zugeteilt werden würde und dann auch wirklich geliefert wurde. Den anderen Privatunternehmern am Ort ging es ähnlich. Keiner wußte, wie das alles weitergehen sollte. Als es für sie nicht besser, sondern eher schlechter wurde, verschwand im Laufe der Jahre einer nach dem anderen lautlos und flüchtete in die Westzonen. Nach den Berechnungen von H. Golle flüchteten, solange das möglich war, zwischen 270 000 und 360 000 Unternehmen nach Westdeutschland. Und mit den Firmen gingen die Ingenieure, die Kaufleute und die Facharbeiter. Daß der Ostzone damit ein ungeheures Wirtschaftspotential für immer verloren ging, gespeichert in den Köpfen dieser Unternehmer und in den Konstruktions- und Entwurfsplänen, die sie mit sich führten, das begriffen nur die paar Funktionäre der SED, die noch was anderes im Kopf hatten als das leergedroschene Stroh der ewig wiederholten Polit-Parolen.

Von dieser Sorte habe ich noch einige wenige kennengelernt. Sie stammten fast alle aus sehr ärmlichen Verhältnissen und hatten sich autodidaktisch ein erstaunlich umfangreiches Wissen angeeignet. Diese Kenntnisse waren auch deshalb so eindrucksvoll, weil sie sich keineswegs auf politische Themen beschränkten. Am besten von allen blieb mir, und wohl auch den anderen aus unserem Kreis, Kurt H. in Erinnerung. Ein Mann um die 40, schmal, beweglich, ziemlich großgewachsen, immer auf dem Sprung, auch er ein ehemaliger Illegaler, der lange in Gefängnissen und im KZ gesessen hatte. Der einzige Mensch, dem es beinahe gelungen wäre, aus mir einen lupenreinen Marxisten zu machen. Er diskutierte nächtelang mit uns über Gott und die Welt, nahm unsere Entgegnungen ernst, zerpflückte sie, griff unsere Argumente auf und zeigte uns deren Schwachpunkte. Mit ihm zu streiten war ein intellektuelles Vergnügen, das er ebenso genoß wie wir. Er konnte aus seiner Interpretation des Sozialismus eine Art Religion formulieren, die geeignet sei, die Menschen endlich frei zu machen von Hunger und Unterdrückung. Den Stalinismus, den wir ihm prompt unter die Nase hielten, interpretierte er als eine reine Übergangserscheinung, ohne ihn zu entschuldigen oder gar abzuschwächen, damals ein buchstäblich lebensgefährliches Unterfangen. Wir bekamen bald Angst um ihn. Zwar war es immer nur ein ganz kleiner, zuverlässiger Kreis, der da zusammensaß, aber er war einfach unvorsichtig. Das galt selbst für den Fall, daß er den Parteiauftrag hatte, aus uns überzeugte Anhänger der SED zu machen, was wir zeitweise nicht ganz ausschließen wollten. Das war eine Zeit, in der vieles möglich war, und man war gut beraten, auf alles gefaßt zu sein, auch auf das unmöglich Erscheinende.

Wir rieten Kurt dringend, sich etwas mehr zurückzuhalten, aber er sauste ständig mit seinem Dienstwagen in der Gegend herum, besuchte alle Jugendgruppen, war von einer ständigen inneren Unruhe angetrieben, die ihm auch die hübschen Freundinnen nicht austreiben konnten, die bei ihm ständig wechselten. Wir erklärten uns das alles als eine Folge der jahrelangen Haft und der Todesangst im Lager. Er half uns viel, hatte erstklassige Beziehungen nach oben, erfreute sich auch bei den Russen großer Zuneigung und Unterstützung. Ich mochte ihn sehr gerne, er war das genaue Gegenteil eines Parteiapparatschiks, ein Idealist mit Widerhaken. Wenn ich nicht aufgrund meiner NS-Erfahrungen als HJ-Führer diesem so ähnlichen System gegenüber ein so abgrundtiefes

Mißtrauen empfunden hätte, das durch Alltagserlebnisse nur noch verstärkt wurde, hätte Kurt aus mir einen jener idealistischen Kommunisten machen können, wie sie zahlreich schon früher und noch Jahrzehnte später vor allem im Westen herumliefen. Viele Jahre nachher, als ich das Buch ›The god who failed‹, »Ein Gott, der keiner war« in die Hände bekam, das Vermächtnis besonders prominenter Intellektueller, die dem Kommunismus nach schweren inneren Kämpfen den Rücken gekehrt hatten, begriff ich, wie gefährlich diese Daueragitation bei einem noch jungen Menschen sein kann.

Dann kam, es war inzwischen Herbst geworden, wie ein Paukenschlag die von Mund zu Mund weitergegebene Meldung, Kurt ist tot. Als wir nachfragten, denn er war nie krank gewesen, bekamen wir nur die Bestätigung seines Todes und daß die Urnenbeisetzung schon stattgefunden hätte. Ich fing an, heimlich nachzuforschen. Ich wollte Gewißheit haben. Es war mit den Händen zu greifen, daß hier wieder eine dieser typischen Ostzonenschweinereien passiert war. Das konnte man schon daran erkennen, daß sich jeder vor Angst in die Hosen machte, wenn man nur nach Kurt fragte. Schließlich kam die Wahrheit heraus. Er war nächtens, mit seinem Dienstauto unterwegs nach Hause, wie es ausdrücklich hieß, »versehentlich« von einer Militärstreife der Roten Armee, deren Stopzeichen er »angeblich« übersehen hatte, unter Feuer genommen worden und fuhr unglücklicherweise tödlich getroffen in den Straßengraben. Das ist auch anderen Leuten passiert. Wie »versehentlich« diese Unglücksfälle waren, darüber kann man noch heute spekulieren.

Mir verging unter dem Eindruck aller dieser Ereignisse immer mehr die Lust, mich noch weiter politisch zu engagieren. Inzwischen hatten wir für unseren innersten Kreis Verstärkung bekommen. Der Sohn des Frauenarztes aus dem Baltikum, Patrick von G., so alt wie ich, war aus sowjetischer Kriegsgefangenschaft entlassen worden. Er hatte sich dort einige Zehen erfroren und war deshalb nicht mehr voll arbeitsfähig. Wir lernten ihn schnell schätzen. Er funkte auf unserer Wellenlänge und beteiligte sich bald an unserer gemeinsamen Arbeit in der FDJ. Der vierte im Bunde war »Jimmy«, etwas jünger als wir, der mit seiner Mutter und jüngeren Geschwistern als Flüchtling im Ort gelandet war. Sein Vater wurde vermißt. Niemand hatte inzwischen ein Lebenszeichen von ihm bekommen, und da er sich jetzt, mit seinen 16 Jahren, für die Familie verantwortlich fühlte, auch als ihr Ernährer, hatte er sich nicht mehr im Gymnasium gemeldet, sondern sofort eine Maurerlehre begonnen. Hier war am schnellsten Geld zu verdienen. Er schuftete, machte Überstunden und war trotzdem meistens guter Laune, ein unglaublich zäher und eindrucksvoller Bursche, den wir alle besonders in unser Herz geschlossen hatten. Jahrzehnte später erfuhr ich gerüchteweise, er habe es durch Bauaufträge in Griechenland zum Millionär gebracht. Er hätte es ehrlich verdient.

Vom großen Diebstahl, kleinen Tricks und Wahlüberraschungen

An einer Stelle hatte ich durch meine Arbeit in der Fabrik, ohne es zu ahnen oder zu beabsichtigen, einen großen »Stein im Brett«. Das war bei der örtlichen SED und ihren Funktionären. Obwohl ich der Sohn eines bürgerlichen Akademikers war, gehörte ich jetzt zum werktätigen Volk und hatte mich der Arbeiterklasse angeschlossen. Das dürfte mit der ausschlaggebende Grund dafür gewesen sein, daß ich mich plötzlich als Delegierter der örtlichen FDJ in einer Kommission wiederfand, die an einem der makabersten Aufträge herumbastelte, die ich je in meinem Leben kennengelernt habe.

Erst 50 Jahre später, als mit Sicherheit nahezu alle der damals Beteiligten tot gewesen waren, erkannte ich plötzlich, daß ich damals Zeuge eines historischen Ereignisses gewesen war. Es ging um Macht und Einfluß, vor allem aber um gewaltige Geldsummen und riesige Vermögenswerte. Die beteiligten Figuren, vom Bürgermeister als Vorsitzendem über die linken Vertreter von SED und FDGB, über die angeblich neutrale Mitte, FDJ, Kulturbund, Gesellschaft für deutsch-sowjetische Freundschaft, Frauenbund, bis zum rechten Flügel der bürgerlichen Parteien CDU und LDP, konnten einem Shakespeare-Stück entsprungen sein. Es war ein Drama mit genau verteilten Rollen. Das merkten die Akteure erst, als es, wie in jedem guten Theaterstück, gegen Ende der Aufführung ein dramatisches Finale hätte geben können. Gab es dann doch nicht, weil im Hintergrund der große Strippenzieher aus Moskau, der damals alle unsichtbaren Fäden in der Ostzone in der Hand hielt, dafür gesorgt hatte, daß es ein Ende nach Plan gab und keine unvorhergesehenen Überraschungen.

Schon im September 1945, vier Monate nach Kriegsende, war mit der ersten Bodenreform die erste Enteignungswelle über die ganze Ostzone geschwappt. Alle Landwirte, die mehr als 100 Hektar besaßen, wurden ihren Besitz los. Am 30. Juni 1946 kam es in Sachsen auf Druck der SED zu einem Volksentscheid über die Enteignung von Großbetrieben im Besitz von Kriegsverbrechern und Nationalsozialisten. Es gab eine Zustimmung von 77 Prozent. Noch im Juli und dann im August folgten alle Länderregierungen der Ostzone mit der gleichen Maßnahme, und jetzt ging das makabre Theater erst richtig los. Unstrittig war die Enteignung der Großkonzerne, der Unternehmen, deren Besitzer aufs Engste mit der NS-Regierung zusammengearbeitet hatten und die politisch schwer belastet waren. Es gab nie einen Zweifel, daß hinter diesen Enteignungen die SMA als Befehlsgeber stand. Das war, wie bei einem Eisberg, natürlich nur der gut auszumachende und relativ leicht zu erfassende obere Teil von der Gesamtwirtschaft. Enteignet wurde aber sehr viel mehr. Denn die SED nutzte diese günstige Gelegenheit, um im Schatten der Besatzungsmacht, und vermutlich auch mit deren Rückendeckung, unverzüglich mit dem Großreinemachen unter allen Privatbetrieben in der gesamten Ostzone anzufangen.

Ich war damals noch viel zu jung und unerfahren, als daß mir die Größenordnung, um die es hier ging, Angst gemacht hätte. Welche Sprengkraft in einer solchen Enteignung stecken kann, das begriff ich erst nach der Wiedervereinigung durch den Streit der Altbesitzer mit der Bundesregierung. Die Bundesregierung, seit 1990 neuer Eigentümer des einst von den Machthabern im Osten konfiszierten Privateigentums, berief sich auf eine angebliche Bedingung der russischen Regierung für ihre Zustimmung zur deutschen Wiedervereinigung. Danach dürfe keine der Anordnungen der Sowjetischen Besatzungsmacht aus der Zeit zwischen 1945 und 1949, bis zur Gründung der DDR, rückgängig gemacht werden. Ob das stimmt oder nicht, ist bis heute nicht restlos geklärt. Es gab auch heftige Dementis aus Moskau.

Bei dieser Auseinandersetzung in den 90er Jahren spielte, zu meiner Überraschung, eine Frage offensichtlich überhaupt keine

Rolle, obwohl sich durch die richtige Antwort viele Streitfälle hätten klären lassen. Allerdings hätte die Bundesregierung dann sehr viel mehr Besitz wieder rausrücken müssen als dem Herrn Finanzminister lieb gewesen wäre. Diese Frage betraf vor allem einen Punkt: Wo und wie hatten damals SED-Funktionäre, die das Heft längst fest in ihrer Hand hielten, von sich aus, also ohne ausdrücklichen Befehl der SMA, Enteignungen vorgenommen? Da ging es dann nicht mehr um die Großbetriebe, Konzerne und AGs, sondern vor allem um die mittleren bis kleinen Privatbetriebe. Durch einen lächerlichen Zufall wurde ich zum Zeugen einer solchen Konfiskation, und bin wahrscheinlich einer der letzten überlebenden Teilnehmer dieses Willküraktes, den man später gerne totgeschwiegen hat.

Das Instrument für die Umsetzung dieser geplanten Enteignungen waren die berüchtigten Antifaschistischen Ausschüsse, kurz ANTIFA genannt. Die Mitglieder der auch bei uns in L. einberufenen ANTIFA hatten vor der Sitzung keine Ahnung, worüber entschieden werden sollte. Schon die Zusammensetzung war ein erprobter Trick der SED. Demokratisch vom Wähler autorisierte Volksvertreter gab es überhaupt nur drei, von der SED, der CDU und der LDP. Das allein hätte nicht funktioniert, weil die bürgerlichen Vertreter jede Enteignung abgelehnt hätten. Also griff sich die SED das Stimmvieh aus ihren Satellitenorganisationen FDGB, Frauenbund, Gesellschaft für deutsch-sowjetische Freundschaft, FDJ und anderen. Die listige Begründung war, alle Bevölkerungsteile sollten an dieser wichtigen Entscheidung beteiligt werden, genau das sei die wirkliche Volksdemokratie.

Ich schildere diese Zusammenhänge deshalb so genau, weil es für den heutigen, an westliche Demokratie gewöhnten Leser nur noch schwer zu verstehen ist, mit welch rücksichtsloser Zielstrebigkeit und welchen ausgekochten Methoden die SED-Führung von Anfang an den brutalen Umbau der über Jahrhunderte hinweg gewachsenen Sozial- und Wirtschaftsstruktur in Mitteldeutschland verfolgte. Die unverzichtbare Basis für die erfolgreiche Zerschlagung und Vernichtung des deutschen Bürgertums in der Ostzone war die Angst, die von den Kommunisten mit Hilfe ihres direkten und indirekten Terrors gezielt eingesetzt wurde. Es war aussichtslos, sich dagegen zur Wehr zu setzen, weil Justiz und Rechtsprechung Teil des Systems wurden. Der Einzelne war praktisch vogelfrei. Den einzigen Schutz bot die Mitgliedschaft in der Partei oder Mitläufertum, mit dem nur zu viele Menschen in Deutschland ja bereits 12 Jahre lang hatten Erfahrung sammeln können. Aus Angst um die Familie und die eigene Existenz wurden viele zu Opportunisten, und da es Vergleichbares in keiner der drei Westzonen gab, begann sich jener Abgrund zwischen West und Ost zu öffnen, an dessen Überbrückung wir heute noch arbeiten.

Der ANTIFA-Ausschuß traf sich in einem Klassenzimmer der leeren Schule. Sofort übernahm der Bürgermeister, natürlich ohne gewählt worden zu sein, den Vorsitz. An den Anfang seiner Ausführungen stellte er eine sehr drastische Warnung. Diese Sitzung sei nicht nur streng vertraulich, sie sei geheim. Es gäbe ein striktes Verbot für alle Teilnehmer, sich gegenüber irgendjemand außerhalb der Kommission über den Inhalt der heutigen wichtigen Beschlußfassung zu äußern. Dieses strenge Verbot gelte auch ausdrücklich für die eigenen Familienmitglieder. Noch immer rätselten wir herum, worauf die Sache hinauslaufen würde. Es war typisch für die damaligen Zustände, daß keiner der Anwesenden, mich selber eingeschlossen, den Mut hatte nachzufragen, von wem denn eigentlich dieses seltsame Verbot stamme, das uns hier eindeutig zu Befehlsempfängern abstempelte. Wir saßen folgsam auf unseren Stühlen und hörten uns an, was der Bürgermeister jetzt aus den vor ihm liegenden Akten vorlas. Er zitierte den Enteignungsbeschluß der Volksabstimmung und kam dann sehr schnell auf die Verhältnisse in unserem Ort zu sprechen. Es stellte sich heraus, daß es überhaupt nur einen einzigen Tagesordnungspunkt gab: welche Firmen und ihre Besitzer sollten sofort entschädigungslos enteignet werden.

Diesen Vorgang muß man sich sehr genau vor Augen führen. Es war nämlich völlig ausgeschlossen, daß es sich damals um die Ausführung eines Befehls der SMA gehandelt hat. Der Bürgermeister hätte sich unweigerlich auf einen solchen Befehl berufen. Das hätte die ganze Sache wesentlich erleichtert. Hätte ein solcher Befehl für die in dieser Sitzung geplanten und durchgeboxten Beschlagnahmungen existiert, dann wäre in 15 Minuten alles vorbei gewesen. Wir hätten die Liste nur noch abnicken können, und jeder wußte das. Schon rein verwaltungstechnisch wäre es selbst für eine SMA nicht möglich gewesen, bis so weit nach unten, bis in jede Kleinstadt zu entscheiden, wer hier enteignet werden solle. Das war für die SMA zunächst auch völlig unwichtig, nachdem die Russen ausnahmslos alle für sie interessanten Großfirmen, Industriekonzerne und Aktiengesellschaften enteignet oder in Sowjet-AGs verwandelt hatte, wie in unserer Nähe Leuna und die Buna-Werke in Schkopau. Nein, hier ging es um etwas anderes. Diesen Befehl als Feigenblatt benutzend und sich auf die Volksabstimmung berufend, wollte die SED Tabula rasa unter den Privatunternehmern machen. Aber bei den kleinen und mittleren Betrieben, und um die ging es jetzt, gab es gewisse Schwierigkeiten, weil ja nicht alle Eigentümer gleichermaßen so politisch belastet waren, daß man sie hätte über einen Kamm scheren können. Da man uns keinerlei schriftliche Unterlagen zur Verfügung gestellt hatte – natürlich nicht –, bat ich den Bürgermeister höflich, uns bitte langsam den vollständigen Passus aus seinen Unterlagen vorzulesen, aufgrund welcher politischer Belastungen eine Konfiszierung des gesamten Vermögens vorgesehen war. Da stellte sich sofort heraus, daß sich ein Kaugummiparagraph an den anderen reihte: Wenn einer Kriegsverbrecher oder (und) Nationalsozialist gewesen war. Der erste Fall war klar, aber die zweite Formulierung bedeutete, daß jemand, auch wenn er nur einfaches nominelles Parteimitglied gewesen war, was auf Millionen Deutsche zutraf, und wenn er bei der Entnazifizierung im Westen sehr milde bestraft worden wäre, hier alles verlor. Das ging noch weiter. Jemand, der sich mit Geschick und nicht ungefährlicher Ausdauer vor der Parteimitgliedschaft gedrückt hatte und, damit das nicht zu auffällig war, als Mitglied bei der NSV (Nationalsozialistische Volkswohlfahrt) eintrat, so eine Art braune Caritas, konnte ebenfalls enteignet werden.

Wie oberfaul diese ganze Geschichte war, belegt auch die Tatsache, daß der Bürgermeister eine komplette Liste der zu beschlagnahmenden Unternehmen vorliegen hatte und ohne jede weitere Diskussion in einem einzigen Wahlgang über die ganze Liste abstimmen lassen wollte. Hier gab es nun endlich mal Widerspruch von Seiten der CDU- und LDP-Vertreter, weil sie auf dieser Liste auch auf Namen von eigenen Parteimitgliedern stießen, und weil wir gerade so gut im Zug waren, verpaßten wir unserem Großkotz da vorne eine glatte Abstimmungsniederlage. Er wurde sichtlich wütend über diesen Demokratieeinbruch in sein rotes Planspiel, weil er jetzt gezwungen war, über jedes Enteignungsobjekt einzeln abstimmen zu lassen, was ihm sichtlich unbehaglich war. Sehr lang war seine Liste nicht, denn es gab nur einige wenige Unternehmen in diesem kleinen Ort, die es überhaupt lohnten enteignet zu werden. Bei den meisten traf das Verdikt »Mitglied der NSDAP« zu, und was im Westen mit einer mittleren Geldstrafe, vielleicht auch vorübergehendem Berufsverbot bestraft wurde, bedeutete hier den Ruin der ganzen Familie, denn selbstverständlich fielen auch das ganze Privatvermögen sowie Haus- und Grundbesitz unter die Beschlagnahme.

Diese Liste mußte schon lange vorher geschrieben worden sein. Es ist eine naheliegende Vermutung, daß sie von den SED-Funktionären auf der Kreis-, Bezirks- und Landesebene vorbereitet worden war, denn nur die Funktionäre »vor Ort« konnten die Schwachpunkte ihrer bürgerlichen Gegner so genau kennen, wie sich das hier auf unserer Sitzung herausstellte. Das war politische Präzisionsarbeit, an der lange getüftelt worden sein mußte, sehr eindrucksvoll für einen ziemlich unbeteiligten Beobachter wie mich. Je intensiver ich meine Nase in diese Dinge steckte, desto mehr wuchsen meine Verwunderung und mein Abscheu gegenüber diesem kommunistischen Parteiapparat, aber auch die traurige Einsicht, daß diese Brüder am Schluß mit uns und allen politischen Gegnern schlittenfahren würden, weil wir ihnen zu wenig entgegensetzen konnten.

Als Zweites fiel mir auf, daß bei dieser wunderschönen, unwiederholbaren Gelegenheit alte und uralte Rechnungen beglichen wurden. Ich war unter allen Anwesenden der einzige Fremde, ich war Flüchtling und gehörte eigentlich nicht dazu. Alle anderen waren Einheimische, kannten sich seit Jahrzehnten, hatten gemeinsam auf der Schulbank gesessen und waren hier im Ort aufgewachsen. Jeder von ihnen war ein Teil jener engen Verflechtung, die sich in so einer Kleinstadt noch engmaschiger als in größeren Städten herausbildet. Ich war mit meinen 20 Jahren auch der weitaus Jüngste. Fast alle anderen waren um die 50, auch die zwei Frauen waren gestandene Mütter. Jeder wußte etwas über jeden, und in Zeiten wie diesen wurden hinter den Kulissen unzählige Strippen gezogen und Mauscheleien abgesprochen. Ich bekam das auch dadurch mit, daß man mich gelegentlich als neutralen Mitwisser in solche Geschichten hineinziehen wollte, was ich jedesmal höflich, aber bestimmt ablehnte. Das war nicht mein Weg hier, würde es nie sein, und es gab genug Gleichaltrige um mich herum, die, wie Gisela und ich, diese Gewohnheitsschiebereien verachteten.

Für mich war diese Sitzung eine eindrucksvolle Demonstration des herrschenden Prinzips »Macht geht vor Recht!«. Die Personen, um die es ging, und das, was sie verloren, waren mir ziemlich gleichgültig. Ich besaß nichts, war ein Niemand und hatte eben hautnah miterlebt, wie meine Eltern und ihre Breslauer Freunde innerhalb weniger Tage alles verloren hatten, was sie in ihrem Leben aufgebaut und angeschafft hatten. Auch damals noch waren sie auf geschenkte Schuhe und überlassene Kleidung angewiesen. Der Grund war der Krieg, und er schlug auf uns zurück. Wie aber jetzt hier mit kleinkarierter Gehässigkeit Leute enteignet wurden, nur weil es da alte Familienfeindschaften und offen gebliebene Rechnungen gegeben hatte, das war mir eine ganz neue Erfahrung, und ebenso die Entschlossenheit, mit der sich die SED dieser Ressentiments bediente. Es war auch erkennbar, daß die Delegierten von CDU und LDP, die Gefährlichkeit der Angelegenheit begreifend, mehr auf die Wahrung ihres persönlichen Besitzstandes bedacht waren als auf die Erhaltung von Rechten für ihre von der Enteignung bedrohten Wähler.

Das Ganze erinnerte an ein Shakespeare-Drama, und alle Rollen waren gut besetzt. Besonders wütend machte mich, daß dieser

Bürgermeister, bis auf die eine mehr zufällige Abstimmungsniederlage, alle Bedenken und Gegenargumente vorher schon einkalkuliert hatte, weil er seine Pappenheimer genau kannte. Ganz am Schluß, als wir schon alles abgenickt hatten, kam noch einmal ein Knalleffekt. Es ging um den größten und wichtigsten Betrieb am Ort mit den meisten Mitarbeitern. Sein Produkt wurde überall in Deutschland verkauft. Genau den hatte der Bürgermeister jetzt in seiner Schußlinie und war wild entschlossen, dem Besitzer das wirtschaftliche Genick zu brechen. Aber hier biß der SED-Funktionär das bisher erste und einzige Mal in dieser Sitzung auf Granit. Es gab Widerspruch von allen Seiten. Jetzt nicht nur von den Vertretern der beiden bürgerlichen Parteien CDU und LDP, sondern auch, zu meiner Überraschung, aus der Reihe der Satellitenorganisationen. Das war ganz ungewöhnlich, weil diese SED-Anhängsel damals im wesentlichen nur eine einzige Aufgabe hatten, nämlich im Tarngewand der parteipolitischen Neutralität möglichst viele Bürger an sich zu ziehen, die es ablehnten, sich parteipolitisch festzulegen. Ich habe während meiner ganzen Zeit in Sachsen-Anhalt nicht ein einziges Beispiel erlebt oder davon gehört, daß ihre Vertreter, vom FDGB über den Demokratischen Frauenbund bis hin zur Gesellschaft für deutsch-sowjetische Freundschaft, von der SED-Linientreue abgewichen wären. Auch das war ein Grund dafür, warum es die SED-Funktionäre so wütend machte, daß ausgerechnet unsere FDJ-Stadtgruppe immer mal wieder kräftig gegen den Stachel löckte. Was also damals geschah, war ein fast sensationelles Aufbegehren, das ich mir zunächst nicht erklären konnte.

Erst im Lauf der sich anschließenden hitzigen Debatte, auch die ziemlich ungewöhnlich, weil der Bürgermeister keineswegs bereit war nachzugeben, hörte ich heraus, daß es sich hier um einen Sonderfall handelte. Fast alle Mitglieder dieses ANTIFA-Ausschusses schienen direkt betroffen zu sein. Es ging also keineswegs um irgendwelche moralischen Skrupel oder rechtliche Bedenken, sondern um ganz handfeste eigene Interessen. Das Unternehmen hatte so viele Mitarbeiter aus unserem Ort, daß fast jede Familie direkt oder indirekt mit seinem Schicksal verbunden war, als Arbeiter oder Angestellte, als Lieferanten oder Auftragnehmer. Jetzt war die Angst mit Händen zu greifen, daß sich an diesem Zustand durch die Enteignung zum Nachteil aller Beteiligten etwas ändern könnte. Das erklärte die Entschlossenheit, mit der die Teilnehmer der Sitzung dem Bürgermeister in die Parade fuhren. Natürlich gab niemand zu, daß private Interessen verteidigt wurden. Allen ging es »nur um die Sache«. Aber alle Einwände wurden mit einer solchen Verve vorgebracht, daß sich der erboste Bürgermeister, um sein Gesicht zu wahren, gerade noch in eine Rückzugsstellung retten konnte, bevor er eine glatte Abstimmungsniederlage kassierte. Die Beschlußfassung über diese Enteignung wurde vorläufig zurückgestellt, um die Angelegenheit nochmals zu überprüfen. Damit war zunächst allen gedient. Tatsächlich wurde das Unternehmen erst Jahre später, 1951, in einen Volkseigenen Betrieb umgewandelt.

Für uns Beteiligte gab es schon damals, an diesem Herbsttag 1946, keinen Zweifel, daß diese ganze ostzonenweite Enteignungsaktion, die sich fast ausschließlich gegen den bürgerlichen Mittelstand und den großbürgerlichen Besitz richtete, von A bis Z eine Aktion der SED war. Zentral vorbereitet und gelenkt, und von der SMA gebilligt. Weil mich dieser Punkt damals aus politischen Gründen besonders interessierte, ging ich sofort nach dem Ende der Vorstellung nach vorne, um dem Bürgermeister zu seinem Erfolg zu gratulieren. Nur so war es mir nämlich möglich, einen Blick auf den Pultdeckel zu werfen, wo noch seine ganzen Unterlagen verstreut herumlagen. Das ging sogar besser, als ich gedacht hatte, weil er jetzt von dem LDP-Vertreter in ein heftiges Streitgespräch verwickelt wurde und auf mich, der ich halbrechts hinter ihm stand, nicht mehr achtete. Was da lag, waren alles Kopfbögen der SED, entziffern konnte ich eine Art »Gebrauchsanweisung«, mit genauen Vorgaben, wie bei diesen Enteignungskonferenzen vorgegangen und argumentiert werden sollte. Was ich vergeblich suchte, war ein Befehlsformular oder eine Anweisung der SMA. Deren Kopfbögen kannte ich aus der Landesjugendleitung.

Eine wichtige Rolle mögen bei den hier geschilderten Ereignissen Landtags- und Kreistagswahlen der sowjetischen Besatzungszone vom 20. Oktober 1946 gespielt haben. Zu unserer großen Überraschung waren das tatsächlich fast echte freie Wahlen, wie in Westdeutschland, übrigens die letzten ihrer Art. Wir konnten das gut beurteilen, weil sich der ganze FDJ-Vorstand in die Wahlkommission delegieren ließ und vor allem als Helfer in die Stimmlokale, wo wir uns an der Stimmenauszählung beteiligten. Mit den uns befreundeten anderen Jugendgruppen hatten wir abgesprochen, wie wir vorgehen wollten, damit wir uns am Schluß ein zutreffendes Urteil über die Korrektheit der Wahl machen konnten. Aufgrund unserer bisherigen Erfahrungen waren wir mehr als mißtrauisch. Wenn man davon absieht, daß im Wahlkampf die SED natürlich überall bevorzugt wurde, ob es die Sendezeit im Rundfunk war, die Zuteilung von Sprit für die Propagandaautos oder die Papierzuteilung für Plakate, Werbebroschüren und Flugblätter, wenn man beiseite läßt, daß die bürgerlichen Parteien viel weniger Geld, weniger Leute und weniger Zeitungsseiten hatten, dann kann man sagen, daß es eine fast demokratische Wahl mit völlig freier Stimmenabgabe und ehrlicher, korrekter Stimmenauszählung war.

Wir konnten uns das den ganzen Wahlsonntag über nicht erklären. Erst bei der Auszählung der Stimmen am Abend löste sich das Rätsel. Die SED-Wahlhelfer enttarnten sich selber in ihrer Enttäuschung und in ihrer Wut, während wir uns still ins Fäustchen lachten. Die waren doch tatsächlich ein Opfer ihrer eigenen Propaganda und ihres eigenen Terrors geworden. Es gab ja praktisch niemanden mehr in der Ostzone, der sich noch getraut hätte, einem der höheren Partei-Apparatschiks die Wahrheit über die Stimmung in der Bevölkerung zu sagen. Wie verhaßt sie überall waren, wußten sie selber nicht, und die vielen einfachen Genossen, die gut über die Wut der Bevölkerung informiert waren, die trauten sich schon lange nicht mehr ihren Mund aufzumachen, die wollten sich keinen Ärger oder Schlimmeres einhandeln. Der ganze Verein log sich, besoffen von der eigenen Propagandawalze, so erfolgreich in die eigene Tasche, daß sie schließlich überzeugt davon waren, der weit überwiegende Teil der Bevölkerung denke tatsächlich so, wie sie das jeden Tag im ›Neuen Deutschland‹ lesen konnten. Weil das aber so eindrucksvoll und so erfreulich war, überzeugte man schließlich auch die SMA von diesem Stand der Dinge und riskierte die einzigen annähernd freien Wahlen in der Sowjetzone.

Am Abend des 20. Oktober war in der gesamten Ostzone »Schluß mit Lustig«. Das Ergebnis dieser freien Wahlen war eine so schallende Ohrfeige für die sich als Staatspartei gerierende SED, daß sie es 43 Jahre lang nicht mehr wagte, wirklich freie geheime und überprüfbare Wahlen abzuhalten. Zwar gewann die SED bei den Wahlen zu den fünf Landtagen 47,6% der gültigen Stimmen, aber die beiden bürgerlichen Parteien (LDP 24,6%, CDU 24,5%) erzielten zusammen einen höheren Stimmenanteil als die SED, die allein durch die Stimmengewinne ihrer Massenorganisationen in drei von fünf Landtagen eine knappe absolute Mehrheit erreichte. Die Wähler hatten die beiden bürgerlichen Parteien als Opposition anerkannt und stärkten sie vor allem in den Großstädten, aber auch in den industriellen Ballungsgebieten. In Sachsen und Sachsen-Anhalt erreichten beide zusammen die absolute Mehrheit und überdurchschnittliche Resultate. So angespornt, begann vor allem die CDU gegen den roten Stachel zu löcken. Diese Wahlen bewiesen, daß der Einheitspartei im nichtkommunistischen Lager ein fast gleichstarker Gegner gegenüberstand. Um das möglichst schnell grundlegend zu ändern, setzte jetzt die SED mit nachdrücklicher Hilfe der SMA alle ihr zur Verfügung stehenden Hebel in Bewegung. Erleichtert wurde ihr das durch die Zerstrittenheit der beiden Bürgerparteien, die sich über die Schul- und Ordnungspolitik, auch in der Frage des Berufsbeamtentums, immer wieder so in die Haare gerieten, daß sie ihre parlamentarische Stärke nur selten umsetzen konnten. So wurden sie immer mehr in die Ecke gedrängt und schließlich degenerierten sie zu reinen SED-Anhängseln.

Inzwischen hatte Heinz einen einsamen Entschluß gefaßt, von dem er nicht mehr abzubringen war. Fast alle in unserer Jugendgruppe waren vom akuten Theaterfieber angesteckt worden, jeder gierte nach einer Rolle, nach einem Auftritt. Heinz konnte aber kein

Stück finden, wo er alle hätte auf die Bühne stellen können. Er beschloß, sich als Regisseur sein eigenes Stück zu schreiben. Ich hatte ihn im Verdacht, daß er dieses Ziel von vornherein angestrebt hatte, und befürchtete eine mittlere Katastrophe. Ich beschwor ihn mit Engelszungen, die Finger davon zu lassen, natürlich alles vergeblich. Grollend zog er sich in seine Dichterklause über dem mütterlichen Milchgeschäft zurück und war tagelang für niemanden zu sprechen. Begegnete man sich zufällig auf der Straße, sah er geistesabwesend mit verklärtem Blick durch einen hindurch, die Hände auf dem Rücken verschränkt. Patrick sagte grinsend: »Ja, merkt ihr denn das nicht, der wandelt doch schon längst in den Spuren unseres Ortsgenies Jöthe!« Schließlich tauchte er wieder auf, knallte mir sein Manuskript auf den Tisch und erklärte entschlossen: »Das isses!«

Er hatte die Sache sehr geschickt angepackt. Mit so viel begeisterten, aber ahnungslosen Amateuren konnten wir uns nicht an Aufführungen für Erwachsene wagen. Er hatte einfach ein altes Märchen erweitert und dialogisiert, so daß für jeden eine Rolle heraussprang, einschließlich meines kleinen Bruders Mischa, der in der Zwergengruppe mittanzen durfte. Natürlich hatte er sich die Hauptrolle als Prinz auf den Leib geschrieben, vor allem weil er da allerhand hübsche Hofdamen in seine Arme nehmen konnte und schließlich zum Happyend die Königstochter küssen durfte. Diese Rolle übernahm die attraktive rothaarige junge Ehefrau unseres Stadtjugendleiters, der bei den Proben mit zunehmendem Mißbehagen beobachtete, wieviel Gefallen seine Frau und Heinz an dieser Schlußszene fanden, die natürlich immer wieder geprobt werden mußte. Alle seine Versuche, sie zu einem Rollentausch zu bewegen, scheiterten an ihrem entschlossenen Widerstand.

Mir hatte Heinz, das war seine Rache für mein Mißtrauen, die Rolle des Berggeistes verpaßt. Der mußte grob und laut auftreten, hatte nicht viel zu reden, erschreckte alle Leute, und, was eine Gemeinheit war, vermutlich steckte Gisela dahinter, für den Berggeist gab es absolut nichts zum Küssen. Mein Antrag auf Zuteilung von mindestens einer Bergfee wurde hohnlachend abgeschmettert.

Es sollte eine Aufführung für Kinder werden, also keinerlei Ausweitung von Szenen, die mißverstanden werden konnten. Alle Beteiligten investierten viel Zeit und Arbeit in die Vorbereitungen der Premiere, weil wir, bedingt durch die allgemeine Notlage, praktisch alles selber machen mußten. Ob Dekoration, Kostüme oder Bühnenbeleuchtung, wochenlang wurde geplant, genäht und gebastelt, und wie durch ein Wunder brachten wir schließlich eine komplette Inszenierung auf die Beine. Es war auch interessant für mich, zu beobachten, wie sich bei dieser gemeinsamen Arbeit diese doch sehr verschiedenartigen jungen Menschen näher kamen und sich Freundschaften entwickelten. Ich denke, selbst diejenigen, die als Spitzel in unsere Gruppe eingeschleust worden waren, wurden angesteckt von dem allgemeinen Engagement und werden sich etwas schwerer getan haben, uns bei ihren Vorgesetzten in die Pfanne zu hauen.

Am Tag vor der Premiere mußte ich in die Kreisstadt fahren, um mit unserem Motorrad die kostbare monatliche Benzinzuteilung, zwei Zwanzigliter-Kanister, für den kleinen Vorkriegs-Opel abzuholen. Den hatte mein Vater als Gebrauchtwagen gegen viel Geld kaufen können, weil er als Landarzt eine Genehmigung dafür bekam. Wie verrückt diese Zeiten waren, zeigte sich auch daran, daß meiner Mutter eine Diebstahlsanzeige gegen ihren Mann auf den Tisch flatterte, als der es ein Jahr später wagte, mitsamt seinem Auto in den Westen zu fliehen. Er habe »Volksvermögen« gestohlen, hieß es da. Der Hinweis, daß er das Auto gekauft und voll bezahlt hatte, wurde als völlig unwichtig zurückgewiesen. Es habe sich dabei selbstverständlich um Allgemeingut gehandelt, er müsse deshalb streng bestraft werden. So verschoben sich die Perspektiven langsam aber unerbittlich von einer bürgerlichen in eine sozialistische Gesellschaft.

Ich fuhr an der Tankstelle vor, ließ die beiden Kanister vollfüllen und befestigte sie mit einem starken Draht rechts und links über dem Hinterrad. Das mit dem Draht sollte sich wenig später als segensreich erweisen. Benzin war damals noch schwerer zu beschaffen als Lebensmittel. Ich hatte diese Besorgungsfahrt schon einige

Male gemacht, froh meinem Vater bei seiner anstrengenden Arbeit ein wenig helfen zu können. Nach einem Motorradführerschein, den ich nicht besaß, fragte damals keiner, und noch jahrelang sollte das für die Polizei kein Thema sein. Daß ich auch im Krieg als Meldefahrer mit einer 500er Zündapp über Gebirgsschotterwege gehoppelt war, hätte mir aber bei einer eventuellen Kontrolle wenig geholfen. Nichts Böses ahnend, ratterte ich über das Kopfsteinpflaster in Richtung Heimat, als mir plötzlich zwei russische Soldaten mitten auf der Landstraße den Weg versperrten. Es war nicht ratsam, in so einer Situation Gas zu geben, zumal beide ihre Kalaschnikows auf dem Rücken trugen. Wenn man nicht als Held geboren worden war, was bei mir leider nicht zutraf, rutschte einem in einer solchen Situation das Herz in die Hose. Die Kerle wollten immer was, und zwar meistens nichts Gutes.

Was blieb mir anderes übrig, ich mußte anhalten. Jetzt erst bemerkte ich am Straßenrand einen Militärjeep der Roten Armee, in dessen Fond ein Offizier saß. Ich ließ vorsichtshalber meinen Motor laufen, aber vorerst blieb alles recht friedlich. Die beiden Soldaten redeten auf mich ein und hielten mir russische Geldscheine unter die Nase, mit denen ich als Deutscher sowieso nichts anfangen konnte. Ich verstand kein Wort, aber es war nicht schwer zu erraten, daß es die Kameraden auf meine Benzinkanister abgesehen hatten. Ihnen war der Sprit ausgegangen, und in mir sahen sie so eine Art fliegende Tankstelle. Der Verlust der Kanister hätte bedeutet, daß mein Vater eine große Zahl seiner Patienten in den verstreuten Dörfern wochenlang hätte im Stich lassen müssen, eine Katastrophe. Wegen der Entfernungen war das auch mit dem Fahrrad nicht zu schaffen, und im Tank des Motorrades blubberte die letzte Füllung. Für unsere übermotorisierte Gegenwart ist es nur noch schwer vorstellbar, aber die Realität von 1946 war, es gab bei uns keine einzige öffentliche Busverbindung, die zuverlässig und regelmäßig gefahren wäre. Die Besitzer von LKWs verdienten sich nebenbei ein Vermögen, weil sie Reisende auf ihre Fuhren aufsitzen ließen. Die Verkehrsverbindungen waren mehr als dürftig. Während ich mir den Kopf zerbrach, wie ich einen Ausweg aus dieser brenzligen Situation finden konnte, hatten die beiden Rotarmisten nach einem schroffen Befehl des Offiziers im Fond einfach damit begonnen, meinen Drahtverhau, der die Kanister zusammenhielt, aufzudröseln. Das konnte aber nur mit einer Schnabelzange funktionieren, und die lag in meiner Hosentasche. Ich überlegte fieberhaft. Es mußte doch eine Möglichkeit geben, meinen Sprit vor dieser Räuberbande zu retten. Mir fiel aber nichts ein, bis einer der Soldaten zurück zum Jeep ging, um sich dort eine Zange zu holen. Das war meine letzte Chance. Die Fichtel-Sachs war alles andere als ein Schnellstarter, schon überhaupt nicht mit den beiden schweren Kanistern am Hintern. Zu zweit hätten die glatt versuchen können mich festzuhalten, kräftig genug dafür sahen sie aus. Jetzt kramte der eine im Auto und der andere, halb abgewandt, sah ihm zu.

Da riskierte ich es einfach. Der Motor lief noch, der erste Gang war eingelegt, ich hatte nur ausgekuppelt und ließ jetzt den Kupplungshebel plötzlich los und gab Gas. Die Mecke machte einen kleinen Satz nach vorn und stotterte los. Nur jetzt nicht, aus lauter Angst, zu schnell zu viel Gas geben und damit den Motor abwürgen, dann war gleich Feierabend, nicht nur für heute. Ich zog langsam hoch, die Maschine gewann an Tempo und ich hörte hinter mir ein lautes wütendes Geschrei. Ich dachte noch, hoffentlich fangen die nicht an zu schießen. Heute hört sich das unglaublich übertrieben an, aber ich wußte leider nur zu genau, wie berechtigt meine Befürchtung war. Solche »Zwischenfälle«, die übrigens fast immer von den deutschen Ämtern vertuscht wurden, ereigneten sich nicht gerade selten. Für die Rote Armee als Besatzungsmacht galten, wie im Westen, nur ihre eigenen Befehle und Vorschriften. Sie schossen nicht, zu meinem Glück, sonst hätten sie mich, auf der hier freien Landstraße ohne Bäume und ziemlich geradeaus, wie ein Kaninchen wegputzen können. Ich jubelte innerlich, aber das dauerte nur Sekunden, denn dann hörte ich hinter mir einen Anlasser, und zwar einen, der ansprang. »Oh du gottverdammte Scheiße«, fuhr es mir durch den Kopf, »das kann doch nicht wahr sein, wieso springt diese verdammte Mistkarre an, wenn kein Sprit mehr im Tank ist?« Ich gab jetzt Vollgas, aber mit meinem lächerlichen 125 ccm-Motörchen kam ich gegen einen 6Zylinder-Jeep nicht an. Wenn die nur einmal voll ins Gas gingen, putzten sie mich glatt von der Straße. Jetzt begriff ich auch, warum die vorhin nicht geschossen hatten, die wollten mich unverletzt haben, das würde ihnen mehr Spaß bringen.

Wenn es möglich gewesen wäre, hätte ich jetzt beide Kanister freiwillig abgeworfen. Ich hörte, wie der Iwan hinter mir Gas gab, eben nicht Vollgas, um seine letzten Sprittropfen auszunützen. So würde er mich doch noch kriegen, nur noch ein, zwei Minuten, dann hatten sie mich. Im Film sind solche Szenen spannend, das Gute siegt, der Held bleibt cool, und alles freut sich. In Wirklichkeit zitterte ich so vor Aufregung und Angst, daß ich höllisch aufpassen mußte, um nicht im Straßengraben zu landen, sondern statt dessen wegen des Vorsprungs jede Kurve möglichst scharf zu schneiden. Es gab hier keine Hilfe und keine Rettung von außen. Das ist eine Situation, in der selbst ein Atheist ein Stoßgebet gen Himmel jagt. Das tat ich auch, und dann, plötzlich, wie einen engelsgleichen Fanfarenstoß, jedenfalls kam es mir so vor, hörte ich die erste knallende Fehlzündung knapp hinter mir. Ach, es knallte so schön, gleich noch mal, und mein Herz hüpfte vor Freude. Hallelujah, das war Musik in meinen Ohren. Ich war gerettet. Jetzt war ihnen der Sprit endgültig ausgegangen. Das war knapp gewesen – wie damals am See in meinem Schilfversteck. Gisela erzählte ich nichts von dem Zwischenfall. Die hätte mich nicht mehr auf das Motorrad gelassen oder bei jeder meiner Fahrten bis zu meiner Rückkehr Todesängste ausgestanden. Nein, es war besser, dieses Intermezzo so schnell wie möglich zu vergessen. Ich vermied es aber in den nächsten Wochen, dieselbe Strecke zu fahren, und ich achtete in Zukunft auch sehr sorgfältig auf vor mir liegende Streckenabschnitte.

Endlich war es so weit, Premiere unseres ersten gemeinsamen Theaterstücks. Im Saal blieb kein Platz frei, wir waren ausverkauft, es wimmelte von Eltern mit Kindern. Wie auch immer die Sache endete, der finanzielle Erfolg war uns sicher. Hinter der Bühne herrschte Hektik und Aufregung, allgemeines Geschnatter und leises Geschimpfe. Zwischen Dutzenden von Darstellern, die sich gegenseitig auf die Zehen traten, schritt gravitätisch der große Theaterdirektor auf und ab, letzte Anweisungen erteilend, schon im Prinzenkostüm glänzend und Bewunderung einfordernd, Heinz in seiner eigentlichen Hauptrolle als Autor, Regisseur und Inspirator. Er schwankte zwischen dem Genuß an dieser unwiederholbaren Situation und einem schrecklichen Lampenfieber, das nicht nur ihn schüttelte. Natürlich konnten wir erst mit erheblicher Verspätung anfangen. Die Prinzessin, ganz die große Diva, weigerte sich beharrlich, den ihr zugedachten Lippenstift für die Schminke zu benutzen, weil dessen Farbe nicht zu ihrem Teint passe. »Absolut und üüüüberhaupt, unmöööglich!« Dann stellte sich im letzten Augenblick heraus, daß unsere braven Elektriker völlig vergessen hatten, der wichtigsten Person des Abends, unserer Souffleuse, einen Lichtanschluß in ihren Kasten zu legen. Wir mußten endlich anfangen, das Publikum begann schon unruhig zu werden. Eine Taschenlampe half uns aus dieser Klemme.

Endlich, Vorhang auf, Musik (von Koffergrammophon und Schallplatte), Auftritt Heinz, Scheinwerfer – und ich glaube, keiner von uns Beteiligten, die alle das erstemal in ihrem Leben auf der Bühne standen und von diesem seltsamen, eindringlichen Verwandlungsprozeß gepackt wurden, konnte diesen Theaterabend je vergessen. Natürlich war es, mit kritischen Augen betrachtet, reines Laientheater mit allen seinen Schwächen, aber die Begeisterung und der Ernst, mit dem sich alle auf diesen Brettern engagierten, führte dazu, daß auch hier der berühmte Funke übersprang zu unserem Publikum. Ich beobachtete die Gesichter der Kinder, die förmlich eingesogen wurden von dem Geschehen auf der Bühne, und selbst die älteren unter ihnen und die Eltern waren so konzentrierte Zuschauer, daß ich Heinz ganz schnell heimlich Abbitte tat. Was er da weitgehend im Alleingang auf die Beine gestellt hatte, war wirklich ein Erfolg, und der blieb uns treu. Es gab rauschenden Beifall, viele Vorhänge, und was für das Selbstwertgefühl unserer Jugendgruppe und für unsere Kasse wichtig war, die Truppe wurde von Dorf zu Dorf zu Gastspielen eingeladen und tourte in den folgenden Wochen überall vor ausverkauften Sälen.

Es kam noch ein wichtiger Aspekt für uns hinzu. Dem Renommee unseres FDJ-Ortsverbandes war dieser Erfolg sehr dienlich, weil wir damit wieder mal zum Gesprächsthema wurden und sich bei der Landesjugendleitung herumsprach, daß wir neue Ideen ausprobiert und neue Mitglieder für uns gewonnen hatten. Wir führten, freiwillig und von uns aus, was damals ein absolutes Novum war, einen Teil unserer Kasseneinnahmen an die Landesjugendleitung ab, zur Unterstützung von anderen Jugendgruppen, die ärmer als wir waren. Das fiel uns, ehrlich gesagt, nicht so schwer, denn zu kaufen gab es für Geld in diesen elenden Zeiten ohnehin fast nichts. Wir brauchten dieses Ansehen, das wir uns bei denen »oben« erarbeitet hatten, dringend, denn es tauchte die nächste Klippe auf, die Bezirksdelegierten-Konferenz der FDJ. Bei dieser mußten wir inzwischen mit dem entschlossenen Widerstand der knochenharten SED-Anhänger in unserem Verein rechnen. Diesmal wußten unsere roten Jugendfreunde, was wir mit unserer Statutenänderung beabsichtigten, und würden uns kräftig einheizen.

Aber so ganz sicher schienen sie ihrer Sache doch nicht zu sein. Sie setzten schon im Vorfeld der Konferenz Himmel und Hölle in Bewegung, um uns dazu zu bringen, unseren Antrag auf parteipolitische Neutralität gar nicht erst einzubringen. Wir registrierten fast belustigt, daß unsere politischen Gegner eines offensichtlich fürchteten wie der Teufel das Weihwasser: eine offene, unzensierte, demokratische politische Diskussion in der Öffentlichkeit. Sie konnten uns jetzt nicht mehr mit ihren Lieblingsangriffen diffamieren, als »Halbfaschisten«, »verspätete Werwölfe« oder einfach »Hitleristen« oder »HJ-Sympathisanten«. Alle, die uns kannten, und das waren inzwischen zu viele, wußten aus eigener Erfahrung, daß wir das alles eben nicht waren, daß wir uns abarbeiteten, um eine liberale, offene und demokratische Jugendorganisation auf die Beine zu stellen. Aber ich begann zu ahnen, daß sie dieses Spiel nur genau so lange mitspielen würden, wie sie noch nicht ganz allein die Regeln bestimmen durften. Manchmal schoß mir auch der

Gedanke durch den Kopf, daß sie uns hier vielleicht nur noch so eine Art Gnadenfrist einräumten. Aber wir waren entschlossen zu kämpfen, und wenn es nicht anders ging, würden wir halt verlieren. Vorher wollten wir aber die anderen dazu zwingen, Flagge zu zeigen, damit sie jeder erkennen konnte.

Aus der Perspektive der späteren Jahrzehnte betrachtet, erscheint das als ein beinahe lachhaftes Verhalten, als wenn man eine Dampfwalze hätte aufhalten wollen. Doch wir waren alle sehr jung, und man muß den bei uns bis ins Mark reichenden Schock unserer Kriegs- und NS-Erfahrungen kennen, um unsere wilde Entschlossenheit zu begreifen. Wir wollten nie mehr schuldig werden, auch nicht durch Nichtstun, wie so viele vor 1945.

Es gab vom ersten Tag an zwischen uns ein gemeinsames Band, über das nie gesprochen wurde, weil es für alle an dieser riskanten politischen Arbeit Beteiligten eigentlich selbstverständlich war. Ohne diese uns alle verbindende Gemeinsamkeit wäre das gegenseitige Vertrauen, eine unabdingbare Voraussetzung für unser gewagtes Tun und Handeln, nicht möglich gewesen. Wir alle hatten einen gemeinsamen Erfahrungshorizont aus den zurückliegenden Jahren des Dritten Reiches. Das galt auch für die Frauen in unserem Kreis. Unser Leben bis zum Mai 1945 war von drei überwältigenden Eindrücken mit geformt worden: durch die in fast jeden Lebensbereich hineinwirkende Indoktrinierung durch die NS-Erziehung in Hitler-Jugend und Schule. Durch die sechs Kriegsjahre mit all ihren Begleiterscheinungen, auch für die Jüngeren unter uns, die nicht mehr an der Front eingesetzt worden waren. Schließlich durch alle Erlebnisse im eigenen Elternhaus, vor allem durch die dort geführten Gespräche. Wenn dieses Elternhaus sehr stark durch politische oder religiöse Überzeugungen im Gegensatz zum NS-Staat geprägt worden war, konnte es die Beeinflussung durch die beiden ersten Faktoren in einem gewissen Umfang neutralisieren.

In diesen beiden Nachkriegsjahren ereignete sich in vielen Köpfen unserer Generation eine erstaunliche Verwandlung. Als hätte jemand ein eisernes Tor aufgesprengt, dessen Vorhandensein wir während der zwölf Kinder- und Jugendjahre unter dem NS-Regime überhaupt nicht bemerkt hatten. Wir sahen plötzlich eine geistige Landschaft, von deren Existenz wir nichts geahnt hatten. Selten hatten Ältere uns über die Welt der Literatur, der Malerei, des Theaters und der Musik vor 1933 informiert. Viele hatte sich selbst auch damals schon von den tiefgreifenden künstlerischen Veränderungen seit dem Ende des 19. Jahrhunderts überfordert gefühlt. Der Geschmack unserer Eltern und Großeltern war maßgeblich von dem geprägt, was man später in Anlehnung an den schlechten Geschmack des letzten deutschen Kaisers »Wilhelminismus« nannte. Was die NS-Propaganda nach 1933 dem Volk dann als allein gültige Kunstauffassung diktierte, schloß sich meist fast nahtlos an diesen »Wilhelminismus« an. Beiden gemeinsam war die haßerfüllte Ablehnung aller modernen Kunstrichtungen. Wer sich als Zeitgenosse kritisch an die Jahre von 1933 bis 1945 erinnert, weiß, wie genau der NS-Geschmack dem Massengeschmack entsprach. Ein Dr. Goebbels war viel zu schlau, um diesem Affen nicht bei jeder Gelegenheit Zucker zu geben. Das ist wohl auch einer der gewichtigsten Gründe dafür, warum die Verbote und das Verschwinden aller modernen Kunstrichtungen im NS-Staat »das Volk« relativ unbeeindruckt ließen. Ich erzähle dies deshalb, weil es für alle später geborenen, inzwischen mit einer Sturzflut von Informationen überschütteten Generationen kaum vorstellbar ist, wie blind meine Generation in diese ersten Nachkriegsjahre hineinstolperte. Die alte, zwölf Jahre lang bereitwillig akzeptierte Vorstellungswelt explodierte stückweise, bis nichts mehr übrig blieb als Trauer und Wut über das, was da um uns herum und mit uns geschehen war.

Im Herbst 1946 gab es in Halle eine der ersten Gemäldeausstellungen von Künstlern, die während der NS-Zeit entweder verboten waren oder keine Gelegenheit bekamen, ihre Werke öffentlich zu zeigen. Damals wußte ich nicht, daß nur Maler, die Mitglied der Reichskulturkammer waren, die Berechtigung hatten, unter Vorlegen des Ausweises Farben, Leinwand und andere Materialien in Fachgeschäften zu kaufen. Wer diesen Ausweis nicht hatte, dem wurde sein wichtigstes Handwerkszeug vorenthalten. Das führte dazu, daß selbst Künstler, die mit dieser Diktatur gar nichts am Hut hatten, sich einen solchen Ausweis besorgten, damit sie arbeiten konnten. Hielt man sich nicht an die von der Reichskulturkammer genau vorgeschriebenen Kunstrichtungen, durfte man auch privat keine Bilder mehr verkaufen und mußte den Beruf wechseln.

Patrick, Heinz und ich hatten beschlossen, das Abenteuer dieses Ausstellungsbesuches erst einmal gemeinsam anzusteuern. Wir hatten keine Ahnung, was uns erwartete. Die Anzahl der Besucher in den Ausstellungsräumen konnte man an den Fingern abzählen. Die Menschen hatten damals andere Sorgen. Wir eigentlich auch, aber unsere Neugier war stärker. Was dann kam, war ein Schock. Wir standen vor den meisten Bildern wie der Ochse vor dem Scheunentor. Nach jahrelanger NS-»Kunsterziehung« waren wir völlig fassungs- und ratlos gegenüber dem, was uns hier als Kunst angeboten wurde. Eines war uns zwar klar: nicht die Bilder waren falsch, sondern unsere Seh- und Denkweise. Aber wie, um Himmels willen, sollte man an diese »Farbklecksereien«, wie sie andere Besucher nannten, herankommen? Wir tauschten leise unsere Meinungen aus, fanden einige wenige Bilder wegen ihrer Farbkombinationen eigentlich sehr schön, doch wie wir das »auf die Reihe bringen« sollten, wußten wir nicht. Aber manchmal gibt es Sternstunden, von denen sich erst später herausstellt, wie wichtig sie für das eigene Leben waren.

Ein älterer Herr, von uns lange unbemerkt, verfolgte diskret aus dem Hintergrund unseren Meinungsaustausch. Als wir bei einem für uns besonders unverständlichen Bild stehen blieben und diskutierten, sagte er leise und unaufdringlich: »Das ist einer unserer ganz Großen, lange völlig verkannt. Den Namen sollten Sie sich merken, für später. Das ist ein Bild von Ernst Ludwig Kirchner.« Wir merkten schnell, daß unser neuer Begleiter sich unter diesen Bildern wie ein Fisch im Wasser fühlte. Ungestört von den wenigen anderen Besuchern bekamen wir drei den ersten intensiven Nachhilfeunterricht in moderner Kunst. Das blieb mir immer unvergessen. Leise, ohne Besserwisserei, ohne Fachchinesisch versuchte er, uns die Augen für diese Kunst zu öffnen. Als er unser großes

Interesse bemerkte, holte er einen Bildband mit einem fremdsprachigen Text aus seiner Umhängetasche. Zum erstenmal in meinem Leben hörte ich den Namen Picasso. Die Abbildungen seiner Bilder faszinierten uns alle. Es war ein großer Sprung über die eigenen Vorurteile und das eigene Unverständnis vonnöten. Wir aber wollten springen, denn eines hatten wir inzwischen begriffen: Vor uns lag eine völlig neue Welt, eine Welt, die wir uns zu eigen machen mußten, wenn wir überleben wollten.

Man kann sich heute nicht mehr vorstellen, was das damals für uns bedeutete. 1946 schien uns die Zukunft völlig hoffnungslos. Keiner von uns wußte, was ihm der nächste Tag bringen würde, geschweige denn die nächsten Wochen und Monate. In Jahren, was heute völlig selbstverständlich ist, wagte keiner von uns vorauszudenken. Was uns die Zukunft bringen würde, wenn es uns erst einmal gelang, die Gegenwart zu überleben, das war nicht nur für mich, sondern auch für alle meine Freunde in dieser Zeit jenseits der Vorstellungskraft. Wir sprachen kaum darüber. Wir wußten alle, daß es in dieser sowjetischen Besatzungszone völlig spekulativ gewesen wäre, sich irgendwelche Vorstellungen von der eigenen Zukunft zu machen. Wir wußten noch nicht einmal, ob wir hier auf Dauer würden leben können.

Im Gegensatz zu den Zukunftsängsten der heute jungen Generation hatten wir aber auch keine Angst. Das ist heute nur noch schwer zu erklären. Am wichtigsten war wohl, daß wir alle nicht mehr viel zu verlieren hatten. Die meisten waren Kinder von Flüchtlingen, die ohnehin schon alles verloren hatten. Die jungen Einheimischen, denen später die Entscheidung zur Flucht viel schwerer fiel, hatten aber auch schnell gemerkt, daß in dieser Besatzungszone und unter der SED-Herrschaft selbständiges oder gar kritisches Denken nicht gefragt waren. Für meine engsten Freunde, wie ich übriggebliebenes Rohmaterial von den Schlachtfeldern der letzten Kriegsmonate, war Zukunftsangst überhaupt kein Thema. Wir hatten lernen müssen, die eigenen Bedürfnisse auf ein Minimum zurückzuschrauben, um zu überleben. Wir hatten erstaunt festgestellt, wie wenig ausreicht, um zu existieren. Das prägt. So bitter diese Erfahrung war, sie lehrte uns nachdrücklich, bescheiden in unseren Ansprüchen und Erwartungen zu sein. Das gilt vor allem für die 1946 etwa 20jährigen. Für die Älteren und auch für die Jüngeren sah es damals schon anders aus.

Solche Überlegungen und Gespräche galten ja nicht nur unserem persönlichen Schicksal, sondern auch dem politischen Gebilde, in dem wir lebten und das früher einmal »Deutschland« genannt worden war. Was man heute für so selbstverständlich hält wie Atmen, Essen und Trinken, diesen Staat, die »Bundesrepublik«, das war damals, 1946/47, nicht vorhanden. Bis 1945 hatte es ein »Großdeutschland« gegeben. Das hatte sich in ein im Osten amputiertes Nichts verwandelt, das nach vier verschiedenen Ordnungen von vier Besatzungsmächten regiert wurde, die ihre Zonengrenzen, wie zum Beispiel Frankreich, völlig willkürlich öffneten und schlossen. Gehungert wurde überall. Es gab aber einen entscheidenden Unterschied zwischen den drei West- und der einen Ostzone. Ab 1947 begann sich abzuzeichnen, daß sich die drei Westzonen mit ihren inzwischen gewählten Länderregierungen auf eine Art Zusammenschluß zubewegten. Dort ging es vorwärts in Richtung Demokratie, wie auch immer die dann aussehen mochte. Diesen Kurs bestimmten vor allem die Amerikaner, die als Besatzungsmacht in diesen Jahren bei der Bevölkerung ein heute unvorstellbares Ansehen genossen – bis hin zur schrankenlosen Bewunderung. Wir erfuhren von den Entwicklungen im Westen sehr wenig. Wir waren angewiesen auf Ostzeitungen wie die ›Tägliche Rundschau‹ oder ›Das neue Deutschland‹ und versuchten, uns ein Bild von der Zukunft der Ostzone zu machen, die wenigstens vorläufig unsere eigene sein würde.

Zu unserem Erstaunen merkten wir in diesem Herbst 1946, daß wir nicht mehr alleine waren. In der zwangsvereinigten SPD, jetzt SED, begann sich Widerstand zu regen. Die Genossen merkten, daß man sie über den Tisch gezogen hatte. Aber unsere große Überraschung waren die als »knallrot« geltenden FDJ-Betriebsgruppen, unter deren Lehrlingen wir Mitstreiter für unseren Antrag auf parteipolitische Neutralität der FDJ fanden, und zwar so viele, daß wir ihn, wenn auch nur mit einer hauchdünnen Mehrheit zur Annahme brachten. Darauf stellten unsere Gegner plötzlich fest, daß keiner von uns einen Mitgliedausweis der FDJ besaß. Um den Papierkrempel hatten wir uns nie gekümmert. Aber ihr Versuch, uns mit diesem Apparatschik-Trick auszumanövrieren, scheiterte, weil das vielen Delegierten doch zu dumm war.

Das alles geschah im Spätsommer und Herbst dieses Jahres. Je näher der von allen diesmal besonders gefürchtete Winter kam, desto eisiger wurde auch das politische Klima. Das Desaster der Oktober-Wahlen hatte die SED mobilisiert. Als wir auf der Landesdelegiertenkonferenz der FDJ, der vorletzten Entscheidungsstufe vor der Konferenz in Berlin, wo alle Länder der Ostzone vertreten sein würden, erneut mit unserem Antrag vorstießen, scheiterten wir schon im ersten Anlauf bei der Begründung. Man beschnitt uns das Rederecht, hatte die Tagesordnung geändert und attakkierte uns mit bisher noch nicht erlebter Aggressivität. Dabei wäre das alles nicht nötig gewesen, weil hier der harte rote Flügel über eine erdrückende Majorität verfügte. Patrick v. G., der diese Sorte Leute noch besser als wir kannte und ein ausgemachtes Schlitzohr sein konnte, fand einen wunderbaren Geschäftsordnungs-Trick, mit dem er wenigstens einem von uns das Rederecht verschaffte – begrenzt auf fünf Minuten, aber besser als nichts. Ich ging nach vorn, wußte, daß dies mit Sicherheit meine letzte Rede sein würde, daß wir verloren hatten, schwankte noch Sekunden zwischen Wut und Resignation, aber nur bis ich auf dem Podium stand. Dann fetzte ich los, sprach von der maßlosen Arroganz, den Bleiköpfen, der absoluten Unkenntnis der wirklichen Stimmung unter den jungen Menschen, dem rein taktischen Manövrieren auf fast allen Gebieten und zum Schluß von der absoluten Unfähigkeit, irgend etwas anderes als die eigene Weltanschauung gelten zu lassen. Es geht allerhand rein in fünf Minuten, wenn man keine Zeit mit Höflichkeitsfloskeln verliert.

Ich bekam, nach dem ersten Schreck im Publikum, jede Menge wütender Zwischenrufe und hinterher eisiges Schweigen, das von den paar wenigen Klatschern aus meiner Gruppe nur noch unterstrichen wurde. Nein, ich war kein Held, der Eindruck wäre völlig falsch. Ich war nicht so dumm oder so borniert, um mir hier eine lebensgefährliche politische Blöße zu geben, auf die meine Feinde nur lauerten, um mich abzuschießen. Nein, ich berief mich haargenau auf die Statuten der FDJ. Alles andere wäre nicht nur sinnlos, es wäre eine Art Selbstmord gewesen.

Einer auf dem Ehrenplatz am Vorstandstisch hatte mir sehr konzentriert zugehört, wie mir Patrick hinterher berichtete, weil ich ihn vom Rednerpodium aus nicht beobachten konnte. Das war der damals und auch noch lange Zeit später nicht nur in der Sowjetzone bekannte sowjetische Offizier Oberst Tulpanow. Ein mittelgroßer stämmiger Typ, mit breitem, flächigem Gesicht, und durch seine Spiegelglatze überall sofort kenntlich. Die Brust voller Kriegsorden, perfekt deutsch sprechend, war er in der russischen Besatzungszone so eine Art »Graue Eminenz«, mit erstklassigen Verbindungen zur SMA und auch nach Moskau. Tulpanow war innerhalb der am 6. Juni 1945 gebildeten Sowjetischen-Militär-Administration-Deutschland (SMAD), die bis April 1946 von Marschall Shukow, und dann bis März 1949 von Marschall Sokolowski geleitet wurde, neben dem Diplomaten Semjonow, dem Leiter der gesamten politischen Verwaltung, eine der wichtigsten Persönlichkeiten. Er leitete dort als Chef die Parteiaktivs, das ist der Kern der gesamten Parteiorganisation, er gehörte also zu den Spitzenfunktionären. Semjonow und Tulpanow waren wohl die beiden Persönlichkeiten, die am stärksten und nachhaltigsten die sowjetische Politik in der Besatzungszone bestimmten. Vor allem ist ihr Einfluß auf die ganze politische Entwicklung, auch auf die Block-Parteien und Organisationen überhaupt nicht zu überschätzen. Ob Zeitungen, Journalisten, Verlagswesen, Theater, Autoren, ob Rundfunk, Universitäten oder Jugendarbeit, überall erschien Oberst Tulpanow, parlierte und überwachte das Geschehen und war mit Sicherheit einer der am besten informierten Offiziere der SMA in Ostberlin. Er erfreute sich sogar einer gewissen Beliebtheit unter Intellektuellen, weil man mit ihm einerseits geistreiche Gespräche führen konnte und er andrerseits, wie auch auf unserem Kongreß, dafür sorgte, daß Sonderverpflegung ausgegeben wurde, was hier für an die 150 jungen Leute bedeutete, daß sie sich endlich mal wieder satt essen konnten. Natürlich scharwenzelten alle diese karrieregeilen Jungfunktionäre, von denen viele später einmal zur DDR-Elite gehören sollten, um den Herrn Oberst herum. Ich beobachtete so etwas eigentlich zum erstenmal und fand es deprimierend. Ich glaube, es war Patrick, der den Churchill-Satz zitierte: »Die Deutschen hast du entweder an deiner Gurgel oder zu deinen Füßen, wenn sie dir die Schuhe ablecken!« Ich wollte eigentlich nur noch raus, setzte mich dann aber doch erst mit meinen Freunden zusammen an einen Tisch, weil uns das gute Essen einfach zu sehr verlockte.

Dann plötzlich, darauf war ich nun wirklich nicht gefaßt, stand der Glatzkopf an unserem Tisch, begrüßte uns freundlich, winkte mich an seine Seite und ging mit mir an eines der Fenster in unserem Speiseraum. Dann bedeutete er seinem ihn umschwänzelnden Anhang, uns alleine zu lassen. Ehrlich gesagt, ich war jetzt doch etwas durcheinander. Die Rede hatte mir schon einiges abverlangt, die ganze Atmosphäre hier war uns feindlich gesinnt, ich hatte das Gefühl, höllisch aufpassen zu müssen, damit uns kein Fehler unterlief. Es schien aber alles ganz harmlos zu sein. Der Oberst fragte nicht mal nach meinem Namen, kannte ihn also, wußte, daß ich in einer Fabrik arbeitete, und erkundigte sich ziemlich eingehend nach der Art unserer Arbeit in der Jugendgruppe. Dann wollte er etwas über meine Zukunftspläne wissen. Ich erzählte natürlich nichts von meinen Berliner Erfahrungen, sondern nur von den Schwierigkeiten, eine Volontärstelle bei Zeitung oder Rundfunk zu bekommen. Das ganze Gespräch dauerte keine zehn Minuten, dann wünschte er mir viel Glück und verabschiedete mich. Patrick begrüßte mich an unserem Tisch mit dem Satz: »Na, Towaritsch Ulrich, hat er gefragt, warum du deine schöne Rede nicht auf russisch gehalten hast, und daß man diese Sprache wunderbar in Sibirien lernen kann. Genosse Frodien, wie wär's mit einer Gratiskarte nach Workuta?«

Alle lachten, und keiner von uns ahnte, daß in nicht so ferner

Zukunft unser Freund Patrick wegen Spionage für den damaligen Vorläufer des Bundesnachrichtendienstes in Pullach, die Organisation Gehlen, zusammen mit seiner Mutter vor einem sowjetischen Militärgericht landen würde, das beide zum Tode verurteilte. Kurz vor ihrer Hinrichtung »begnadigte« man sie zu 25 Jahren Zwangsarbeit in Sibirien, und beide landeten im GULAG, im Lagergebiet von Workuta. Viele Jahre werden ins Land gehen, bis an einem schönen Münchner Sommertag im Jahre 1956 heftig an meiner Wohnungstür geklingelt wird. Als ich öffne, an der Hand meinen gut zwei Jahre alten Sohn Patrick, den ich nach einem vor langer Zeit verstorbenen guten Freund auf diesen Namen hatte taufen lassen, steht ein abgerissener, ausgezehrter Landstreicher vor mir, dessen Zuchthäuslerhaarschnitt auch nicht gerade Vertrauen erweckend wirkt. »Ulli«, sagt der leise und an der Stimme erkenne ich ihn sofort wieder, »Patrick, Menschenskind, wo kommst denn du her, ich denke, du bist schon lange tot?« Wir liegen uns in den Armen, und auf einmal sind zehn Jahre wie ein Tag. Er hatte alles überlebt, auch seine Mutter war entlassen worden. Kann sich ein Mensch vorstellen, was es für einen kräfteverzehrenden Hürdenlauf braucht, eine Unperson, deren einziges Ausweispapier aus dem Entlassungsschein aus dem DDR-Zuchthaus Bautzen besteht, in eine bundesrepublikanische bürgerliche Person zurückzuverwandeln? Wir waren fünf Wochen lang, jeden Tag von morgens bis Feierabend von einer Amtsstube zur anderen unterwegs. Mein ganzer Urlaub ging drauf. Dann hatten wir das Gröbste geschafft, er konnte wieder anfangen, ein normales Leben zu führen.

Aber das alles lag damals noch tief verborgen in unserer Zukunft, von der keiner aus unserem Freundeskreis ahnte, wohin sie ihn tragen würde. Auch Heinz nicht, dem es später buchstäblich in letzter Minute, gewarnt von einem Freund, gelang, sich über die Zonengrenze nach Westen in Sicherheit zu bringen, und der mich im Sommer 1950, als ich in der Bonner Redaktion für die ›Süddeutsche Zeitung‹ arbeitete, ähnlich überraschend besuchte. Nach einigen Umwegen wurde schließlich ein ganz seriöser Kriminalbeamter in Schleswig-Holstein aus ihm.

Gut, daß wir das alles an diesem Abend nach dem Kongreß, als wir in meiner Bude hockten und unsere Niederlage mit viel Wodka begossen, nicht wissen konnten. Vorläufig beschäftigte uns die Frage, ob und wenn ja, wie wir jetzt weiter handeln sollten. Und noch ein Thema beschäftigte uns, der bevorstehende Winter, den nicht nur wir fürchteten, weil er, wenn es richtig kalt werden sollte, zu einer Katastrophe werden konnte.

Von der Arbeit in einer Sowjet-AG, einem mörderischen Winter und Frauenangst

Mit Hilfe eines Bekannten gelang es meinem Vater im Spätherbst, einen der sehr begehrten Ausbildungsplätze in der Lehrwerkstatt der Buna-Werke in Schkopau für mich zu ergattern. Ich fing im November an als Ingenieur-Praktikant für Maschinenbau, wie das so schön hieß, was ich nie werden wollte. Aber meine Eltern waren so glücklich, mir diese große Chance ermöglicht zu haben, daß ich es einfach nicht wagte, sie zu enttäuschen. Ich hatte von ihrer Seite so viel Hilfe und Unterstützung erfahren, auch so viel Verständnis bei allen meinen fehlgeschlagenen Versuchen, in einer Redaktion arbeiten zu können, daß ich es jetzt einfach nicht übers Herz brachte, ihnen beizubringen, daß ich wahrscheinlich für diesen Beruf völlig ungeeignet sein würde. Es hätte noch eine Alternative gegeben. Patrick, ebenso wie ich von der Oberstufen-Schulbank weg zur Wehrmacht, meldete sich für einen Heimkehrer-Kursus an, mit dem man das Abitur nachholen konnte, und wollte mich unbedingt mit dabeihaben. Das war eine Horrorvorstellung für mich, die noch bedrohlicher war als die Fabrikhalle, weil ich von dem ganzen jahrelang angepaukten Schulwissen nur noch Rudimente im Kopf hatte. Vor allem fürchtete ich Mathematik, Physik und Chemie, Fächer, bei denen ich das Gefühl hatte, mein Wissen gleiche einem Schweizer Käse. Sehr viel mehr Löcher als Substanz. So saß ich ziemlich deprimiert auf meiner Bettkante und hatte die Wahl zwischen Skylla und Charybdis. Nur war ich leider kein Odysseus.

Der Krach in der Halle war ohrenbetäubend. Während in der einen Ecke in riesigen Kesseln mit Preßluftmeißeln Schweißnähte geglättet wurden, kreischten in einer anderen Metallsägen, die sich durch Stahlstangen fraßen, schwere Schmiedehämmer bearbeiteten rotglühende Werkstücke, dazu das Motorengeheul der Werkbänke, das immer wieder von dem Gejaule eines fehllaufenden Stahlstiftes unterbrochen wurde. Über allem ein undefinierbarer Gestank nach altem Motorenöl, Isoliermaterial, Teer und Chemie, und dazwischen als einer von hundert Lehrlingen, die in der riesigen Halle herumwerkelten, ich, der jüngste Stift. Nicht dem Alter nach, aber das war nur eines meiner Probleme. Alle anderen waren zwischen 14 und 17. Was uns trennte, waren weniger die Jahre als meine völlig anderen Erfahrungen als Soldat an der Ostfront. Ich war längst erwachsen. Kam erschwerend hinzu, daß sie mir fachlich fast alle überlegen waren, vor allem diejenigen, die schon im zweiten oder dritten Lehrjahr waren. Wir kamen aber erstaunlich gut miteinander aus, und keiner machte eine blöde Bemerkung, wenn ich verbissen stundenlang an meinem verdammten Eisenwürfel herumfeilte, den ich – ein typischer Anfänger-Bewährungsauftrag – auf völlig gleiche Kantenlänge bearbeiten sollte. Als nach neun Stunden Feilerei das Miststück zwar wesentlich kleiner geworden war, aber die Kantenlängen immer noch nicht übereinstimmten, hätte ich am liebsten die ganze Halle in die Luft gesprengt. Ich merkte aber, daß ich sehr genau beobachtet wurde. Man wollte prüfen, ob ich mich diesem begehrten Ausbildungsplatz würdig erweisen würde. Also biß ich die Zähne zusammen und feilte tagelang vor meinem Schraubstock stehend, bis der einst große Würfel nach einer Woche Schrumpfkur kaum mehr zu sehen war. Meine Schublehre zeigte immer noch differierende Kantenlängen an. Am Samstag mittag, kurz vor Feierabend, kam der Werkmeister, dem ich zugeteilt worden war, grinste und sagte: »Ganz gut, Sie können aufhören, Montag fangen Sie richtig an. Übrigens schafft es fast kein Lehrling beim ersten Mal, 12 Kanten auf gleiche Maße zu bringen.«

Ich war erledigt. Nach der ungewohnten Dauerbelastung taten mir alle Knochen einzeln weh, vor allem der zerschossene Oberschenkel mit dem genähten Muskel machte sich unangenehm bemerkbar. Noch im Traum feilte ich an imaginären Riesenblöcken herum, die mich zu erdrücken drohten, und meine Eltern erwarteten sich begeisterte Berichte von dieser tollen Ausbildungschance. Kein Wunder, daß ich immer weniger ansprechbar wurde und nur noch meine Ruhe haben wollte. Daß ich diesen Anfang und die folgenden Monate durchgehalten habe, für dieses Wunder gibt es einen Namen, Gisela. Ohne ihre Hilfe hätte ich wahrscheinlich doch aufgegeben. Was bisher eher noch Spiel und schwebendes Glücksgefühl gewesen war, vertändeltes Hin und Her, das wurde jetzt fast von einem Tag auf den anderen zur ernsten Belastungsprobe. Die Schufterei in der Fabrik forderte mich bis an meine Grenzen. Warum das so war, das ahnte ich damals zu meinem Glück noch nicht. Diese Hiobsnachricht kam später.

Mit Beginn des Winters, als Ende Dezember die große Kälte einsetzte, begannen die Lebensverhältnisse in der Sowjetzone fast unerträglich zu werden. Die Rationen auf die Lebensmittelmarken wurden immer kleiner, und oft genug konnten selbst die nicht ausgeliefert werden. Wenn man dann noch körperlich arbeiten mußte, wurde das nagende Hungergefühl zum Dauerbegleiter. Holte mich Gisela abends an der Haltestelle des Werkbusses ab, trug sie einen »Henkelmann« in ihrer großen Tasche, in dem sie mir inzwischen bei sich zu Hause ein warmes Essen hergerichtet hatte. Ich weiß nicht, wie sie das jeden Tag schaffte, aber sie war immer da. Jetzt wurde sogar im Arzthaushalt meiner Eltern gehungert. Gisela und ich saßen dann zusammen in meiner winzigen Bude und waren glücklich. Ihr brauchte ich nichts vorzuspielen, sie war sehr interessiert daran zu erfahren, wie es in diesem Riesenbetrieb zuging und was in der Ausbildung verlangt wurde. Es gab natürlich auch viel zu wenig Heizmaterial, Holz ohnehin nicht, und unsere Kohleration bestand aus völlig zerkrümelten Braunkohleresten. Die packte ich in dicke Zeitungslagen der ›Täglichen Rundschau‹, die vorher angefeuchtet wurden. Das gab eine Art Notbriketts mit minimalem Heizwert. Wirklich warm war es eigentlich nur im Bett, wenn wir uns gegenseitig wärmten. War ich allein, trug ich Wollsocken, eine lange Unterhose, ein Unterhemd und darüber einen Pullover und zog mir meine alte Pelzmütze über die Ohren. Das war mein »Schlafanzug«, Wintermode 1946/47, und so sah es nicht nur bei mir aus. Anfang Januar wurde es so barbarisch kalt, daß ich morgens um 3 Uhr 30, wenn ich aufstand, mit dem Messerrücken die Eiskristalle von der Wand oberhalb meines Bettes abkratzen konnte. Das war die Außenmauer des Hauses. Ich mußte so zeitig raus, wenn ich mit dem ersten Werkbus zu Buna gefahren werden wollte. Nur dann durfte ich nach Feierabend auch wieder mit dem ersten Werkbus zurück nach Hause fahren, und da wartete dann schon Gisela. Hätte ich morgens länger geschlafen, wäre mir auch abends nur der später fahrende Bus geblieben, und ich hätte kostbare Abendstunden mit ihr versäumt.

Wenn ich so früh in der Dunkelheit durch den Schnee die ausgestorbenen Straßen entlang schlich, im Magen Giselas Pfefferminztee aus der Thermosflasche und einige Scheiben trockenes Brot mit »Pflanzenaufstrich«, im Kopf die Aussicht auf neun Stunden Schwerarbeit, dann tröstete mich nur der Gedanke, daß das alles immer noch sehr viel besser war als Krieg und Flucht. Dabei war schon die Busbenutzung ein Privileg. Die Erlaubnis dazu bekam ich von der Werksleitung nur, weil ich Schwerkriegsbeschädigter war. Sonst hätte ich mich wie Tausende von Buna-Arbeitern jeden Morgen in die völlig überfüllten, eiskalten und meist unpünktlichen Werkzüge quetschen müssen. Ich glaube nicht, daß sich heute noch jemand eine realistische Vorstellung davon machen kann, unter welchen Verhältnissen die Menschen damals bei uns zu überleben versuchten. Viele schafften es nicht. Die Alten und die Kinder starben wie die Fliegen, und wenn ich meinen »Mentor« traf, den dürren Totengräber, dann fluchte der zum Steinerweichen, weil er dauernd neue Gräber ausheben mußte und der Boden knochenhart gefroren war. Ich hatte ihn immer im Verdacht, daß er kleine Kinder deshalb so gerne mochte, weil ihm die beruflich die wenigste Arbeit machten. Es war wirklich ein mörderischer Winter damals 1946/47, und ich habe in meinem ganzen langen Leben weder vor- noch hinterher jemals so gottserbärmlich gefroren wie in diesen Monaten. Meine Eltern stopften gepreßtes Stroh und alte Stoffballen zwischen die Fenster und die Läden, die sich dann natürlich nicht mehr öffnen ließen. Man begnügte sich pro Zimmer mit einem halben Fenster Tageslicht. Unregelmäßige Stromsperren sorgten dafür, daß wir wie im Mittelalter das Herdfeuer in der Küche als familiären Mittelpunkt betrachteten, um den sich abends nicht nur die Familie, sondern auch ihre Besucher versammelten. Eine weitere Möglichkeit, sich (scheinbar) aufzuheizen, bestand im Genuß von Alkohol, den es in der Sowjetzone, anders als im Westen, wegen der russischen Vorliebe für harte Getränke auch für Deutsche gab. Zwar zu Schwarzmarkt-Preisen, aber sogar der Wodka war erschwinglich. Ich erinnere mich an Abende bei der Familie von G., deren berühmte baltische Gastfreundschaft und Trinkfestigkeit uns das ganze Elend um uns herum gelegentlich einfach vergessen ließ. Sie waren seit Kriegsende ohne jede Nachricht von Patricks jüngerem Bruder, der beim RAD in Polen wahrscheinlich umgekommen war. Es gab damals fast keine Familie in Deutschland, die nicht von den Folgen des Krieges unmittelbar betroffen war.

Ganz anders als später, vor allem nach dem tiefen Einschnitt der Währungsreform im Juni 1948, bestimmten die eigenen Erlebnisse und Erfahrungen aus dem Zweiten Weltkrieg in diesen beiden ersten Nachkriegsjahren unser Denken, unser Handeln und unsere Gespräche. Das hatte wenig gemeinsam mit den Stammtischberichten in den 50er und 60er Jahren, als so viele verkannte ältere Heldenfiguren mit ihren Kriegserlebnissen renommierten, für die der schöne Spruch des alten Obergefreiten von der Ostfront galt: »Weit vom Schuß macht alte Krieger!« Wir 20 Jährigen damals versuchten einen behutsamen Erfahrungsaustausch untereinander, über die falschen Ideale und entsetzlichen Irrtümer ebenso wie über die Frage, wie schuldig wir uns gemacht haben. Hatten wir eine Mitverantwortung für den Krieg und den NS-Terror, weil wir begeisterte Führer der Hitler-Jugend gewesen waren und uns freiwillig gemeldet hatten? Hätte man sich diesem System verweigern müssen, vorausgesetzt, man hätte es rechtzeitig als falsch erkannt?

Wir haben über diese Fragen nur im kleinen Kreis diskutiert. Ich erinnere mich gut an ein langes Gespräch auf meiner winzigen Bude mit Heinz B. und Patrick von G. in diesem knochenbrechend eisigen Winter. Patrick machte den Vorschlag, jeder von uns sollte doch einfach ohne Rücksicht auf die Möglichkeiten seines eigenen Erfahrungsbereiches erzählen, wie man sich dem Zugriff des NS-Regimes hätte entziehen können, wenn man das gewollt hätte. Das war nicht leicht zu beantworten, nachdem unser aller Führer bei Kriegsbeginn erklärt hatte, jeder Deserteur müsse wissen, daß ihm der Tod durch ein Erschießungskommando sicherer sei als der an der Front. Es wurde eine lange Nacht, eine von vielen, in denen wir uns auf der Suche nach einem Weg herumtasteten, der in der Vergangenheit richtig für uns gewesen wäre und uns heute weiterführen könnte. Ich habe mir damals Aufzeichnungen auch über die Geschichten von Patrick und Heinz gemacht, die auf meiner Flucht verlorengingen, aber ich erinnere mich an die Geschichte, die ich selbst erzählen konnte. Nein, es war nicht meine eigene.

Ich war damals im Winter 1943/44 in Polen noch viel zu »NS-vernagelt«. Ein anderer hat mir damals seine Überlebenstaktik vorexerziert. Der hatte mit den »Nazis«, wie er sie nannte, nichts am Hut. Es war ein Österreicher. Ich entdeckte das Geheimnis dieses echten Schwejk, der aus Wien stammte, nur durch Zufall. Es war in einem Lager des Reichsarbeitsdienstes in Schwersenz im besetzten Polen. Wenn der Mann sich irgendjemandem im Lager näherte, ergriffen alle fluchend die Flucht. Vom Kommandeur bis zum jüngsten Arbeitsmann schlugen alle einen großen Bogen um ihn. Das hatte seinen Grund. Er roch nicht nur, er stank bestialisch nach Scheiße. Seine Aufgabe war es, die großen offenen Latrinen des Lagers regelmäßig zu leeren. Das tat er zuverlässig. Weil man ihn nicht in einer der Gemeinschaftsbaracken unterbringen konnte, hauste er in dem Stall, in dem auch die vier Esel für das Tankwagengespann waren, mit dem der Latrineninhalt abtransportiert wurde. Niemand wußte genau, wie er eigentlich aussah, wie alt er war, zu welcher Abteilung er gehörte. Er war der stinkende Unbekannte. Er interessierte uns auch nicht. Er lebte innerhalb des normalen Dienstbetriebes die Existenz eines Paria. Gemieden und verachtet, bestenfalls ausgelacht. Tauchte er, während wir antraten, am Rande des Appellplatzes auf, schlug eine Welle von Spott und Hohn über ihm zusammen. Er ertrug das gleichmütig ohne erkennbare Reaktion.

Eines Vormittags, als das Lager bis auf die Wache am Eingang praktisch leer war, weil alle Mann zu einem Sondereinsatz abgezogen waren, schlenderte ich am Lagerzaun entlang. Ich hatte Küchendienst diese Woche, mußte um drei Uhr früh aufstehen, die riesigen Kochkessel anheizen und dann stundenlang mit einer Art Paddel die Grießmilchsuppe umrühren, damit sie nicht anbrannte. Das war Schwerarbeit. Dafür hatte ich ab zehn Uhr frei bis zum Nachmittag. Ich war auf dem Weg zur Materialausgabe, der am Eselsstall vorbeiführte. Der Wind kam aus Richtung des Stallgebäudes. Ich traute meinen Ohren nicht, als ich mich der Rückwand des Stallgebäudes näherte. Kein Zweifel, da war Musik, kaum vernehmbar, ganz leise, unverkennbar Jazz. Unverkennbar streng verbotener, im NS-Staat seit elf Jahren geächteter Jazz. Ich schlich lautlos an die Stalltür. Als ich sie vorsichtig öffnete, quietschte es vernehmlich. Es stank erbärmlich dort. Im Stallgang wandten mir die Esel neugierig ihre Köpfe zu. Da kam der Mann schon blitzschnell die Leiter vom Heuboden heruntergerutscht, erschrocken, aber auch erkennbar wütend.

»Hau sofort ab, Befehl, hier darf niemand rein, Seuchengefahr. Wenn du nicht auf der Stelle verschwindest, mache ich Meldung!« Normalerweise hätte ich jetzt den Rückzug angetreten. Er hatte aber in seiner Aufregung vergessen, sein Radio abzustellen. Den Sender kannte ich nur zu gut aus meiner Internatszeit in Liegnitz. Es war der englische Propagandasender »Calais«, speziell für deutsche Soldaten. Die Engländer kannten unsere Vorliebe für den verbotenen Jazz genau und unterfütterten ihre Meldungen mit entsprechender Musik vom feinsten. Sie hatten großen Erfolg damit. Das wußte die Gestapo. Wer beim Abhören von »Feindsendern« erwischt wurde, landete unweigerlich im Zuchthaus, wer die Meldungen weitererzählte, wurde zum Tode verurteilt.

Ich sah ihn an, grinste und sagte: »Das war eben Duke Ellington, oder?« Er stutzte, lächelte ein wenig, blieb aber sehr mißtrauisch.

Jetzt sah ich erst, daß der Kerl nicht viel älter war als ich. Wir kamen ins Gespräch. Er wußte natürlich, daß ich ihn in der Hand hatte. Ich sagte ihm, ich würde »dichthalten«, er solle nur auf der Stelle die »gräßliche Negermusik« ausschalten, einfach widerlich! Dann lachten wir beide. Er war mir trotz seiner schrecklichen Ausdünstung und seiner völlig verdreckten Aufmachung auf Anhieb sympathisch. Wir stellten fest, daß wir beide »abgebrochene Oberschüler« waren und vieles gemeinsam hatten. Nur über Politik waren wir uns nicht einig. Aber wir redeten weiter. Er erklärte mir in seinem für preußische Ohren so weich und musikalisch klingenden Wiener Dialekt, mir fehle es einfach an politischem Durchblick. Man hätte uns schon unter Maria Theresia, spätestens aber 1866 bei Königgrätz zu Hölle schicken sollen. Ich hörte ihm zu, merkte, daß es ein hochintelligenter Kerl war, der viel mehr gelesen hatte und viel mehr wußte als ich. Natürlich wollte ich ihm erklären, warum ich Kriegsfreiwilliger war. Er sagte resigniert: »Mein lieber Preußenfreund, das wirst du noch bitter bereuen, vorausgesetzt, daß dir dafür Zeit bleibt, bevor sie deine Reste im Massengrab versenken.« Kein halbes Jahr später ging mir auf, wie recht er gehabt hatte.

Später, als er merkte, daß ihm von mir keine Gefahr drohte, stellte sich heraus, er gehörte zu dem unglücklichen Jahrgang 1922, war also bei Kriegsbeginn 17. Von diesen Jahrgängen war im fünften Kriegsjahr kaum einer übrig geblieben. Am Tag meiner Entlassung aus dem Arbeitsdienst, als ich mich von ihm verabschiedete, erfuhr ich noch mehr, denn inzwischen hatte er Vertrauen zu mir gewonnen. Er wollte überleben. Er stammte aus einer katholischen Wiener Bürgerfamilie. Sein Vater war 1938 von den Nazis verhaftet und eingesperrt worden. Er war deshalb ein viel entschiedenerer Gegner des Regimes, als er bisher mir gegenüber zugegeben hatte. Als er vier Jahre vorher hier gelandet war und Freiwillige für die Latrinenarbeit gesucht wurden, erkannte er seine Chance. Keiner wollte diese Drecksarbeit übernehmen. Zwangsarbeiter durften sie nicht machen, weil sie sich dazu frei und unkontrolliert im ganzen Lagerbereich bewegen mußten. Man war da auch für die Abfallbeseitigung zuständig. Seine Rechnung ging auf. Als alle seine Jahrgangskameraden nach und nach eingezogen wurden, durfte er als einziger bleiben. Er war unersetzlich geworden. So zog Jahrgang auf Jahrgang an ihm vorüber. Er blieb.

Am gefährlichsten war die regelmäßige militärische Pflichtuntersuchung der verbliebenen RAD-Angehörigen auf ihre »Frontdienstverwendungstauglichkeit«. Jeder mußte splitterfasernackt vor der Ärztekommission erscheinen. Er war kerngesund und wäre von diesen Todesengeln in Ärztekleidung auf der Stelle als »tauglich für alle Waffengattungen« geschrieben worden. Um das zu verhindern, schmierte er sich vor der Untersuchung Achselhöhlen, Füße und Haare mit einer Mischung aus Kot und Urin ein. Er stank so fürchterlich, daß ihn schon die Sanitäter am liebsten aus der Untersuchungsbaracke geschmissen hätten. Das besorgten dann die nicht gerade für ihre Intelligenz bekannten RAD-Mediziner mit Unterstützung des Lagerkommandanten, der seinen Latrinenfahrer behalten wollte. Später wurde er sogar »u.k.« (unabkömmlich) gestellt und schaffte es, bis ins fünfte Kriegsjahr zu überleben.

Auf dem Heuboden über dem Stall hatte er sich ein gemütliches kleines Zimmer zusammengebaut mit Bücherregal, Bett, Arbeitstisch und sogar einem Polstersessel. Für das elektrische Licht und das Radio hatte er einfach die Stromleitung des Lagers angezapft. Nach außen hin war das Ganze durch schwere Heuballen getarnt. Niemand konnte ahnen, daß sich dahinter eine solche Fluchtburg verbarg. Sie war nur über eine Holzleiter erreichbar, die man leicht einziehen konnte. Unten hatte er einen im besten spartanischen RAD-Stil eingerichteten Übernachtungsraum, den er nie benutzte. Die größte Angst hatte er nicht vor dem Erwischtwerden, sondern vor Feuer. Da hätte er im Heuschober in der Falle gesessen. Deshalb hatte er sich das Rauchen abgewöhnt, und neben dem kleinen, gut isolierten eisernen Ofen standen immer zwei gefüllte Wassereimer. So viel Überlebenskunst machte mich ganz sprachlos. Er hat mich, obwohl ich damals nicht seiner Ansicht war, sehr beeindruckt. Wir verabschiedeten uns, wie im letzten Kriegsjahr üblich: »Mach's gut und bleib übrig!« Ob er überlebt hat, weiß ich nicht. Gewünscht hätte ich es ihm.

Ein Höhepunkt der Frostperiode war erreicht, als mir beim morgendlichen Weg durch die finsteren Straßen plötzlich die Schnürsenkel, wie zerspringendes Glas klirrend, aus den Ösen der Schuhe heraussprangen. Sie waren aus Kunststoff, der bei Buna produziert wurde und nur bis zu bestimmten Minusgraden zu gebrauchen war. Der Busfahrer half mir zunächst mit einem Stück Papierschnur. Die wirtschaftliche Situation in der Ostzone näherte sich einer Katastrophe. Später wurde errechnet, daß die Sowjetunion allein aus ihrer Besatzungszone und auch noch später aus der DDR, Reparationen in Höhe von 14 Milliarden Dollar herausquetschte, obwohl sie als ursprünglichen Anspruch, gegenüber Gesamtdeutschland, bei den Westalliierten nur 10 Milliarden Dollar angemeldet hatte. Historiker haben errechnet, daß dies die höchsten Reparationen waren, die je im ganzen 20. Jahrhundert von einem Staat bezahlt werden mußten. Entsprechend gestalteten sich die Lebensverhältnisse. Wie 200 andere Großbetriebe hatte die SMA auch die Buna-Werke einfach in eine Sowjet-AG »umgewandelt« und die eigentlichen Leitungs- und Überwachungsfunktionen mit ihren Ingenieuren und Spezialisten besetzt. Für uns bedeutete das praktisch die Einführung des sowjetrussischen Arbeitsrechts für unsere Arbeitsplätze. Solche »degenerierten westlichen Errungenschaften« wie Mitbestimmung, frei gewählte oder gar unabhängige Betriebsräte, Tarifverhandlungen oder gar Streiks waren damals indiskutabel. Was es statt dessen gab, war eine ganz seltsame Mischung, deren genaue Zusammensetzung nicht nur mir gelegentlich Rätsel aufgab. Die Arbeiter dieser Sowjet-AG waren zwar Deutsche, aber weil sie Arbeiter waren, gehörten sie zur Klassenelite. So gab es für sie eine Reihe kleiner Vergünstigungen, etwa bessere Verpflegung in der Betriebskantine, Sonderzuteilungen von Benzin an der werkseigenen Tankstelle, gelegentliche Verteilung von Kleidung und Schuhen für die Arbeit und Freßpakete für Bestarbeiter. Aber es gab auch die sowjetischen Arbeitsnormen, die kaum zu schaffen waren, eine nie nachlassende Drohkulisse. Es gab eine für die damaligen Verhältnisse erstaunliche Gesundheitsfürsorge für die Arbeiter im Werk und gleichzeitig eine völlig vernachlässigte Unfallvorsorge in unseren technischen Anlagen. Das wichtigste Gesetz, das über allem stand, war die Normerfüllung, von der wir als Lehrwerkstatt zu unserem Glück noch relativ wenig betroffen waren.

Nicht nur ich lief in diesen Wochen mit hängenden Schultern herum. Wenn ich meinen Freund Heinz traf, hielt er mir melancholische Vorträge über die Absurdität unserer Existenz. Was war da passiert? Schließlich holte ich es mit Hilfe von sehr viel Wodka aus ihm heraus. Er hatte sich verliebt. Was mir sonst ein Anlaß gewesen wäre, ihm zu gratulieren oder ihn auch ein wenig mit ironischen Bemerkungen zu necken, ließ mich jetzt ratlos zurück. Wie ein Gespenst, das wir niemals loswerden würden, war sie wieder da – unsere Vergangenheit, der verdammte Krieg. Die Frau, um die es ging, war ein wenig älter als Heinz, hatte im Krieg geheiratet und keine Kinder. Ihr Mann war im Sommer 1944 als an der Ostfront vermißt gemeldet worden. Ihr Schicksal teilte sie damals mit vielen Zehntausenden von Ehefrauen, aber das machte es keinen Deut leichter für sie.

Wie schon manches aus diesem Krieg ist diese menschliche Katastrophe in Vergessenheit geraten, obwohl sie das Leben unzähliger Frauen zerstört hat. Ich muß zurückblenden auf das letzte Kriegsjahr, als sich im Sommer 1944 im Mittelabschnitt der Ostfront die größte militärische Katastrophe der Wehrmacht im Zweiten Weltkrieg ereignete, die alles in den Schatten stellte, was sich schon an Niederlagen bisher ereignet hatte. Sie übertraf selbst die Kapitulation von Stalingrad im Februar 1943. Doch ging dieses Massensterben, anders als Stalingrad, nie in das Bewußtsein der Deutschen ein, es blieb bis heute weitgehend ausgeblendet. Warum? Was damals an der Ostfront geschah, wurde überdeckt vom erfolgreichen Beginn der alliierten Invasion in der Normandie ab dem 6. Juni 1944. Goebbels benutzte diese Invasion, über die breit berichtet wurde, um die Ereignisse an der Ostfront propagandistisch zu verschleiern. Seine auf höchsten Touren laufende Propagandamaschine tat alles, um die Schlacht im Osten zu bagatellisieren und klein zu reden. Wie so oft, war sein Lügengebäude für die Masse der Bevölkerung, abgeschnitten von der Wahrheit, erfolgreich.

Am Jahrestag des deutschen Angriffs auf die UdSSR, am 22. Juni 1944, begann die Rote Armee im Mittelabschnitt mit ihrer bisher stärksten Großoffensive des Krieges, die innerhalb von zwei Wochen zum Untergang von 28 deutschen Divisionen führte. Man versuche, sich das vorzustellen, die ganze IV. Armee, über 350 000 Soldaten, verschwand, fast spurlos, die Bevölkerung einer Großstadt, die innerhalb weniger Tage vernichtet wurde. Aus der Kesselschlacht bei Minsk gab es praktisch kein Entrinnen mehr, die Armee wurde »aufgerieben«, wie das in diesem schrecklichen Militärdeutsch heißt, und von dem Schicksal ereilt, das sie selbst drei Jahre vorher den Armeen der Sowjetunion zugefügt hat. Rund 350 000 deutsche Soldaten fielen oder gerieten in Gefangenschaft. Deren Angehörige in der Heimat erreichte in der Regel die Standardformel der Vermißtenmeldung. Es gab niemand mehr, der ihnen noch irgendwelche erklärenden oder ergänzenden Informationen geben konnte, und für alle begann die fürchterliche Zeit des Wartens, Hoffens, der Enttäuschung und schließlich der Resignation. Nur die wenigsten dieser Vermißten sind jemals zurückgekehrt.

Es war nahezu unmöglich für die betroffenen Frauen, mit ihrem Schicksal zurecht zu kommen. Von ihrem ganzen Umfeld wurden sie nicht als das gesehen, was sie in Wirklichkeit zu dieser Zeit fast alle waren, nämlich als Witwen. Lebten sie wie Witwen, dann hieß es sofort empört, die hat ihren Mann doch schon einfach abgeschrieben. Verhielten sie sich aber so, als wenn ihr Mann jeden Tag wieder in ihrer Tür stehen könnte, wurde der Verdacht geäußert, sie seien nicht ganz richtig im Kopf, weil eigentlich alle wußten, wie aussichtslos diese Hoffnung war. Den echten Witwen wurde es auch viel weniger verübelt, wenn man sie mit einem Mann zusammen beobachtete. Bei der Frau eines Vermißten war das sofort Anlaß für eine moralische Verurteilung. Ihr schlug der ganze wütende Haß einer verklemmten Spießbürgergesellschaft entgegen, die sich immer ein Opfer zur Kompensation ihrer eigenen Liebesunfähigkeit sucht.

Ich hatte vorher wenig über diese Probleme nachgedacht, obwohl es damals sehr viele Frauen gab, die von diesem fürchterlichen Schicksalsschlag getroffen worden waren. Wir überlebenden Männer hatten es uns in der unmittelbaren Nachkriegszeit abgewöhnt, an Frauen solche Fragen zu richten. Die Gefahr, dabei Wunden aufzureißen und Porzellan zu zerschlagen, war viel zu groß. Beide Seiten versuchten, diesem Thema möglichst aus dem Wege zu gehen, und trotzdem lag es nur zu oft wie ein Schatten über vielen, zu vielen Begegnungen. Auch für uns damals noch sehr junge Männer, weil wir es oft mit Frauen zu tun hatten, die wesentlich älter waren als wir. Heute erinnert sich kaum mehr jemand daran, daß es noch bis weit in die fünfziger Jahre hinein dieses grausame Warten gab. Da lag der Krieg schon mehr als zehn Jahre zurück, längst jagten alle anderen dem Wirtschaftswunder hinterher. Aber erst als, nach dem Adenauer-Besuch in Moskau, 1956 auch die allerletzten deutschen Kriegsgefangenen von der Sowjetunion entlassen worden waren, gab es für die vielen, die immer noch gehofft hatten, die letzte, endgültige Gewißheit.

Damals, in nächtelangen Gesprächen mit Heinz, versuchten wir einen Ausweg zu finden. Es war bezeichnend, daß wir nie ihren wirklichen Namen nannten, sondern immer nur einen verschlüsselten, nur uns verständlichen benutzten, SIF-9. So konnten wir, ohne Gefahr einer Entdeckung durch einen zufälligen Zuhörer, über sie sprechen, und sie selber war uns dankbar für unsere Vorsicht. Wir versuchten sie einfach in unseren Freundeskreis von jungen Leuten mit einzubeziehen und schützten so die Zweierbeziehung, weil wir immer zu mehreren aufkreuzten, bis das große Anfangsinteresse der Nachbarn erlahmte. Auch spielten die Mädchen aus unserem Kreis dabei eine wichtige Rolle, allen voran Gisela, die sich schnell mit ihr anfreundete. Es war aber zum Beispiel völlig unmöglich, einen gemeinsamen Besuch auf dem Tanzparkett zu organisieren. Die in aller Öffentlichkeit mit einem anderen Mann tanzende Ehefrau eines Vermißten hätte sich, eineinhalb Jahre nach Kriegsende, in diesem kleinstädtischen Provinzumfeld unmöglich gemacht. Das Maximum, das sie riskieren konnte, war die Einladung zu einem kleinen Kostümfest bei sich zu Hause im Fasching 1947. Selbst das wurde, obwohl Verwandte von ihr anwesend waren, mit Mißbilligung zur Kenntnis genommen. Die beiden hatten es wirklich schwer, und ich weiß auch nicht mehr, wie ihre Geschichte weiterging, denn in diesem Frühjahr begannen sich die Ereignisse zu überschlagen.

Ich hatte in diesen Wochen des Jahres 1947 eine Begegnung, die mich so entsetzte, daß ich wochenlang ziemlich verstört durch die Gegend lief und alle teilnehmenden Fragen abwimmelte. Selbst Gisela wagte ich nicht zu beichten, was ich da erlebt hatte, weil ich mir selber lange im unklaren darüber war, ob jetzt Handeln oder Verschweigen das Richtige gewesen wäre. Dabei hatte alles ganz harmlos angefangen. Zu einer FDJ-Konferenz waren wir nach Zeitz eingeladen worden, und die Jugendgruppe im Ort hatte sich als guter Gastgeber um Theaterkarten für den Abend bemüht. Ich erinnere mich noch genau an diese Aufführung von ›Des Meeres und der Liebe Wellen‹ von Grillparzer, weil die Bemühungen der jungen Schauspieler um tragische Höhepunkte immer wieder durchkreuzt wurden von den Zitteranfällen der offensichtlich selbst gebastelten Papp-Kulissen. Als ich meinen Blick über das Zuschauerrund wandern ließ, stutzte ich plötzlich. Da war das Gesicht einer jungen Frau, die mir nur zu bekannt vorkam. Sie saß, zusammen mit einer älteren Dame, ich vermutete, ihrer Mutter, halbrechts von mir in einer Seitenloge. Je länger ich sie ansah, desto sicherer wurde ich, sie war es. Es gab keinen Zweifel, und meine Gedanken wanderten plötzlich in das Kriegslazarett in Göttingen, in die Sommermonate von 1945, als der Krieg endlich vorbei war, und nicht nur wir Verwundeten, sondern auch unsere Ärzte und das Pflegepersonal damit begonnen hatten, sich ihres wiedergewonnenen Lebens zu erfreuen. Auch unsere Krankenschwestern vom Deutschen Roten Kreuz, ihrer NS-belasteten strengen Oberschwester wie auch jeder anderen Aufsicht weitgehend ledig, genossen ihre ungewohnte, plötzliche Freiheit in vollen Zügen. Zu ihnen gehörte ein Mädchen aus gutbürgerlichem Haus von etwa 20 Jahren, bildhübsch und sehr selbstbewußt, die mir bisher eher durch ihre Zurückhaltung als durch einen lockeren Lebenswandel aufgefallen war. Sie wurde unserem Saal zugeteilt, vorher der Unterrichtsraum für

Chemie und Physik in dem Gymnasium, in das man uns eingewiesen hatte, wo sie sich um uns 30 Patienten kümmern sollte.

Zu diesen ehemaligen Landsern gehörte ein gut aussehender, reichlich mit dem berühmt-berüchtigten Wiener Charme ausgerüsteter Vorstadt-Stenz, der als einer der erfolgreichsten »Ladykiller« des ganzen Lazaretts galt. Heute würde man ihn als »womanizer« bezeichnen, und er tat alles, um sein diesbezügliches Renommee zu festigen. Ich beobachtete mit einigem Mißbehagen, wie der Kerl um unsere neue Schwester herumbalzte, und ich war nicht der einzige, der da Anfälle von Eifersucht hatte. Anfänglich lachte sie ihn aus, aber das irritierte ihn nicht im geringsten. Lachend fing er ihre spitzen Bemerkungen auf und reichte sie ihr mit Wiener Schmäh angereichert wieder zurück. Je mehr sie sich ihm zu verweigern schien, desto ausdauernder waren seine Anstrengungen. Es war durchaus eindrucksvoll. Der Mann war knapp fünf Jahre älter als ich und auf diesem Gebiet eine Naturbegabung. Für mich, der ich früher einige gute Gespräche mit ihr gehabt hatte, war jetzt keine Zeit mehr, und ich zog mich schmollend als zweiter Sieger zurück.

Dann hat es kräftig gefunkt – zu kräftig, wie sich bald herausstellen sollte. Als es auf den Herbst zuging, war es nicht mehr länger zu verbergen. Sie erwartete ein Kind. Dann kam es knüppeldick. Zusammen mit unseren »Ostmärkern«, die sich jetzt als Ausländer gerierten und ihre schnelle Entlassung aus der Gefangenschaft verlangten, war eines Tages auch unser Wiener »Charmebolzen« verschwunden, und zwar ohne Abschied oder Angabe einer Adresse. Er war einfach weg. Schon vorher muß eine geplante Abtreibung gescheitert sein. Dann wurden wir von den Engländern auf Hungerrationen gesetzt. Für 20 Mann ein Kommißbrot, pro Kopf ein Teller Wassersuppe mit Gemüseresten, ein Teelöffel Zucker, einer mit Marmelade – aus. Die werdende Mutter, ohnehin schon angeschlagen, wurde immer bläßlicher, bekam Ohnmachtsanfälle, und unser Ältestenrat, fast alles gestandene Familienväter, beschloß, daß wir das ungeborene Kind und seine Mutter ab sofort unter unsere Fittiche nehmen sollten. Abstimmung, schließlich mußte jeder von uns etwas abgeben – bei den Portionen –, und einige Junge maulten hörbar. Denen fuhren unsere Alten gewaltig über den Mund. Am Ende stimmten fast alle für diese Hilfsaktion. So atmeten wir auch alle erleichtert auf, als dann im zeitigen Frühjahr das Kind geboren wurde. Ein kräftiger Junge, der bei seiner ersten Besichtigung von uns sehr behutsam von Hand zu Hand weitergereicht wurde. Was mir weniger gefiel, war die Mutter, mit der in diesen letzten Monaten eine seltsame Veränderung vor sich gegangen war. Ich konnte diese Verwandlung nicht wirklich beurteilen, dafür fehlte mir damals ganz einfach die Lebenserfahrung, aber ich hatte es in der Nase, daß da irgendetwas schief lief.

Wenig später wurde ich selber aus der Kriegsgefangenschaft entlassen, ging in die sowjetische Besatzungszone zu meinen Eltern, und dann beschäftigten mich so viele neue Probleme, daß die Göttinger Erfahrungen schnell in Vergessenheit gerieten. Ich dachte nur noch selten an diese Zeit, bis eben zu diesem Theaterabend. Wer da mit ihrer Mutter in der Loge parlierte, das war unsere Rote-Kreuz-Schwester, es konnte keinen Zweifel mehr geben. Dann kam die Pause, und mit ihr ein Schockerlebnis. Als ich plötzlich vor ihr und ihrer Mutter auftauchte, erkannte sie mich sofort wieder, wurde blaß und fing an am ganzen Körper zu zittern. Sie brachte keinen geraden Satz zur Begrüßung heraus, stammelte etwas Unzusammenhängendes und war die verkörperte Angst und Fassungslosigkeit. Ihre Reaktion war so seltsam, daß ich direkt verlegen wurde. Ich konnte mir keinen Reim auf ihr Verhalten machen, es war gerade so, als ob ich hier als Nachtgespenst erschienen wäre. Ich beschloß, mich als unerwünscht schleunigst zurückzuziehen, als die Mutter durch eine Bekannte abgelenkt wurde, mit der sie einige Schritte zur Seite ging. Diese Pause benutzte sie, um meine Hand zu ergreifen und mich in eine der Fensternischen zu ziehen.

Jetzt fragte ich sie offen, warum sie bei meinem Anblick so erschrocken sei, und erkundigte mich nach ihrem Buben. Sie wollte aber nur wissen, wo ich jetzt lebte und wie lange ich noch in Zeitz bleiben würde. Jetzt begann bei mir der Groschen zu fallen. Hier war mit den Händen zu greifen, daß irgend etwas vertuscht werden sollte. Dann fiel es mir wie Schuppen von den Augen – das Kind!

Sie war mit keinem Wort auf meine Frage nach ihrem Kind eingegangen. Jetzt fragte ich sie direkt, sie senkte den Kopf, konnte mich nicht mehr ansehen und bekam einen verbissenen Zug im Gesicht. Dann kam es so leise, daß ich sie kaum verstehen konnte: »Er ist nicht hier, das war völlig unmöglich, das weißt du doch.« Mir verschlug es für einen Moment die Sprache. Was hatte sie mit dem Säugling gemacht? Sie war schwarz über die Zonengrenze gegangen, hatte sie ihn etwa bei dieser Gelegenheit »verschwinden« lassen. Da wäre sie nicht die erste und nicht die einzige gewesen. Jetzt war ich fassungslos, und sie begann zu weinen.

Die Pause mußte bald zu Ende sein, was macht man in einer solchen Situation? Da holte sie tief Luft und dann kam es stoßweise, als ob sie erleichtert wäre darüber zu sprechen. Nicht was ich befürchtete, war geschehen, aber etwas ähnliches. Sie hatte in einem großen Bauernanwesen, noch im Westen, übernachten dürfen, als sie bei ihrem Schleichweg über die Zonengrenze von der Nacht überrascht wurde. Die Bauersleute waren besonders freundlich zu dem Säugling, und da beschloß sie, auch getrieben von der panischen Angst, mit einem unehelichen Kind, dessen Vater verschwunden war, vor ihre Eltern treten zu müssen, das Kind dort zurückzulassen. Als sie am Morgen sehr zeitig aufbrach, hatte sie es einfach im Bett weiter schlafen lassen und sich heimlich vom Hof gestohlen. »Ich wollte es nie haben, und dort wird es ihm bestimmt besser gehen als hier«, sagte sie trotzig. Bevor ich noch etwas sagen konnte, schrillte die Klingel, die Pause war zu Ende. Ich war wie betäubt, als ich zu meinem Platz zurückging. Ein Blick auf die Loge, dort blieben zwei Plätze frei. Der Vorhang hob sich, und mir fiel ein, daß ich nicht einmal ihren Nachnamen wußte, weil die Schwestern, wie überall üblich, nur mit ihrem Vornamen gerufen wurden.

Lange konnte ich dieses »Wiedersehen« nicht vergessen. Wir lebten damals in einer Zeit, in der Gesetz und Ordnung noch so durchlöchert waren, die Lebensverhältnisse der meisten Menschen so instabil und angreifbar blieben, daß ich auch nicht wußte, was ich tun sollte. Schließlich beschloß ich, über diese ganze unglaubliche Affäre für immer zu schweigen, bis heute.

Von Bazillen, einer großen Verlockung und einem Totengräber

Ich war inzwischen so weit heruntergekommen, daß Gisela meine Lehrbücher studierte, die Hausaufgaben für den Berufschulunterricht schrieb und sogar die geforderten schwierigen technischen Zeichnungen auf Millimeterpapier so exakt und sauber anfertigte, daß ich dafür ungerechtfertigt ein hohes Lob von meinem Ausbilder kassierte, alles nur, damit wir noch etwas Zeit für unser gemeinsames Zusammensein herausschinden konnten. Das ging auch wochenlang gut, aber dann kam die erste Zwischenprüfung, bei der man von mir als Praktikant eine überdurchschnittlich gute Leistung erwartete. Ich fiel dabei so auf den Bauch, daß es knallte. Da halfen mir auch meine schnurgeraden sauberen Nähte nicht mehr, die ich beim autogenen Schweißen hinlegte. Mein Vater sah mich an und schickte mich zu einem Kollegen in die Kreisstadt zu einer eingehenden Untersuchung. Der stellte mich hinter seinen Röntgenschirm und zeigte mir anschließend die Löcher in meinen beiden Lungenflügeln. Ich schleppte, offensichtlich seit der Hungermonate in der Kriegsgefangenschaft, eine doppelseitige klassische Lungentuberkulose mit mir herum, eine Krankheit, von der ich damals noch nicht ahnte, daß sie viele Jahre meines Lebens bestimmen sollte. Die anschließende Untersuchung einige Tage später ergab immerhin, daß es sich wenigstens um keine offene Tbc handelte, daß ich also noch niemanden angesteckt haben konnte.

Mir fiel ein Stein vom Herzen. Die Angst, Gisela vielleicht infiziert zu haben, hatte mir keine ruhige Minute mehr gelassen, aber ich wußte, daß ich jetzt sofort handeln mußte, denn es gab keine

Garantie für die Zukunft, daß das so bleiben würde. Ich meldete mich im Werk ab, verabschiedete mich von den anderen Lehrlingen, mit denen ich gut zusammengearbeitet hatte, und die resolute, aber freundliche russische Ingenieurin, die bei uns eine Leitungsfunktion hatte, versprach mir, sich um einen Sanatoriumsplatz für mich zu bemühen. Das war damals, als sich die Tuberkulose zur Volksseuche ausgewachsen hatte und die Erkrankten nach jedem Sanatoriumsbett Schlange standen, ein Glück für mich. Sie hat ihr Versprechen gehalten. Es dauerte nur gut drei Monate. Dann, im Juli, bekam ich einen Platz im Lungensanatorium Sülzhayn, mitten im Harz, nur wenige Kilometer von der Zonengrenze entfernt.

Als ich nach meiner Verabschiedung durch das Werktor von Buna hinaus auf die Straße trat, warf ich noch einen letzten Blick zurück auf das riesige stinkende und schmauchende Industrieareal hinter mir und wußte, was immer mich auch jetzt erwarten sollte, ich würde niemals mehr in meinem Leben hier wieder hinein marschieren. Dieser Teil meines Lebens war vorbei, für immer. Ich ahnte auch, daß sich mein Lebensabschnitt in dieser Kleinstadt seinem Ende nähern könnte. Kurze Zeit später packten wir das Auto voll und mein Vater verschwand heimlich still und leise über die Zonengrenze nach Westen, wie ich es schon früher geschildert habe. Wenig später folgte meine Mutter mit meinem elfjährigen Bruder Michael, und ich blieb alleine zurück.

Aus dem Fenster des ebenerdigen winzigen Zimmers, das man mir im Anwesen einer sehr alten Frau nun zugewiesen hatte, blickte ich in einen völlig verwilderten Obstgarten, dessen uralte, vom Wind gebeugte Obstbäume seit vielen Jahren nicht mehr geschnitten worden waren. Es roch nach Kräutern, nach Bärlauch und wildwachsenden Blumen, und Weinreben schoben sich um die Fensterläden. Schön war es hier, sehr ruhig, und wenn ich mich mit einem Buch auf das Fensterbrett setzte, genoß ich die Stille nach dem infernalischen Dauerkrach und dem ewigen Dreck und Gestank in der Fabrikhalle. Ich genoß das Alleinsein, hatte mich auch aus der politischen Arbeit bei der FDJ fast vollständig zurückgezogen, wo sich jetzt Patrick v. G. immer mehr in den Vordergrund arbeitete und, sehr selbstbewußt auftretend, ein vielfältiges Netz von Beziehungen und Verbindungen schuf, wobei keiner von uns ahnte, welchen Zweck er damit verfolgte. Was nun eigentlich später beruflich aus mir werden sollte, ich wußte es nicht. Im Moment war mir erst mal jeder Boden unter den Füßen weggezogen worden. Ich war jetzt völlig auf mich allein gestellt und mußte sehen, wie ich mich durchschlagen konnte. Das war nichts Neues für mich. Seit meinem 14. Lebensjahr hatte es viele Zeiten gegeben, in denen ich ohne Hilfe von außen meine Probleme alleine lösen mußte. Ich besaß fast nichts, hatte also auch nichts zu verlieren, aber ich fürchtete, daß mir die Zeit knapp werden könnte.

Ausgerechnet in diese Situation, ich war erst seit drei Wochen krank geschrieben und der erste Schock saß mir noch in den Knochen, platzte ein Brief. Ich las erstaunt den Absender. Er kam aus Ostberlin von der Zonenleitung der FDJ. Als ich ihn las, fiel mir fast die Brille von der Nase und ich mußte mich hinsetzen. Es war die von mir nie beantragte Bewilligung eines zweijährigen Stipendiums auf der Jugendhochschule Bogensee bei Berlin, einem ehemaligen großen Goebbels-Besitz, in dem die FDJ ihre für hohe und höchste Funktionen ausgewählten Nachwuchskader ausbildete. Ich war so verblüfft, daß ich in den ersten Minuten wirklich glaubte, meine Freunde hätten sich hier mit einem fingierten Brief einen kleinen Scherz mit mir erlaubt. Aber das Ding war echt, ohne Zweifel. Bevor ich mit irgendjemand darüber sprach, telefonierte ich mit Berlin. Ich wollte mich, kein Wunder nach meinen Berliner Rundfunk-Erfahrungen, erst mal vergewissern, ob die Geschichte hieb- und stichfest war. Nein, diesmal schien alles seine Ordnung zu haben, und was meine Krankheit betraf, so sollte ich mich unverzüglich nach meiner als selbstverständlich vorausgesetzten Genesung und rechtzeitig vor meiner Entlassung aus dem Sanatorium in Berlin melden. Mein Eintreten verschiebe sich dann eben um ein paar Monate – kein Problem.

Das war's. Ich hatte immer noch keine Ahnung, wie ich zu dieser unerwarteten Ehre gekommen war, bis mir mein Gespräch mit

Oberst Tulpanow einfiel. Obwohl ich damals nun wirklich unmißverständlich die Betonköpfe in der FDJ-Führung attackiert hatte, konnte ein Stipendium in diesem Umfang nur von sehr weit oben angeschoben worden sein. Ich kannte sonst niemanden aus der Nomenklatura. In der Nacht lag ich lange wach. In den nächsten Tagen erwartete man in Berlin eine endgültige Antwort von mir. Wer heute meint, daß die nur in einer kompletten Absage bestehen konnte, kann sich meine damalige, im Grunde genommen miserable Situation nicht richtig vorstellen. »Hat nix, kann nix, is nix«, so hatte man Gisela vor mir gewarnt. Ich versuchte mir vorzustellen, wie mein Leben weitergehen würde, wenn ich dieses Angebot akzeptierte. Die rosigen Zukunftsaussichten, die mir da winkten, hatten etwas Bestechendes. Einmal auf diese Schiene gesetzt, das erlebte ich seit über einem Jahr um mich herum, winkte einem eine vielversprechende, sozial abgesicherte und in diesem neuen Staatswesen sehr angesehene Zukunft. Für jemanden in meiner Situation war das so verlockend, daß mir der dafür zu zahlende Preis auf einmal gar nicht mehr so hoch erschien. Eine politische Kehrtwendung um 180 Grad und das Aufgeben einiger mir bisher sehr wichtigen Grundprinzipien, sollte das so völlig unmöglich sein?

Diese Überlegungen, die mir damals durch den Kopf schwirrten, waren nichts anderes als ein Verrat. Ich war drauf und dran, mich zu verkaufen, und als ich mir das klar gemacht hatte, waren die Würfel eigentlich schon gefallen. Aber die endgültige Entscheidung provozierte dann Gisela, der einzige Mensch, mit dem ich über diesen Brief sprach. »Wenn du darauf eingehst und in diesem Internatsbetrieb auf der Jugendhochschule landest, dann sitzt du spätestens nach einem halben Jahr im Kittchen. Die Leute dort sind vielleicht heute noch blöd, weil sie dich nicht genau kennen. Aber dort sitzen sie dir jeden Tag hautnah auf der Pelle, da kannst du dir an deinen fünf Fingern ausrechnen, wie lange sie brauchen, um zu merken, welch Geistes Kind du in Wirklichkeit bist und daß du genau das bekämpfst, was deren politisches Endziel ist. Das muß schief gehen, weil du es nie schaffen wirst, dich als etwas zu tarnen, was du nicht bist. Wenn ich mir dich als Politruk vorstelle, da lachen ja die Hühner!« So deutlich hätte sie es mir ja nun auch nicht unter die Nase reiben müssen, fand ich damals, aber ich wußte, daß sie recht hatte. Kurz darauf schrieb ich nach Berlin, versteckte mich hinter der Ungewißheit über meine Krankheit und war wieder ein freier Mann.

Dieser Frühling 1947 verhielt sich, als ob er die Menschen für den überstandenen mörderischen Winter entschädigen wollte, jedenfalls diejenigen, die ihn überlebt hatten. Wenn wir zu viert abends in meiner winzigen Bude zusammenhockten, durch das offene Fenster der warme Abendwind hereinstrich, sich draußen zwischen den Blüten der alten Obstbäume die Vögel herumstritten und wir in langen Gesprächen den Versuch unternahmen, unser Denken und unsere Zukunft zu untersuchen, da konnten für kurze Zeit die brutalen Umstände, die vorläufig noch unser Leben bestimmten, verschwinden. Bis auf Patrick v. G., der seine eigenen Ziele verfolgte, hatten wir uns nach einem letzten großen Krach in der Landesjugendleitung aus der täglichen Arbeit in der FDJ zurückgezogen. Dort hatten sich jetzt Kommandostrukturen entwickelt, die unsere schlimmen Befürchtungen bestätigten. Die Zonenleitung in Ostberlin befahl, und alle anderen hatten nach ihrer Pfeife zu tanzen.

Als Vorsitzender im Zentralrat der FDJ hatte sich dieser Erich Honecker profiliert, der uns doch schon etwas zu alt erschien, um bei jeder Gelegenheit in kurzen Bübchen-Hosen und Blauhemd mit aufgekrempelten Ärmeln den ewigen Berufsjugendlichen zu mimen. Wir wußten, daß er Altkommunist war, im Zuchthaus gesessen hatte, und wie wir aus Berlin hörten, über ein brachiales Durchsetzungsvermögen verfügte. Damit erreichte er, daß im März 1948 die immer noch im FDJ-Zentralrat sitzenden Jugendvertreter der CDU und der LDP aufstanden und unter lautem Protest den Sitzungssaal verließen. Sie hatten es satt, für die Kommunisten weiterhin das Feigenblatt für die angeblich überparteiliche Jugendorganisation abzugeben, nachdem sie monatelang dauernd überspielt worden waren. Diese Märzsitzung des FDJ-Zentralrats 1948 war der Wendepunkt, der von der sich immer mehr verschärfenden Berlin-Krise zwischen der UdSSR und den Westmächten flankiert wurde. Er markierte das ab jetzt auch öffentlich eingestandene Ziel, aus der FDJ eine marxistische, am Vorbild der Komsomolzen der UdSSR orientierte Parteijugend zu machen.

Wir bekamen auch nicht heraus, wer in Berlin auf die völlig verrückte Idee gekommen war, die FDJ mit Fanfarenzügen und Trommelabteilungen auszurüsten, also haargenau den gleichen Klimbim nachzuäffen, der bei keinem Aufmarsch der Hitlerjugend fehlen durfte. Dazu wurde das Blauhemd als Uniform propagiert, und es war unverkennbar, daß hier, wie auf so vielen Gebieten in der Sowjetzone, die dienstbeflissenen deutschen Speichellecker, die sich jetzt auch in der FDJ durchgesetzt hatten, das Vorbild des »Großen Bruders« nachahmten. Wir waren uns noch nicht mal sicher, daß entsprechende Forderungen von der SMA überhaupt existierten. Es stank so viel nach dem berüchtigten vorauseilenden deutschen Gehorsam, daß einem bei näherem Hinsehen schlecht werden konnte. Wir alle hatten noch das gellende Geschrei dieser Fanfarenzüge im Ohr und den Totschläger-Rhythmus der langen Landsknechtstrommeln. Beide würde alle Leute in unserem Alter und alle Älteren unweigerlich an die Massenaufmärsche der Nazi-Jahre erinnern. Die Frage war nur, wer sich das noch zu sagen traute.

Für uns war die Übernahme dieser Art von Instrumenten, die uns so kurz vorher noch zu unserem Totentanz aufgespielt hatten, sehr viel mehr als eine Formsache. Es war der Grund, warum ich noch einmal vom Leder zog. Ich hatte auch nichts mehr zu verlieren, konnte mich also jetzt weiter vorwagen als die anderen. Als wir bei einer Besprechung innerhalb der FDJ-Landesleitung hart aneinander gerieten, legte ich los über die bodenlose Ignoranz historischer Zusammenhänge, die politische Dummheit und auch die Unfähigkeit, Zusammenhänge zu erkennen.

Aber diese Apparatschiks waren nur froh, daß sie uns endlich vom Halse hatten. Sie wußten viel besser als wir, daß die Zukunft ihnen gehören würde, so lange auch nur ein einziger Soldat der Roten Armee noch in der Ostzone stationiert war. Mit am schlimmsten für uns war ihre hundertprozentige Überzeugung, daß die parlamentarische Demokratie westlichen Zuschnitts, die für unser Denken und Handeln die Richtschnur abgab, ein historisches Auslaufmodell war. Es ist heute wichtig, sich ganz realistisch vorzustellen, daß wir damals tagtäglich die Erfahrung machen mußten, mit welch ungebremstem, ja ständig wachsendem Machtwillen die SED sich hier, ohne noch auf großen Widerstand zu stoßen, alle diktatorischen Vollmachten aneignete. Mit solchem Erfolg, und maßgeblich unterstützt von der Besatzungsmacht, daß man leicht mutlos werden konnte und sich viele überlegten, ob es nicht doch besser für die eigene Zukunft und die der Familie sei, sich rechtzeitig auf die Seite mit den stärkeren Bataillonen zu schlagen.

Man darf ja bei der heutigen Beurteilung des Denkens und Handelns von so vielen jungen Leuten in der unmittelbaren Nachkriegszeit nicht vergessen, daß wir keine erfahrenen, gefestigten Demokraten waren. Wie hätten wir das sein können, bei unserer politischen Vergangenheit mit zwölf prägenden NS-Jahren? Wir hatten inzwischen keinerlei Zweifel mehr an der verbrecherischen Struktur der NS-Regierung und des größten Teils ihrer Führungsschicht, auch nicht an der deutschen Alleinschuld am Zweiten Weltkrieg, aber diese Einsichten alleine machten uns ja noch nicht automatisch zu gut informierten Demokraten. Es war damals unbeschreiblich mühsam, sich in den Provinzen der Ostzone Zeitungen, Zeitschriften und politische Broschüren oder Bücher aus dem Westen zu beschaffen. Mit allen Mitteln verhinderten die SMA und ihre deutschen Vasallen die Einfuhr und die Verbreitung von demokratischem Gedankengut. Ich war mit meinen ersten Erfahrungen während meiner einjährigen Kriegsgefangenschaft in einem Göttinger Lazarett, dem vielen Lesestoff und den offenen Diskussionen in dieser Zeit noch ganz gut informiert, aber für fast alle anderen von uns war diese westliche parlamentarische Demokratie eine terra incognita, ein fernes unbekanntes Land, das einfach viel mehr Freiheit und auch ein besseres Leben verhieß. Doch sich dafür zu engagieren, das hieß in der Ostzone, »das Fell des Bären gegen den Strich bürsten«, wie das die Russen so schön nannten. Ein gefährliches Unterfangen, das Zehntausende mit Verhaftung und langjähriger Haft, wenn nicht mit ihrem Tod bezahlten.

Anders als in den drei Westzonen, wo die »reeducation« im Vordergrund stand, wurde in der Ostzone die Abrechnung mit dem Nationalsozialismus mit der rigorosen Durchsetzung des kommunistischen Führungsanspruchs verbunden. Wer es wagte, sich gegen diese neue Parteidiktatur von KPD und später SED zur Wehr zu setzen, wurde auf diese Weise von vornherein als Verteidiger des NS-Regimes diffamiert. Ein wirksames Mittel, um dieses angestrebte Ziel möglichst schnell zu erreichen, waren die Sowjetischen Militärtribunale (SMT), die »grundsätzlich für alle deutschen Zivilpersonen« zuständig waren. Insgesamt sind durch diese SMT ungefähr 50 000 Personen verurteilt worden. Es gab zehn der gefürchteten »Speziallager« in der SBZ, in denen bis Ende 1949, also bis zur Gründung der DDR knapp 55 000 deutsche Häftlinge inhaftiert waren. Das waren keine Vernichtungslager wie in der NS-Zeit, aber durch Hunger, Krankheiten und Mißhandlungen starben viele, die in Massengräbern verscharrt wurden. Erst Anfang der fünfziger Jahre wurden diese Straflager von der sowjetischen Besatzungsmacht an die inzwischen etablierte DDR-Regierung übergeben.

Aus dem Westen war keine Hilfe zu erwarten, denn die Deutschen dort waren damals so mit ihrem eigenen Überleben beschäftigt, daß man sich wenig um Politik kümmerte. Die größte Hilfe war und blieb über 45 Jahre hinweg, genau zu wissen, daß man, wenn man die Flucht geschafft hatte, »drüben« ein neues Zuhause finden würde, mit Aufnahmebereitschaft, Eingliederungshilfe und Paß. Aber keiner von uns hatte auch nur die geringste Vorstellung, wie das alles um uns herum weitergehen würde. Über die unmittelbare Zukunft hinaus zu planen, war völlig unmöglich. Das einzig Sichere war die Unsicherheit.

In unserem Freundeskreis begann jetzt langsam jeder seine eigenen Wege zu gehen. Wir trafen uns seltener, aber immer noch war meine Bude der gemeinsame Treffpunkt für lange Gespräche. Heinz arbeitete am Stadttheater der benachbarten Großstadt und hoffte auf eine Karriere als Schauspieler oder Regisseur. Patrick hatte seine Abiturprüfung bestanden und bereitete sich auf ein Studium vor, und Jimmy hatte seine Gesellenprüfung hinter sich und marschierte zielsicher auf eine Meisterprüfung zu. Ich wußte, daß ich sehr bald alle meine Zelte hier abbrechen mußte und eine spätere Rückkehr mehr als ungewiß war. Meine Angst, vielleicht doch jemanden anzustecken, brachte mich auch dazu, mich von Gisela zurückzuziehen. So nahe wie wir uns standen, die Gefahr war hier am größten, und ich hätte es mir nie in meinem Leben verziehen, wenn ihr durch meine Schuld etwas passiert wäre. Weil ich ihr das aber nicht erklären konnte, denn ich wußte nur zu genau, daß sie das nicht akzeptieren würde, begann ich einfach mit einem anderen Mädchen zu flirten. Die war zwar sehr hübsch, aber als Tochter des Pfarrers, wie ich vermutete, moralisch so gefestigt, daß sich da keine näheren Berührungspunkte ergeben würden. Von Frauen hatte ich immer noch viel zu wenig Ahnung, wie man sieht. Sehr wohl fühlte ich mich dabei nicht in meiner Haut, aber ich fand, es sei die beste Möglichkeit für mich, nicht rückfällig zu werden und meine guten Vorsätze zu vergessen. Einige kurze Zeit ging das auch ganz gut, aber dann wurde mir der Boden unter den Füßen zu heiß. Auch Töchter von Pfarrern unterscheiden sich nicht so wesentlich von ihren Mitschwestern, wie ich das in meiner sträflichen Unkenntnis vermutet hatte. Es wurde höchste Zeit für mich zu verschwinden.

Endlich erreichte mich die Karte von der LVA mit dem Termin meiner Sanatoriumsaufnahme. Ich feierte mit den Freunden noch meinen 21. Geburtstag. Zwei Tage später sollte es los gehen. Als ich gegen Mitternacht nach Hause kam, wurde mir plötzlich ein Geburtstagskuchen in die Hand gedrückt. Es war Gisela, die mir gratulieren wollte. In Sekundenschnelle brach meine ganze, mühsam zusammengekleisterte Verteidigungsstellung wie ein Kartenhaus zusammen. Wir lagen uns in den Armen und es blieb nur noch Raum für das eine wunderbare Glücksgefühl, das für andere Überlegungen keinen Raum mehr übrig ließ.

Es war am Abend meines letzten Tages in L. und draußen schon stockdunkel, als es plötzlich an meine Tür klopfte. Ein Blick auf die Uhr, es war kurz vor Mitternacht. Gerade hatte ich meine wenigen Habseligkeiten zusammengepackt, die in einem Rucksack und einem Persilkarton Platz fanden, meine persönlichen Papiere geordnet und die alte Petroleumlampe angezündet (es war mal wieder, wie so oft, Stromsperre). Wer konnte das um diese Zeit noch sein? Ich öffnete. Da stand, zu meiner großen Überraschung, der Totengräber vor mir, der mich noch nie in meiner Bude aufgesucht hatte, weil wir uns fast immer im »Goldenen Mond« trafen. Ohne meine Aufforderung abzuwarten, trat er ein, warf einen prüfenden Blick in die Runde, weigerte sich Platz zu nehmen, sah mich eher mißtrauisch als wohlwollend an und sagte dann, jedes Wort mit einer unbeholfenen Handbewegung unterstützend: »Hau ab hier! Mach, daß de fordgommst, mechlichst schnell. Fier dich is hier gee Bleib'm mehr. Es werd Zeit für dich. Unn laß dich ja nich mehr hier bligg'n, ooch späder nie mehr.« Auf meine Frage murmelte er nur ein paar schwer verständliche Worte: »Frach nich so viel. Ich weeß nischd. Ich will ooch nischd wiß'n. Jedenfalls hast geene Freinde hier.«

Er wiegte seinen Kopf hin und her, und während er sich seine Finger, einen nach dem anderen so lang zog, daß es vernehmlich knackte, gab er mir doch vorsichtig Antwort. Wenn ich ihn richtig verstand, gab es ein paar einflußreiche Leute im Ort (bei denen es sich eigentlich nur um politische Figuren handeln konnte), die beschlossen hatten, mir bei passender Gelegenheit das Genick zu brechen. Er haute mir auf die Schulter: »Aber schade wär's doch um so eenen jungen Gerl, wie du eener bist. Wennste aber doch wiedergommst, griechste ä scheenes Blädzchen bei mir. Du weeßd doch, hint'n an d'r Mauer. Da lieg'n schon solche, wie du eener bist, da geheerste dann hin.« Das bezog sich auf einige wenige Soldatengräber hinten im Friedhof. Er lachte laut meckernd wie ein alter Ziegenbock über seinen eigenen Witz, mit dem er mir Schlaukopf mal wieder gezeigt hatte, wer von uns beiden der Klügere war, und wandte sich mit den Abschiedsworten zur Tür: »Also, noch ämal: mach's gut, alter Nazigumban, mach aber jetzt, daß de fordgommst, hier is gee Bladz für solche Gameraden, wie du eener bist!« und weg war er.

Das war eine ernste, unmißverständliche Warnung, und die war von ihm bestimmt als letzter Freundschaftsdienst gemeint – halt auf seine eigene, sehr persönliche Art. Aber ich wußte nur zu genau, daß er seine Finger in fast jeder politischen Intrige mit drin hatte und mit nahezu allen politischen Größen der SED per Du war. Wenn einer wußte, was hier gespielt wurde, dann war es der Totengräber. Ich saß dann noch lange auf meiner Bettkante, starrte auf das Milchglas der Petroleumlampe und versuchte, das Gehörte in meine Erfahrungen in diesem Ort einzuordnen. Das gelang mir nicht, es gab zu viel Widersprüchliches. Ich gab es auf und habe auch später nie erfahren, wer da so stark daran interessiert war, mich zu erledigen.

Vom proletarischen »Zauberberg«, einer Räte-Herrschaft und einem Absturz

Das Sanatorium Sülzhayn war ein riesiger Kasten, lange vor dem Krieg gebaut. Es lag inmitten eines riesigen Waldgebiets an einer Harzflanke, nur durch eine Stichstraße mit dem Dorf Sülzhayn verbunden. Man hatte wohl von Anfang an eine gewisse Isolierung der Kranken von ihrer Umgebung angestrebt, weil die Lungentuberkulose als ansteckende und gefährliche, oft tödliche Infektionskrankheit eingestuft wurde. Von dem, was man heute zur Behandlung meist recht erfolgreich einsetzt, war damals, 1947, noch nichts erfunden worden. Was es gab, für uns unerreichbar, unbezahlbar und nur als Legende aus dem fernen Westen bekannt, war das Penicillin, von dem man sich wahre Wunderwirkungen erzählte. Die Klinik bot Platz für rund 200 Patienten, die in Mehrbettzimmern, meist zu sechst, untergebracht wurden. Sie war jederzeit bis auf das letzte Bett voll belegt. Kein Wunder, die Lebensverhältnisse in der sowjetischen Besatzungszone glichen einer Dauerkatastrophe, und anders als in den Westzonen gab es so gut wie keine Lebensmittelspenden von internationalen Hilfsorganisationen. Auch waren die Rationen auf die Lebensmittelmarken kleiner als im Westen, und nur zu oft fielen Lieferungen einfach aus. Die Portionen hier im Sanatorium waren auch nicht viel größer als draußen, aber es gab doch kleine Verbesserungen. Die deutsche Verwaltung in Ostberlin bemühte sich jedenfalls, Schwerkranke etwas besser zu versorgen. Da ein wichtiger Teil unserer Behandlung in den täglichen stundenlangen Liegekuren bestand und jede körperliche Anstrengung vermieden werden sollte, war das Hungergefühl nicht so dominierend wie unter den Gesunden, denen ja noch die tägliche Schufterei am Arbeitsplatz abverlangt wurde.

Unter diesen Umständen war es vor allem den sehr intensiven Anstrengungen unserer Ärzte zu verdanken, daß in der ganzen Zeit, die ich hier verbringen mußte, und ich ahnte damals noch nicht, daß daraus ein 3/4 Jahr werden würde, geradezu auffallend wenig Patienten starben. Der Tod, dessen Wirken Thomas Mann in seinem berühmten ›Zauberberg‹ so eindrucksvoll schildert, fand unter uns keine reiche Ernte. Vielleicht hing das auch damit zusammen, daß es sich bei den meisten Patienten um Männer in den sogenannten »besten Jahren« handelte. Jünger als 20 und älter als 60 war kaum einer von uns. Allerdings waren wir auch, im Gegensatz zu dem Exklusivsanatorium im Roman, ein ausgesprochen proletarischer »Zauberberg«. Fast alle Patienten kamen wie ich aus Großbetrieben, Fabriken, landwirtschaftlichen Genossenschaften und aus den Büros von Dienststellen der Zonenverwaltung. Es waren Fach- oder Hilfsarbeiter, Handwerker, Angestellte, Ingenieure oder Lehrer. Der Typ des Intellektuellen, des Akademikers, des Großbürgers oder Selbständigen fehlte fast völlig. Es gab also auch hier, schon bei der Auswahl der Patienten und der Bettenzuteilung durch die Landesversicherungsanstalten, eine Auslese zugunsten der sogenannten »werktätigen Bevölkerung«, aber das fiel mir erst später auf.

Die allgemeine Atmosphäre war eigentlich recht angenehm. Man ging respektvoll und höflich miteinander um, es waren die hochqualifizierten, älteren Werkmeistertypen, die mit ihren Erfahrungen und Einsichten das allgemeine Klima im Haus bestimmten, und das war in Ordnung. Außer dem spekulativen und geistreichen Element, wie im »Zauberberg«, fehlte ein weiteres völlig, das erotische. Es gab nicht einen einzigen weiblichen Patienten. Außer von Krankenschwestern wurden die Patienten von Ordensschwestern versorgt, die sich schlecht für anzügliche Bemerkungen eigneten. Außerdem waren die alle nicht gerade auf den Mund gefallen, und ich hatte miterlebt, wie sie einen der wenigen aggressiven Antiklerikalen bei dem Versuch, sie in Verlegenheit zu bringen, so blitzschnell am Seil runterließen, daß ihm das spöttische Gelächter der Mitpatienten noch lange in den Ohren klang. Er hat nie wieder einen ähnlichen Versuch gestartet.

Für mich war das wieder eine neue Schule. Hier hörte man nur von den praktischen Überlegungen und den ganz anders strukturierten Erfahrungen von Menschen, die nie eine Höhere Schule oder gar eine Universität von innen gesehen hatten, sondern ihre ganze Denkfähigkeit und ihr tägliches Verhalten am Alltag ausrichteten. Wir hatten Zeit, sehr viel Zeit, fast zu viel Zeit, und so ergab sich ganz von selbst, wenn man nur gut zuhören konnte, ohne den anderen zu unterbrechen, die seltene Gelegenheit, mit einer Intensität in fremde Schicksale und Lebensläufe hineinzuhören, wie das unter normalen Verhältnissen undenkbar gewesen wäre. Was der Marxsche Begriff des »Klassenunterschiedes« wirklich bedeutete, das lernte ich erst in den vielen Gesprächen, die in diesen Monaten geführt wurden. Daß Gleichaltrige aus diesen sozialen Schichten einen völlig anderen Erfahrungshorizont hatten, anders dachten, anders reagierten als ich, diese Erfahrung hatte ich schon als Soldat in Krieg und Gefangenschaft gemacht. Aber warum das so war, von welchen sozialen und gesellschaftlichen Zusammenhängen das abhing und wie die zustande kamen, das begann ich erst in diesen Sanatoriumsmonaten zu begreifen. Auch wurde mir plötzlich ganz klar, daß der braune »Sozialismus« nur eine Art Klebstoff war, mit dem die NS-Regierung die tiefen Sprünge zwischen den sozialen Schichten zugekleistert hatte. Vor dem entscheidenden Schritt war sie immer zurückgezuckt. Die bestehenden Eigentumsverhältnisse und die gesellschaftlichen Strukturen wurden ebensowenig angetastet wie bestehende Privilegien und Klassenunterschiede.

Viele Jahre später, als Reporter für die ›Süddeutsche Zeitung‹ und die ›Münchner Illustrierte‹, öffneten mir meine Sanatoriumserfahrungen auch den Zugang zu Menschen, die sich meinem Ansinnen sonst verschlossen hätten. Ich konnte Lebensumstände und Verhaltensweisen verstehen, jetzt auch beurteilen, vor denen viele meiner Kollegen nur den Kopf schüttelten. Aber bei aller Mutlosigkeit und Verzweiflung, die mich damals natürlich auch am

Wickel hielten, hatte ich immer das Gefühl, daß ich hier in diesen vielem Gesprächen auch »zu leben lernte«. Wie ein Schwamm sog ich alle diese Eindrücke auf. Anders als viele andere Patienten langweilte ich mich nie, und eine umfangreiche, wenn auch ziemlich altmodische Bibliothek half mir über die endlose Zeit der Liegekuren hinweg. Sehr unfreiwillig hatte ich wieder die Gelegenheit, mich mit dem Lesestoff zu beschäftigen, den man uns zwölf Jahre lang vorenthalten hatte.

Es stellte sich schnell heraus, daß bei dieser Patientenstruktur das gute alte sozialdemokratische Element bestimmend war. Die wenigen Kommunisten mochten zwar in der Parteiorganisation der SED den Ton angeben, aber hier ging es immer noch sehr basisdemokratisch zu. Das sollte eine wichtige Rolle spielen, als eines Tages der Verdacht auftauchte, daß wir bei der Zuteilung unserer Lebensmittelrationen kräftig übers Ohr gehauen wurden. Wer da was geflüstert hatte, war nicht mehr genau feststellbar, aber ich tippte auf eine von den Ordensschwestern, die den Küchendienst übernommen hatten und sich gut auskannten. Der verantwortliche Verwaltungsbulle nannte sich großkotzig »Klinikdirektor« und war einer von jenen Tausenden von Stabsintendanten der großdeutschen Wehrmacht, die sich bei Kriegsende schleunigst in die Bürokratie, in die wichtigsten Verwaltungsdienststellen von Ämtern und Behörden gerettet hatten. Das war für diese Herren, die nie einen Schuß Pulver gerochen hatten, damals ein Kinderspiel, weil sie eine Eigenschaft besaßen, um die sie von den anderen zahllosen Stellungsuchenden glühend beneidet wurden. Sie hatten alle nie der NSDAP oder einer ihrer Gliederungen angehört, weil ihnen das als Berufsoldaten in der Wehrmacht verboten war. Sie waren die weißen Raben in einem pechschwarzen Massenumfeld. Daß viele von ihnen im Krieg in den besetzten Gebieten geschoben und gestohlen, betrogen und unterschlagen hatten, das spielte jetzt keine Rolle mehr, wohl aber das Netz aus persönlichen Beziehungen, an dem sie mit Hingabe gewebt hatten und das sie nach dem zu erwartenden Desaster sanft auffangen sollte.

Einige helle Köpfe unter den Patienten setzten sich zusammen und beratschlagten, wie wir dem Betrüger am besten auf die Schliche kommen konnten. Wir hatten in Erfahrung gebracht, daß sich der »Herr Klinikdirektor« praktisch nur noch selber kontrollierte. Es gab niemanden mehr, der ihm genau auf die Finger sah. Der Chefarzt kümmerte sich ausschließlich um den klinischen, medizinischen Bereich, und die Zentralverwaltung hatte so gut wie keine praktischen Kontrollmöglichkeiten bei den damaligen Verkehrsverhältnissen, weil sie viel zu weit entfernt war. Wir überlegten angestrengt, bis einer plötzlich die zündende Idee hatte. Wozu lebten wir eigentlich in einer Besatzungszone, die sich den Sozialismus auf die Fahne geschrieben hatte. Das bot doch hochinteressante Möglichkeiten. Es gab Betriebsräte, in der Revolution gab es Soldatenräte, man sprach von einer »Räterepublik«, warum sollten wir nicht einfach einen Patientenrat wählen? Wer konnte uns das verbieten? So ein »Patientenrat«, gewählt von allen Patienten, das war schließlich Sozialismus pur.

Wir hatten keine Ahnung, ob es schon irgendwo eine ähnliche Institution gab. Es war uns auch ziemlich wurscht. Unverzüglich gingen wir an die Vorbereitungen, fragten gar nicht erst lange herum, sondern begannen mit unserer Arbeit. Da wir niemandem auf die Nase banden, wozu wir dieses neue Gremium in Marsch setzen wollten, gab es auch kaum Schwierigkeiten. Chefarzt und Abteilungsärzte konnten wir sofort beruhigen. Es war keinerlei Einmischung von uns in medizinische Bereiche vorgesehen, im Gegenteil, vielleicht konnten wir ihnen bei den Anforderungen von Medikamenten und Klinikbedarf behilflich sein. Auch in der Verwaltung ahnte niemand etwas von unserem Ziel, wir sprachen von sozialer Hilfestellung und beruflicher Beratung. Fast alle Patienten beteiligten sich an der Wahl, und so wurde schließlich der Betriebsrevisor eines Mittelstandsbetriebes, namens Breindl, zum Vorsitzenden gewählt.

Das war genau der richtige Mann. Er hatte die Fachkenntnis und besaß nicht nur die nötige Portion Zivilcourage, sondern außerdem ein Durchsetzungsvermögen, wie das hier nötig war. Der Herr Direktor soll ziemlich blaß geworden sein, als plötzlich, aus heiterem Himmel, schon am Tag nach der Wahl, unsere drei Patientenräte in seinem Büro aufkreuzten und die Herausgabe aller Unterlagen über die letzten Lebensmittellieferungen verlangten. Seinen Versuch, die drei einzuschüchtern, bürstete Herr Breindl mit drei Sätzen nieder. Sein letzter Versuch, mit Hilfe des Chefarztes den Patientenrat wieder los zu werden, scheiterte kläglich, weil dieser sich strikt weigerte, in einen reinen Verwaltungsvorgang einzugreifen, der seinen Bereich nicht betraf. Der Herr Direktor wurde hinauskomplimentiert und mußte vorher seine Büroschlüssel beim Patientenrat hinterlegen. Was wir alle vermutet hatten, bestätigte sich schnell; unser Vorsitzender, jetzt von einigen Fachkräften unter den Patienten kräftig unterstützt, konnte nachweisen, daß über Monate hinweg größere Mengen Lebensmittel erst gar nicht an das Sanatorium geliefert worden waren, sondern direkt in dunklen Quellen landeten. Auch an sich und seine Familie hatte der Herr gedacht, der bald danach auf Nimmerwiedersehen verschwand und durch einen korrekten Buchhalter ersetzt wurde. Aber von da an stand einer aus dem Patientenrat bei jeder Lebensmittelanlieferung dabei und kontrollierte mit Hilfe einer Waage alle verzeichneten Mengen. Das lohnte sich. Wir merkten es alle an unseren Portionen und an der Qualität des Essens. Selbst bei den skeptischen Ordensschwestern in der Küche genoß der Patientenrat trotz seiner rötlichen Färbung großes Ansehen. Die hatten nicht mehr damit gerechnet, ihren komischen »Direktor« jemals wieder loszuwerden.

Die Tage verliefen in eintöniger Gleichförmigkeit. Nach dem Aufstehen und Frühstücken begab sich alles auf die langen überdachten Terrassen, die sich stufenförmig übereinander schoben, und es begann die vormittägliche Liegekur auf dem jedem Patienten zugeteilten, mit Decken gepolsterten Liegestuhl, die nur von der Arztvisite kurz unterbrochen wurde. Der Blick schweifte in das Grün der alten hohen Bäume. Das Sanatorium lag in leichter Hanglage, und man genoß die wunderbare frische Luft und hoffte auf baldige Genesung. Nach kurzer Mittagspause, das Essen wurde in einem großen Speisesaal gemeinsam eingenommen, begann um 14 Uhr die Nachmittags-Liegekur, die erst um 16 Uhr 30 endete.

Dann blieb ein wenig freie Zeit bis zum gemeinsamen Abendessen um 18 Uhr, und die ganz Ausdauernden, zu denen ich meistens zählte, zogen sich bis zum Einbruch der Dunkelheit noch einmal auf die Terrasse zurück. Die anderen spielten Karten, schrieben Briefe oder lasen, und um 22 Uhr war Feierabend, Licht aus und Ruhe im Schiff.

Wenn man bedenkt, daß eine Lungen-TB keine Schmerzen verursacht, es sei denn, man erreicht das Endstadium, das durch den Exitus abgeschlossen wird, dann gehört diese Krankheit, bei all ihrer Heimtücke und Gefährlichkeit, immer noch zu denen von der leichter auszuhaltenden Sorte. Durch die Tuberkelbazillen bilden sich Löcher im Lungengewebe, sogenannte Kavernen, die sich je nach Zustand des Patienten mehr oder weniger schnell vergrößern, bis sie die Lunge zerstört haben. Beginnt ein Heilungsprozeß, vergrößern sich die Kavernen nicht mehr, sie werden kleiner und beginnen schließlich zu verkalken und einzuschmelzen.

In Ermangelung von wirksamen Medikamenten behalfen sich auch unsere Ärzte damals damit, bei vielen Patienten einen »Pneumothorax« anzulegen. Da wird dem Erkrankten durch eine dicke Nadel, die neben dem Brustbein zwischen zwei Rippen eingestochen wird, so viel Luft in seinen Brustraum gepumpt, bis die Lunge, jetzt erheblich zusammengepreßt, nur noch einen Teil ihrer Kapazität behält. Dabei werden auch die Kavernen zusammengedrückt, was den Heilungsprozeß fördern soll. Da sich aber die eingefüllte Luftblase langsam aufbraucht, muß diese Prozedur so alle vier Wochen wiederholt werden. In der Zwischenzeit kann der Patient keine großen Sprünge machen oder Treppen im Schnellschritt nehmen. Ihm geht sehr schnell die Puste aus. Wir erkannten untereinander die »Pneus« an ihrem bedächtigen Schrittempo und ihren langsamen Bewegungsabläufen. Die Lungen-Tb bietet wenigstens einen Vorteil gegenüber den meisten anderen schweren Infektionskrankheiten. Der subjektive Leidensdruck hält sich lange in Grenzen. Wenn er richtig einsetzt, ist es meistens schon zu spät. Diese besonderen Bedingungen machen es verständlich, daß die allgemeine Stimmung in unserer Klinik von einer gewissen Gelassenheit geprägt wurde. An den langen Abenden lernte ich endlich das Skatspiel und begann mit Schach.

Von der ersten bis zur letzten Woche war auf eines blinder Verlaß: auf das Lebensmittelpäckchen, das mir Gisela aus L. schickte, zusammen mit einem langen Brief. Nur wer die katastrophale Versorgungslage damals miterlebt hat, kann sich vorstellen, was das bedeutete. Sehr viel Selbstgebackenes, viel aus dem eigenen Garten gezogen und verarbeitet, alles liebevoll verpackt und von mir sehnsüchtig erwartet. Ihre Phantasie im Erfinden von gut schmeckenden Eigenkreationen war grenzenlos. Für mich waren diese Päckchen ein Lebenselixier, ich hätte mich nie so gut erholt ohne ihre ständige Hilfe.

Eines Tages wurde zu unserer großen Überraschung eine Lebensmittelspende aus Portugal unter uns verteilt. Ein einmaliges Ereignis. Jeder Patient erhielt 15 Büchsen in Öl eingelegte Sardinen als Konserve. Was heute für billiges Geld in jedem Supermarkt meist unbeachtet in den Regalen herumsteht, war bei dem chronischen Mangel an Fett jeder Art damals heißbegehrt. Alle, die zu Hause Familien hatten, schickten das meiste als Päckchen heim, aber selbst das, was dann noch von allen Patienten gegessen wurde, bis zum letzten Tröpfchen Öl, reichte aus, um das ganze Sanatorium mit einem tagelangen Durchfall zu beschäftigen. Die ausgezehrten Körper vertrugen diese Mengen an Speiseöl nicht mehr.

Weniger harmlos verlief eine andere Lebensmittellieferung. Bei dem chronischen Versorgungsmangel erhielten wir einmal drei Wochen lang nicht ein einziges Fetzchen Fleisch oder Wurst, aber dafür anschließend die beruhigende Benachrichtigung von unserer Kartenstelle, daß für jede ausgefallene 100 Gramm-Menge Fleisch als Ersatz 250 Gramm Käse geliefert werden würden. Gespannt warteten wir auf das, was uns da angekündigt worden war. Dann rollte der LKW vor. Es wurden große Kisten abgeladen, die schon beim Öffnen einen penetranten »Duft« verbreiteten. Es waren »Harzer Roller«, der Magerkäse mit der niedrigsten Fettstufe. Jeder von uns bekam fast fünf Kilo davon in die Hand gedrückt. Es begann sofort im ganzen Sanatorium ein großes Paketepacken, und unten im Ort türmten sich in der kleinen Poststelle diese Pakete zu Bergen. Es war inzwischen Winter geworden, und es war ein Donnerstag, als wir alle unsere Pakete abgaben. Dann begann es zu schneien und Sülzhayn versank im Schnee. Es lag viel Schnee, so daß der alte klapprige Postbus nicht mehr durch kam. Als die beiden Postbeamten am Montag frühmorgens die Tür zu ihren vorgeheizten Amtsräumen öffneten, verschlug es ihnen den Atem. Aus dem Paketraum floß ein breiter, nach Parkettöl und ranzigem Käse stinkender Lavastrom knöchelhoch durch alle Amtszimmer, durchtränkt mit Papier- und Schnurresten, auch Teile von schmutziger Männerwäsche, löchrige Socken dazwischen. Von diesem Tag an war es besser, sich auf dieser Poststelle niemals freiwillig als Patient des Sanatoriums zu erkennen geben, denn auch noch monatelang, nachdem die stinkende Käseflut abgekratzt worden war, stank es aus allen Ritzen und winzigen Löchern in der ganzen Post wie in einem faulenden Misthaufen.

Ich genoß diesen Winter. Meine Genesung machte jetzt gute Fortschritte, und ich hatte Aussichten, im zeitigen Frühjahr als geheilt entlassen zu werden. Uns Jüngere beschäftigte inzwischen die Frage, wie wir die mit Sicherheit zu erwartende Weihnachtsdepression ausmanövrieren könnten. Urlaub gab es nicht, und so war besonders bei den Familienvätern und den Älteren mit ernsthaften Schwermutsanfällen zu rechnen. Die lange Isolierung machte sich nun doch bemerkbar. Ich erinnerte mich an die Wirkung unserer Theatervorbereitungen seinerzeit in L. und machte den Vorschlag, einfach mal zu versuchen, einen Kabarett-Abend auf die Beine zu stellen. Wir hatten einige Naturtalente unter uns, und den Text müßten wir uns halt selber schreiben. Große Zustimmung. Mit einer Handvoll geeigneter Mitpatienten begannen wir an einem Konzept zu bosseln. Es passierte genau das, was wir beabsichtigt hatten. Es kamen sehr schnell Vorschläge und Ideen aus fast allen Zimmern, und wir verbrachten einen großen Teil der Adventsabende nicht mit trübsinnigen Erinnerungen und melancholischen Überlegungen, sondern mit den Vorbereitungen für unsere Aufführungen. Nicht so begeistert waren unsere Ordensschwestern, die ich auch mit Engelszungen nicht davon überzeugen konnte, daß wir da an einem gottgefälligen Werk tätig waren. Die sagten nur kühl, dann solle ich mich doch wenigstens ab und zu in ihrem Gottesdienst sehen lassen, und lachten mich aus.

Für Weihnachten erhielten die Patienten als »Sonderzuteilung« pro Kopf 150 Gramm Butter außer der Reihe. Da machte der Patientenrat den Vorschlag, davon Buttercremetorten zu backen, eine für alle seit vielen Jahren nicht mehr erlebte Delikatesse, ein Traum. Kein Mensch kann sich heute noch vorstellen, was das Zauberwort »Buttercremetorte« in dieser Hungerzeit für alle bedeutete. Unsere Ordensschwestern erklärten sich bereit, das große Werk in ihre bewährten Hände zu nehmen. Ich erlaubte mir allerdings im Patientenrat mit einer dämpfenden Bemerkung daran zu erinnern, daß nur die Patienten diese Sonderzuteilung erhalten hatten. Wir würden Probleme kriegen! Was ist mit unseren Ärzten, unsern Pflegern, den Mädchen im Labor, den Ordensschwestern? Sollten die in die Röhre gucken, während wir uns an unseren Tortenstücken delektierten? Wir sahen uns an und waren alle einer Meinung. Natürlich sollte jeder ein Stück Buttercremetorte bekommen. Aber wir mußten die Patienten abstimmen lassen, es ging nicht anders. Wir konnten das nicht über alle Köpfe weg alleine entscheiden. Aber bei 200 Patienten mit sehr unterschiedlichen Mentalitäten, unter denen ausgesprochene Querköpfe anzutreffen waren, würde es auch Ärger und Widerspruch geben. Dann bestand die große Gefahr, daß der Kreis unserer Helfer gekränkt und beleidigt von sich aus verzichten würde, eine Situation, die wir unbedingt vermeiden wollten.

Der Zufall wollte es, daß ausgerechnet am Abstimmungstag Kollege Breindl, der die Autorität hatte, die Sache durchzuziehen, ausfiel. Der Patientenrat bestimmte mich zum Abstimmungsleiter, und mir war nicht wohl dabei. Ich hatte schon mitbekommen, daß genau dieses »Problem« inzwischen heftig diskutiert wurde, was natürlich auch damit zusammenhing, daß die Patienten nichts anderes zu tun hatten. Dann war es so weit. Ich stand auf, am Kopfende des riesigen Speisesaals, und bat ums Wort. In das tiefe

Schweigen hinein hielt ich eine kurze Ansprache. Ich tat etwas, was ich mich vor- und nachher nie mehr getraut habe. Ich wußte, daß fast alle von uns Soldaten im Krieg gewesen waren, daß wir aber auch eine ganze Anzahl ehemaliger politischer Häftlinge und KZ-Überlebender unter uns hatten. Ich appellierte an die in diesem Fall von uns allen gewonnene Erfahrung, daß die größte Stärke einer Gruppe Menschen immer in der Gemeinsamkeit liegt und daß in Notzeiten das Teilen zwar immer schwerer, aber nur desto dringender wird. Um wieviel leichter sollte es deshalb heute für uns alle sein, einen so schönen momentanen Überfluß mit allen denen zu teilen, die sich so intensiv um unsere Genesung bemühten, und dann sagte ich mit ziemlich energischer Stimme: »Wer mit dem Patientenrat diese gleiche Meinung teilt, bitte«, mit einer Doppelhandbewegung nach oben, und jetzt mit Kommandostimme: »Aufstehen!« Das Wunder geschah. Mit einem Ruck erhob sich der ganze Saal und klatschte sich selber Beifall. Mir aber fiel ein Stein vom Herzen. Für alle, die hier für uns arbeiteten, war dieser Akt der Solidarität und der Anerkennung ihrer schweren Tätigkeit durch alle Patienten viel wichtiger als das Stück Buttercremetorte, wie sich wenig später herausstellte.

Auch der Kabarett-Abend am ersten Feiertag gelang recht gut. Es wurde viel gelacht, am meisten über die unvorbereiteten Pannen, und auch unser Versuch, die einzelnen Ärzte bei ihren Visiten mit ihren Marotten zu karikieren, wurde von diesen und ihren Ehefrauen am meisten beklatscht – was blieb ihnen auch anderes übrig. Wir hatten es geschafft, den Mitpatienten über diese gefährliche deutsche Gefühlsklippe der Weihnachts- und Silvestertage hinwegzuhelfen.

Dann kamen im Januar 1948 Wintertage von so zauberhafter Schönheit, wie ich sie nicht einmal aus meinen Jugendtagen im schlesischen Riesengebirge im Gedächtnis hatte. Die Wälder hier waren jetzt seit Jahren unberührt geblieben. Auf den von Pferdeschneepflügen freigeschaufelten Waldpfaden zog ich mit einem geliehenen Rodelschlitten vorbei an tiefverschneiten Tannen und Fichten bergaufwärts, atmete die klare kalte Winterluft so tief ein, wie das mein Pneu gerade noch erlaubte, und fühlte mich eigentlich schon wieder stark und unternehmungslustig. In den freien Stunden war ich jetzt jeden Tag unterwegs, wenn das Wetter es zuließ. Zusammen mit meinem Arzt hatte ich mir ein Trainingsprogramm zusammengestellt, das ich bis zum Entlassungstag durchhalten wollte. Ich ahnte nicht, daß alles anders kommen sollte.

Wenn wir im Radio die Abendnachrichten hörten, mußten wir feststellen, daß sich die politische Situation in diesem besiegten und zwischen Ost und West zerhackten Restdeutschland laufend verschlechterte. Selbst Menschen, die sich für Politik nicht im mindesten interessierten, mußten registrieren, daß eine Konferenz der Sieger nach der anderen über unser Schicksal wie Seifenblasen platzte. Um den Zankapfel Berlin mit seinen vier Sektoren gab es dauernd lautstarke Auseinandersetzungen. Die Allianz der vier Siegermächte war nicht nur zerbrochen, es war viel schlimmer. Am Horizont tauchte das Gespenst eines neuen Krieges zwischen ihnen auf, mit Deutschland als Zentrum.

Wir hörten uns das alles an, die Ostsender, die Westsender, aber untereinander sprachen wir wenig über Politik. Wir hockten für lange Zeit zu nahe aufeinander, um uns schwerwiegende Streitereien leisten zu können. Es kam hinzu, daß wir fast alle durch den verlorenen Krieg und die täglichen Meldungen über die Verbrechen der NS-Regierung, also unsere Verbrechen, so traumatisiert waren, daß kaum einer sich mehr traute, eine bestimmte politische Meinung zu äußern. Wir merkten, daß die hier sehr nahe Zonengrenze durch den Harz immer stärker abgeriegelt wurde. Ich bestaunte die ersten Typen der kasernierten Volkspolizei, meist junge Kerle in dunkelblauen Uniformen, die, ihre Mützen ins Genick geschoben, ganze LKW-Ladungen mit Stacheldraht auf die Berge hinauf fuhren. Sie besetzten auch unten in Ellrich die Straßenposten an den Landstraßen, die von der Zonengrenze überquert wurden, und bewachten die Schlagbäume. Selbst in dieser abgelegenen Ecke der Ostzone konnte es in diesem Winter 1947/48 nicht mehr den geringsten Zweifel daran geben, daß sich die politische Lage dramatisch verschlechterte. Ich registrierte das mit meinen politischen Erfahrungen aus L. relativ kühl. Wir hatten nichts anderes erwartet, und so lange Stalin lebte, war keine Besserung zu erwarten.

Es war an einem dieser herrlichen Wintertage Ende Februar 1948, ich sollte in zwei Wochen entlassen werden, als ich einen Sonntag für eine lange Abfahrt mit meinem Rodelschlitten nutzen wollte. Die Sonne ließ den immer noch meterhohen Schnee zwischen den Bäumen wie einen Teppich aus Milliarden von Diamanten blitzen und glitzern, und wenn ich nicht oben am Gipfel wieder einen Pulk dieser neudeutschen Uniformträger angetroffen hätte, die jetzt auch noch meinen Personalausweis sehen wollten und über ihre Schultern den mir ach nur so vertrauten Karabiner 98 k baumeln hatten, wäre es ein schöner Tag gewesen. Ich überreichte ihnen meinen Ausweis mit einem dezenten Husten und dem Hinweis auf meine Lungen-Tbc. Sekunden später waren sie so schnell verschwunden, als hätte sie der Erdboden verschluckt. Ich lachte, schwang mich auf meinen Schlitten und rauschte abwärts. Aber bei dieser Abfahrt verging mir das Lachen schnell. Ich merkte, daß ich beim Bremsen erhebliche Schmerzen im rechten Kniegelenk bekam, das beim Eintreffen im Sanatorium dick geschwollen war. Das gefiel meinem Doktor, der mich durch all die vielen Monate hindurch wieder auf die Beine gestellt hatte, überhaupt nicht. Ich wurde geröntgt und bekam eine strenge Bettruhe verpaßt. Am Nachmittag, als er mein Zimmer betrat, in dem ich gerade alleine war, ahnte ich, daß jetzt Dreck Trumpf sein würde.

Wenn man so lange wie ich in Lazaretten und Kliniken rumgelegen hat, entwickelt man einen sechsten Sinn für solche Situationen. Aber auf das, was jetzt auf mich zukam, war ich nun doch nicht gefaßt. Ich hatte eine fulminante Knochentuberkulose im Kniegelenk. Ich war so fassungslos, daß ich nicht mal mehr heulen konnte. Es war doch, verdammt nochmal, für meine 21 Lebensjahre nun wirklich genug mit dem, was ich hinter mir hatte seit meiner schweren Verwundung im September 1944. Ich konnte nur noch fragen: »Irrtum möglich?« Die Antwort: »Leider nein« nahm mir die letzte Hoffnung. Als er mir mit Erklärungen helfen wollte, bat ich ihn, mich alleine zu lassen. Ich wußte inzwischen, daß man selbst in Schweizer Spezialkliniken in Davos Jahre lag, bis eine Knochen-Tbc abgeheilt war. Der Hinweis, ich sei ein ganz seltener Ausnahmefall, weil normalerweise kein Lungen-Tbc-Kranker eine Knochen-Tbc bekommt, half mir nicht im geringsten. Ich war halt dieser verdammte Ausnahmefall. Jetzt wurde ich nochmal zentimeterweise untersucht, soweit das bei den damaligen technischen Möglichkeiten zu machen war, und da entdeckten sie dann eine weitere Knochenkaverne im rechten Fersenbein. Ich war voll bedient worden.

In diesen langen Tagen und endlosen, schlaflosen Nächten, in denen ich immer wieder einnickte und schweißgebadet hochschreckte, war ich so am Boden zerstört wie nicht einmal nach meiner schweren Verwundung im Herbst 1944. Damals war ich dem allgemeinen Sterben entkommen, aber jetzt hatte es mich mitten aus einem neugewonnenen Leben herausgerissen. Es war ein Rückschlag, so fürchterlich, daß ich keine Ahnung hatte, wie ich damit fertig werden sollte, zumal mir jeder religiöse Glaubensweg verschlossen blieb. Ich begann so schnell abzubauen, daß mein Stationsarzt den Chefarzt alarmierte. Der hatte mich zweimal unter dem Messer gehabt, und an unserem Kabarettabend hatte ich seine Rolle gespielt und ihn mächtig durch den Kakao gezogen. Er war einer der besten Ärzte, die mir in meinem Leben begegnet sind, und er wußte, daß ich aus einer Arztfamilie kam. Wir kannten uns also ein wenig. Er setzte sich auf meine Bettkante, während die anderen Patienten ihre Liegekur absolvierten. Er galt als wortkarg, aber es wurde ein langes Gespräch, eines von der seltenen Sorte mit absoluter Offenheit, um die ich ihn ausdrücklich gebeten hatte. Es half mir ein bißchen weiter.

Ich hatte seine bedingungslose Zusage, er könne mich hier so lange, und wenn es zwei Jahre dauern würde, weiterbehandeln, bis ich wieder auf den Beinen stehen würde. Jetzt hinge alles von mir ab. Ich sei erst 21 Jahre alt, ein ganzes Leben läge noch vor mir. Er versprach mir, sich intensiv um Westmedikamente zu bemühen, aber alle Anstrengungen auf ärztlicher Seite hätten nur einen Sinn, wenn ich voll mitziehen würde. Dann wurde das ganze Bein, vom Fuß bis zum Hüftgelenk eingegipst. Ich konnte nicht mehr aus meinem Bett raus. Ich war so fertig, daß ich mich auf kein Buch mehr konzentrieren konnte, ich starrte stundenlang an die Decke, und nachts überfielen mich bleischwer meine Erinnerungen als MG-Schütze an der Ostfront. War das alles vielleicht eine Strafe für das, was ich da angerichtet hatte? Gab es so etwas wie eine göttliche Gerechtigkeit und hatte die mich jetzt am Wickel? Ich versuchte zu beten, aber es gelang mir nicht, weil das Wichtigste fehlte, der Glaube. Ich begann zu resignieren. Nichts konnte ich mehr ändern, ich war einem Schicksal ausgeliefert, das ich einfach aushalten mußte. Ich mußte Gisela und meine Eltern benachrichtigen, denen ich schon meine Entlassung angekündigt hatte.

Meine Eltern lebten inzwischen, nachdem mein Vater bei seiner Entnazifizierung unter anderem mit einem einjährigen Berufsverbot bestraft worden war, mit meinem Bruder Mischa in einem einzigen Zimmer, das Wohn-, Schlaf- und Arbeitsraum mit Küche gleichzeitig war. Ärmlicher ging es kaum mehr. Trotzdem hatten wir verabredet, daß ich mich, sofort nach meiner Entlassung, über die nahe Zonengrenze davonschleichen sollte, um in Frankfurt bei ihnen anzulegen. Davon konnte keine Rede mehr sein. Zwar bekam ich jetzt Holzkrücken, in die man sich mit den Achseln hineinhing, aber ich durfte und konnte das rechte Bein nicht mehr belasten. Doch ich hatte mal wieder den Durchsetzungswillen meines Vaters unterschätzt. Der arbeitete inzwischen, für Gottes Lohn, und einen Teller Suppe am Tag als hochgeschätzter Facharzt in einer Spezialklinik in Bad Homburg, wo sie versuchten, den Opfern, denen der Krieg das Gesicht zerfetzt hatte, wieder ein menschliches Antlitz zurückzugeben – trotz Berufsverbot. Die anderen Ärzte, froh um den erfahrenen Kollegen bei diesen komplizierten Mehrfachoperationen, deckten seine Tätigkeit nach außen, aber bezahlt werden durfte er nicht. Jetzt beschloß er einfach, mich im Alleingang rüber in den Westen zu holen, was immer auch sich dem in den Weg stellen sollte. Mit dem Briefwechsel hin und her war es März geworden.

Die politische Situation begann sich jetzt beängstigend zuzuspitzen. Schon im Spätherbst 1947 hatte es in Berlin laut gekracht. Die SMA weigerte sich beharrlich, den demokratisch gewählten neuen Oberbürgermeister von Berlin, Ernst Reuter, anzuerkennen. Im Dezember war die Londoner Konferenz der Siegermächte über das zukünftige Schicksal Deutschlands kläglich gescheitert. Jetzt, im Frühjahr 1948, drohten die Sowjets unverhohlen damit, den Alliierten Kontrollrat in Berlin lahmzulegen. Als in den ersten Märztagen der sowjetische Stadtkommandant von Berlin damit drohte, eine Beibehaltung des Vier-Mächte-Status von Berlin könne von den Sowjets nicht länger garantiert werden, überschlugen sich die Gerüchte über eine völlige Schließung der Zonengrenze und eine Blockade Berlins. Dann kam der 20. März 1948, und am nächsten Tag hing ganz Deutschland am Rundfunkempfänger, als die Nachrichten kamen. Ein bewaffneter Konflikt zwischen den einstigen Siegermächten schien unmittelbar bevorzustehen. Jetzt zitterten die Deutschen in den Westzonen genauso wie die in der Ostzone, denn alle vereinte das Gefühl einer absoluten Machtlosigkeit und Abhängigkeit von dem, was die Sieger dieses Krieges anrichten würden. Was war geschehen? Der sowjetische Marschall Sokolowski, Oberbefehlshaber der sowjetischen Truppen in Deutschland und Chef der SMA, hatte mit einem Eklat den Alliierten Kontrollrat für Deutschland in Berlin verlassen und ihn damit endgültig lahm gelegt. Damit war das im Mai 1945 von den vier Siegermächten installierte System zur Verwaltung und Beaufsichtigung für ganz Deutschland endgültig geplatzt. Es war allen Beteiligten klar, daß Sokolowski diesen entscheidenden Schritt niemals selbständig, sondern nur auf einen ausdrücklichen Befehl Stalins hin getan hatte. Es war klar, als nächstes würden die Sowjets versuchen, die Westalliierten zum Abzug aus Berlin zu zwingen, und das konnte nur eines bedeuten – den nächsten Krieg. Und dieser Krieg würde genau da beginnen, wo der letzte aufgehört hatte – in Berlin.

Von einer Grenze, einem Rausschmiß und einer Flucht

Bei mir wuchs die Furcht, in der Ostzone eingesperrt zu werden, von Tag zu Tag. Die Aussicht, hier vielleicht nie mehr rausgelassen zu werden, die dann ab dem Mauerbau 1961 endgültig Wirklichkeit wurde, begann sich damals schon abzuzeichnen. Die völlige Ungewißheit über das, was schon die nächsten Tage oder Wochen bringen würden, führte zu einer völligen Verunsicherung, auch weil praktisch jeder »die Russen« für ganz unberechenbar hielt. Dazu immer die Angst vor einem neuen Krieg. Was wir sehr genau beurteilen konnten, weil es sich direkt vor unseren Augen abspielte, war die mit Hochdruck betriebene Sperrung der Zonengrenze. Bisher bestand sie nur aus einzelnen Hindernissen und Wachtürmen, nun wurde sie von der Vopo und ihren Hilfskräften zu einem regelrechten hohen Zaun ausgebaut, auch wenn das hier in diesem unwegsamen Waldgebiet erhebliche Schwierigkeiten bereitete.

Inzwischen war der Plan meines Vaters fertig. Er hatte bei der Reichsbahn-Direktion in Frankfurt einen ganzen Güterwagen gemietet, mit dem er bis direkt an den letzten Bahnhof an der Zonengrenze fahren konnte. Von dort aus würde er schwarz über die Grenze kommen, mich im Sanatorium abholen, und zusammen würden wir den Rückweg schon schaffen. Der Wagen schien nötig, weil ich nicht im Sitzen transportiert werden sollte, und Liegeabteile gab es damals noch nicht. Als ich seinen Plan las, wurde ich blaß vor Schreck. Der Alte spielte mal wieder »volles Rohr«, und es war mir unbegreiflich, mit welchen Tricks und Bluffs er diese ganze Maschinerie hatte in Gang setzen können. Die Währungsreform lag noch in weiter Ferne. Schon eine ganz normale Eisenbahnfahrkarte zu bekommen, war ein Kunststück, einen Platz in einem Zug zu erobern, fast unmöglich. Die Leute prügelten sich, besetzten die Wagendächer und Puffer. Mein Vater hat sich später immer strikt geweigert, zu verraten, wie er dieses Ding damals gedreht hatte. Er lächelte als alter Herr nur stillvergnügt vor sich hin und war noch nachträglich sehr zufrieden mit sich.

Trotzdem mußte ich ihm schreiben, daß es so wie von ihm geplant nicht ging. Wir hatten noch zwei weitere Patienten aus L. im Sanatorium, die beide meinen Vater kannten und wußten, daß gegen ihn ein Haftbefehl wegen »Autodiebstahl« lief. Der eine war Kommunist, und zwar von der Sorte »250%«. Sobald der meinen Vater zu Gesicht bekam, was nicht zu vermeiden war, hatten wir die Vopos im Haus. Ich wollte nicht Schuld daran sein, daß mein Vater in Bautzen landete. Aber es war auch klar, man durfte jetzt keine Zeit mehr verlieren. Es war Anfang April. Durch die Liegerei im Bett wurde ich jeden Tag klappriger, und ich faßte einen Entschluß. Der Gips mußte runter und durch einen festen Stützverband ersetzt werden. Ich wollte mich allein auf die Socken machen. Noch war ich kräftig genug mir das zuzutrauen. Die Ärzte schlugen die Hände über dem Kopf zusammen und waren entsetzt, aber ich setzte meinen Kopf durch. Aber jetzt begannen meine hiesigen Hilfstruppen aktiv zu werden. Auf einmal stellte sich heraus, wieviel Menschen es hier gab, die mir helfen wollten, vom Chefarzt bis zum Fahrer unseres Sanitätswagens. Der hatte die Idee, es erst einmal, ganz simpel, unten direkt am Schlagbaum in Ellrich zu probieren. So wie ich herumhumpelte, würden mich die Vopos vielleicht doch als Schwerkriegsbeschädigten und Krückenläufer rüber lassen oder vielleicht mal einen Moment wegschauen. Der Westschlagbaum vor Walkenried war hier nicht weit entfernt. Dann hätte ich es geschafft, relativ mühelos.

Es wurde eine der schlimmsten Demütigungen, die ich in meinem Leben einstecken mußte. Ich betrat, vom Posten eingewiesen, die Wachstube, in der ein halbes Dutzend uniformierte Typen rumlümmelten, die offenbar nichts zu tun hatten und nur auf so etwas wie mich gewartet hatten. Sie ließen mich nicht mal ausreden, sondern übergossen mich sofort mit einer Flut von Spott und Hohn, machten unflätige Witze über mein ramponiertes Aussehen, und während mir der Schweiß von der ungewohnten Anstrengung über das Gesicht lief, hielten sie sich ihre Nasen zu und reklamierten meine angeblichen Käsefüße. Die Kerle waren teilweise noch jünger als ich, und ich bemühte mich, meine Fassung zu bewahren, während gleichzeitig in mir eine Wut hochstieg, die mich gleich zu zerreißen drohte. Wenn ich jetzt eine MP in der Hand gehabt hätte, ich hätte geschossen, ohne mit der Wimper zu zucken. Dann begannen sie damit, mich in bester Kasernenhofmanier fertig zu machen. Ich war wehrlos, und sie machten den Kasperle aus mir. Da muß sich mein Gesichtsausdruck so verändert haben, daß sie einen Moment innehielten. Dann kamen zwei auf mich zu und warfen mich einfach raus, so daß ich in den Dreck fiel, warfen die Krücken und meinen Persilkarton hinterher, und ich mußte froh sein, daß mir bei meinem Sturz kein Knochen zu Bruch ging. Ich habe eine vergleichbare Situation in meinem ganzen langen Leben nie mehr erleben müssen, kann sie aber niemals vergessen. Zu meinem Glück hatte der Fahrer gewartet, der kannte seine Pappenheimer von der Volkspolizei, weil er oft mit ihnen zu tun hatte. Er verstaute mich wieder in seinem Sanka, spuckte einen großen Bogen in Richtung Wachhaus und sagte: »Uniformierte Scheiße.« Dann fuhren wir zurück zum Sanatorium. So ging es nicht.

Als mir eine der Ordensschwestern ihre alte Wanderkarte von unserem Gebiet schenkte, in der jeder Saumpfad eingezeichnet war, faßte ich einen besseren, aber gefährlicheren Plan ins Auge. Es war der Fahrer, der mich bei unserer Rückfahrt auf eine neue Idee gebracht hatte. Er erzählte von einer kleinen, aber feinen Dependance des Sanatoriums in einem villenähnlichen Gebäude, das jetzt mitten im Sperrgebiet der Roten Armee lag, ganz nahe an der Zonengrenze. Sie diente vor dem Krieg einigen wenigen, sehr wohlhabenden Privatpatienten während ihrer Kur als Unterkunft. Um zu verhindern, daß die gut ausgestatteten Räume geplündert werden konnten, hatte die Sanatoriumsleitung eine Übereinkunft mit der zuständigen Kommandantur der Roten Armee getroffen, daß dort ständig ein Sanitäter, der regelmäßig abgelöst wurde, als Wache und Aufsicht untergebracht worden war. Das Haus selber durfte nicht mehr als Patientenunterkunft benutzt werden und stand leer. Einmal in der Woche durfte unser Fahrer mit seinem Sanka nach oben fahren und die Wache mit Lebensmitteln, Brennmaterial, frischer Wäsche und ähnlichem versorgen.

Das würde meine einzige und sicher letzte Chance sein, aus diesem Teil Deutschlands endgültig zu verschwinden. Der Chefarzt, von mir befragt, sah mich nachdenklich und skeptisch an. Er hatte mit meinem Vater telefoniert, der offensichtlich entschlossen war, mich hier auf Biegen oder Brechen rauszuholen, bevor die Zonengrenze dicht gemacht wurde. Die Lage hatte sich so zugespitzt, daß wir jeden Tag mit Zwischenfällen rechneten, deren Folgen unberechenbar waren. Als die anderen Patienten ihre Liegekur machten, setzte sich der Chefarzt wieder zu mir. Wir waren allein, und wir besprachen mein Vorhaben bis in alle Details. Er wollte mir unbedingt helfen, und er ging dabei ein beträchtliches persönliches Risiko ein, wenn die Sache schief ging oder bekannt wurde. Auch ein Sanatorium hatte damals hundert Ohren. Das kümmerte ihn wenig. Er muß ein Mann von großer Zivilcourage gewesen sein, und ich habe immer gehofft, daß es ihm weiter gut gegangen ist in seinem Leben. Schreiben konnte ich ihm nur einmal, mit verdecktem Namen und verklausuliert, als mir die Flucht geglückt war. Was ihn wirklich belastete, war sein ärztliches Verantwortungsgefühl. Was ich vorhatte, war, medizinisch gesehen, der reine Wahnsinn und nicht zu verantworten. Ich gab es ihm schriftlich, daß ab jetzt alles Weitere auf meine eigene Verantwortung ging und daß ich über alle Risiken aufgeklärt worden war.

Damit ich die Gewaltkur aushielt, drückte er mir einige schwere Aufputschmedikamente mit genauer Gebrauchsanweisung in die Hand. Die Holzkrücken wurden in der Schreinerei verstärkt, für die Hände brauchte ich elastische Binden, damit die Haut nicht aufgescheuert wurde. Einer der KZ-Überlebenden schenkte mir eine Bänderkonstruktion, mit der ich meinen Persilkarton auf dem Rücken festzurren konnte. Ich brauchte beide Hände für die

Krücken. Zwei Ordensschwestern drückten mir selbstgestrickte feste Socken in die Hand, eine andere buk mir extra ein kleines Spezialbrot, das nicht vertrocknete, für unterwegs. Ich war ganz gerührt, hatte keine Ahnung gehabt, wieviel Freunde ich hier gewonnen hatte, die mir jetzt helfen wollten. Alles, was im Karton keinen Platz mehr hatte, mußte ich zurücklassen.

Auf meinem Marsch querfeldein über die Berghänge würde jedes Gramm Gewicht schwer wie Blei wiegen. Der Fahrer würde mich hinten im LKW unter einen Stapel Wolldecken verstecken, denn er mußte durch zwei Kontrollen. Die erste von der Volkspolizei, und die zweite, am Rand des Sperrgebietes, von der Roten Armee. Der Sani oben in der Dependance würde dicht halten, auch er war, wie mein Fahrer, ein ehemaliger Soldat, übrig geblieben wie ich. Das war wichtig damals, wo Denunziationen an der Tagesordnung waren. Ich würde abends oben ankommen, ein paar Stunden im Wachzimmer schlafen können und in der frühesten Morgendämmerung aufbrechen, um dann quer durch den Wald und über die Hänge eine Landstraße nach Bad Lauterberg zu erreichen, die schon im Westen lag. Von dort aus gab es eine Zugverbindung nach Northeim, aber da wäre ich längst in Sicherheit. Irgendwo, nur rund 3 km hinter der Dependance, lief die damals noch weitgehend unmarkierte Zonengrenze quer durch Harzwälder, und wenn ich Glück hatte, gab es hier noch keinen Stacheldrahtverhau. Soweit, so gut. Der Plan hatte nur einen Riesenhaken. Ob ich dieses Pensum mit Fieber, Schmerzen, dem kaputten Knie und meinem doch schon ziemlich klapprigen Zustand schaffen würde. Noch dazu auf Krücken. Der Chefarzt warnte mich eindringlich davor, das rechte Bein zu belasten, denn dann würde ich es wahrscheinlich später endgültig verlieren.

Wir sprachen nicht darüber, aber wir wußten beide genau: Würde ich bei meiner Parforce-Tour schlapp machen und unterwegs liegen bleiben, war ich verloren. Innerhalb des Sperrgebietes der Roten Armee, direkt an der Zonengrenze, gab es in diesem dichten, völlig unübersichtlichen Waldgebiet ohne Weg und Steg, weit und breit keine Menschenseele, die mir hätte helfen können.

Wegen eines vermißten Flüchtlings würde die Volkspolizei keinen Finger krumm machen. Hier waren schon genug Menschen draufgegangen, auf einen mehr oder weniger kam es in dieser Zeit auch nicht mehr an. Wenn ich da irgendwo liegen blieb, war endgültig Feierabend für mich. Wie hatte mein Vater mir zu meinem 21. Geburtstag so schön geschrieben »Hic rhodus, hic salta«, na dann los, ich würde springen, ich wollte hier raus, und zwar sofort.

Es lief alles so, wie wir es besprochen hatten. Das letzte, was ich noch sehen konnte, bevor sie mich unter einem Berg von Decken begruben, waren die Ordensschwestern aus der Küche, die mir blitzschnell ein Päckchen mit Wurststullen zuschoben. Dann ging alles wie geschmiert. Der Fahrer war vertraut mit den Volkspolizisten, auch mit den Russen, für die er gelegentlich Schnaps besorgte. Sie kontrollierten den Wagen nur flüchtig, machten ein paar Scherze, und ich blieb unentdeckt. Der Sanka rumpelte über steinige Forstwege, jetzt allerdings mit einem Rotarmisten als Begleiter neben dem Fahrer. Oben angekommen, hörte ich laute Begrüßungen, langes Palaver, alle gingen ins Haus. Viel später kam der Fahrer, schob die Decken über mir weg, und ich humpelte hinter ihm her in den Keller, wo ich abwartete, bis sich der LKW mit Fahrer und Iwan wieder auf den Weg machten.

Dann hockte ich mit der Hauswache zusammen oben an einem bullernden Eisenofen, der eine behagliche Wärme verbreitete. Es war Anfang April, die Nächte hier oben im Harz waren noch saukalt, aber – zu meinem Glück – lag Schnee nur noch in höheren Lagen. Der hätte alle meine Pläne zunichte gemacht. Wir erzählten uns Geschichten, es war ja damals wirklich so, daß man dauernd wildfremden Menschen begegnete, sich gegenseitig half, wenn das nicht zu viel Mühe machte, und die Lebensgeschichten, die man so bröckchenweise erfuhr, waren so, daß heute jeder Schreiber vom Abenteuerromanen vor Neid erblassen würde. Der Krieg und die Nachkriegszeit hatten die Menschen wie in einem Coktailshaker so durcheinandergewirbelt, daß man nicht mehr von unten oder oben sprechen konnte. Der Mann, mit dem ich es hier zu tun hatte, war mal ein berüchtigter Hoteldieb, ein sogenannter »Berufskrimineller«, gewesen. Ich sollte ja eigentlich schlafen, aber als er von seinen Diebestouren im Berliner Hotel »Adlon« erzählte, von den Tips der Etagenkellner, die natürlich Anteile bekamen, von den Tricks, mit denen da gearbeitet wurde, war ich so fasziniert, daß ich ihn dauernd aufforderte, weiter zu erzählen. Irgendwann bin ich dann doch auf dem Feldbett eingeschlafen.

Als er mich weckte, war es draußen noch stockfinster. Jetzt erklärte er mir an Hand einer Skizze haargenau den Verlauf der Zonengrenze, gab mir jede Menge wertvolle Tips und hatte einen mordsstarken Tee zum Frühstück gebraut, echten russischen, ein Geschenk der Roten Armee, damals eine Kostbarkeit. Er begleitete mich noch über die Wiesen bis zum Waldrand und trug meinen Persilkarton. Dann mußte er umkehren. Wir durften auf keinen Fall zusammen gesehen werden. Wir schüttelten uns zum Abschied die Hand, bedauerten, daß wir uns nie mehr begegnen würden – aber so war das halt damals. Das war der netteste Dieb, den ich je in meinem Leben kennengelernt habe.

Noch heute, als altem Mann, ist mir völlig schleierhaft, wie ich das, was dann kam, damals überhaupt geschafft habe. Man muß wohl erst 21 Jahre alt sein, um das auszuprobieren. Die Strecke war nicht so arg lang, aber ich mußte teilweise mit Krücken quer durch das dichte Unterholz. Es gab keinen Weg, nicht mal einen Fußpfad. Aber am schlimmsten waren die Hänge. Mir blieb einfach die Luft weg. Ich hatte ja monatelang einen Pneumothorax gehabt, also nur eine Lunge mit sehr eingeschränkter Kapazität. Die verdammten Krücken verfingen sich im Gestrüpp, und obwohl ich sehr aufpaßte, flog ich doch einige Mal der Länge nach auf die Schnauze. Morgens hatte ich die erste vom Chefarzt gespendete Tablette geschluckt, was mir jetzt half. Aber es war schlimm, und als die Sonne hoch kam, setzte ich mich unter einen Baum. Meine Nerven flatterten ziemlich. Jetzt mußte ich mir selber erst mal gut zureden und wieder Mut machen. Im Grunde genommen konnte mir überhaupt nichts passieren, wenn ich jetzt nicht in Panik verfiel. Ich hatte Verpflegung dabei, die würde für drei Tage ausreichen. Auch Wasser, und es gab hier genug kleine Bäche. Zur Not konnte ich sogar im Wald übernachten, denn ich hatte eine Decke und Streichhölzer, um mir Feuer zu machen. Auch ein scharfes Messer, um mir aus Tannenzweigen einem kleinen Windschutz zu bauen – haben wir doch alles schon mal gemacht, nichts Neues unter der Sonne. Ich mußte nur auf meine Kräfte und das verdammte Fieber aufpassen, immer einen klaren Kopf behalten, das war das Wichtigste. Nur keine Hast, 3 km, da hatten wir schon ganz andere Sachen geschafft, das war ja nur ein Fliegenschiß, verglichen mit dem, was ich schon marschiert war. So redete ich mir selber Mut zu. Was mir auch half, war das Gefühl, ich war unterwegs nach Hause, endlich. Obwohl das auch ziemlich verrückt war, weil es ein Zuhause wie früher ja gar nicht mehr gab.

Dann bin ich plötzlich sehr erschrocken hochgefahren, weil mir genau das passiert war, wovor mich der Chefarzt am nachdrücklichsten gewarnt hatte – ich war eingeschlafen. Die Sonne stand schon hoch am Himmel, ich mußte weiter, band mir meinen Karton auf den Rücken, nahm die Krücken und marschierte los. Obwohl man jetzt sogar ein wenig Frühlingswärme spüren konnte, fühlte ich mich nicht sehr gut. Ich hatte mich trotz aller Tips prompt verlaufen. Es war Nachmittag, als sich der Wald plötzlich öffnete und ich auf eine Landstraße stieß. Aber ob das nun die gesuchte war, oder war ich im Kreis herumgelaufen und noch in der Ostzone? Ich setzte mich in den Straßengraben, war so fertig, daß mir alles gleichgültig war. Mein Bein schien zu explodieren. Ich schluckte die letzte Tablette und war nur noch müde, todmüde. Wenn ein russischer LKW vorbeigefahren wäre, hätte mich das auch nicht mehr sehr aufgeregt. Es kam auch einer, und als er sich näherte, erkannte ich sein Nummernschild. Ich war in der britischen Besatzungszone, ich hatte es geschafft, ich war im Westen.

So saß ich heulend vor Erschöpfung und Glück im Straßengraben, winkte mit meiner einen Krücke und hatte nochmal Glück. Der LKW hielt. Die kannten hier schon solche Halbleichen wie mich, weil dauernd noch Flüchtlinge versuchten, über die Zonengrenze zu fliehen, bevor der Dritte Weltkrieg begann. Sie lieferten mich beim Roten Kreuz auf dem Bahnhof in Northeim ab, wo ich ein Feldbett, einen neuen Streckverband und einen Topf BOHNENKAFFEE in die Hand gedrückt bekam. Das war ein köstliches Getränk, ich war begeistert und fiel in einen tiefen Schlaf der Erschöpfung.

Die unmittelbare Gefahr war vorbei, und zwar endgültig, aber die körperliche Schinderei und die Schmerzattacken waren es nicht. Wir hatten noch Vorwährungsreform-Zeiten und ein D-Zug brauchte von Northeim bis Frankfurt a. M. so irgendwie zwischen acht und zehn Stunden, auch weil in jedem größeren Dorf gehalten wurde. Es herrschten immer noch chaotische Verkehrsverhältnisse. Wer nicht gezwungen war zu verreisen, der blieb besser zu Hause. Ich war aber frohen Mutes, hatten mir doch die DRK-Schwestern versprochen, mich bis zum Bahnsteig zu bringen und in einem Abteil für Schwerbeschädigte unterzubringen. Dann fuhr der Zug mit großer Verspätung ein, und mir fiel das Herz in die Hose. Von Überfüllung zu sprechen, wäre eine maßlose Untertreibung gewesen. Der Zug schien vor Menschen zu platzen. Keine Rede mehr von Sonderabteil. Es gelang den Schwestern noch, mich mit vereinten Kräften auf eine überfüllte Plattform zu pressen, so daß die Zugtür gerade knapp hinter mir zu ging. Meinen Persilkarton hatten sie mir zwischen die Beine geschoben, und dann ging's ab Richtung Frankfurt. Da stand ich nun, eingekeilt von einer Masse Menschen, und hing in meinen Krücken. Das konnte nicht lange gut gehen, aber es wäre völlig sinnlos gewesen, den Versuch zu unternehmen, bis zum Gang vorzudringen oder dort gar einen Sitzplatz zu bekommen. In sechs Kriegs- und drei Nachkriegsjahren war der Mensch dem Menschen, jedenfalls in bestimmten Situationen wie dieser, ein Wolf geworden. Die Leute waren viel zu abgestumpft und mit ihrem eigenen Überleben beschäftigt, als daß sie sich um die Sorgen von anderen groß gekümmert hätten. Sollte halt jeder sehen, wie er zurecht kommt.

Ich hielt eigentlich länger durch, als ich gedacht hatte. Als ich zusammenbrach, dachte ich noch, was für ein Segen, daß ich dermaßen eingekeilt bin, hier kann ich wenigstens nicht umfallen, es war einfach kein Platz dafür da. Mein Schwächeanfall mit den

Krücken verhalf mir jetzt sogar zu einem sehr engen, aber ersehnten Sitzplatz. Mir war schlecht, das Bein brannte wie Feuer, und ich hatte einen immer unerträglicher werdenden Durst. Kein Wunder, ich hatte 40 Grad Fieber. Die Zunge schwoll mir im völlig ausgetrockneten Mund. Ich kann mich nicht erinnern, jemals vorher oder später in meinem Leben so fürchterlichen Durst gehabt zu haben. Das war viel schlimmer als Hunger. Auch wenn der Zug ewig lange auf irgendwelchen Stationen hielt, ich konnte nicht raus, um an irgendeinen Wasserhahn zu gelangen. Ich war viel zu schlapp und zu ausgehöhlt, um mich mit meinen Krücken durch das immer noch mörderische Gedränge raus und wieder rein ins Abteil durchzukämpfen. Die Stunden vergingen quälend langsam. Ich konnte überhaupt nicht abschätzen, wie weit es noch bis Frankfurt war, die ganze Gegend war mir völlig unbekannt, ich war in meinem ganzen Leben noch nie so weit nach Westen und in den Süden von Deutschland vorgedrungen. Als der Durst unerträglich geworden war, wollte es der Zufall, daß mein Gegenüber, nach seiner Aufmachung ein Schieber oder Schwarzhändler, seine Thermosflasche öffnete und sich etwas Trinkbares eingoß. Da ließ mich der fürchterliche, peinigende Durst alle Hemmungen vergessen. Ich bat, ja bettelte förmlich um einen einzigen Schluck. Es war ein weiterer sehr demütigender Augenblick in meinem Leben. Das ganze Abteil hörte zu und erwartete, sichtlich gespannt, die ablehnende Antwort meines Gegenübers. Der musterte mich abschätzig, und er hatte allen Grund dafür. Ich war jetzt den dritten Tag unterwegs, ungewaschen und unrasiert. An meinen Schuhen und der gefärbten Wehrmachtsuniform hingen noch der Lehm und Dreck meiner »Harzreise«, kurz, ich sah aus wie ein heruntergekommener Landstreicher.

Dazu das hochrote Gesicht mit den fiebrigen Augen. Selbst meine Eltern und meine Schwester erschraken später bei meinem Anblick. Aber vielleicht traute er sich gerade deshalb nicht recht, »nein« zu sagen. Mit sichtlich angewidertem Gesichtsausdruck drückte er mir die Thermosflasche in die Hand. Ich berührte die Flasche nicht mit meinen Lippen, sondern ließ einfach etwas von oben in meinen geöffneten Mund hineinlaufen. Höflich bis zum Verrecken. Sichtlich erleichtert nahm er sie zurück. Ich bot ihm jetzt meine Blechbüchse mit Tabak und Papier an, damit er sich eine Zigarette drehte. Schließlich war ich ihm unendlich dankbar für drei Schluck Zitronenwasser. Erfreut griff er danach, warf einen Blick hinein und gab sie mir mit verächtlichem Grinsen zurück: »Das ist ja Machorka, pfui Teufel!« Sprach's, griff in die Tasche und steckte sich eine englische Navy Cut ins Gesicht. Da war der gesellschaftliche Abstand zwischen Schieber und Landstreicher wieder hergestellt.

Mir war das inzwischen völlig gleichgültig geworden. In der angebrochenen Dunkelheit versuchte ich Bahnhofschilder zu entziffern, aber die Buchstaben begannen vor meinen Augen zu tanzen. Die Schmerzen in dem Bein, das inzwischen dick angeschwollen war, wurden unerträglich, ich konnte es überhaupt nicht mehr bewegen. Längst hatte ich keine Tabletten mehr, ungebremst schlugen ganze Wellen von Schmerzanfällen über mir zusammen. Die letzten zwei Stunden vor der Ankunft in Frankfurt waren nur vergleichbar mit den Schmerzen bei der Operation im Kriegslazarett nach meiner schweren Verwundung. Ich wundere mich heute noch, daß ich, wenn auch mit einem unglaublichen Energieaufwand, meine fünf Sinne soweit zusammenbehalten habe, daß ich den Frankfurter Hauptbahnhof registrierte. Ich habe keinerlei Erinnerung mehr daran, wie ich überhaupt aus dem Zug rausgekommen bin, der mitsamt meinem Persilkarton weiter fuhr. Mit den letzten Reserven schaffte ich den Weg auf die Bahnhofsmission, drückte dort einer Schwester den Zettel mit der Telefonnummer in die Hand und sank auf einen Stuhl. Auf einmal waren die Schmerzen nicht mehr so schlimm, ich hatte das Gefühl einer gewissen Leichtigkeit, das war fast angenehm. Ich wußte nicht, daß das Fieber inzwischen so hoch war, daß ich schon halb bewußtlos war.

Dann kam die Helferin und sagte: »Ich komm nicht durch, seit einer halben Stunde ist der Anschluß dauernd besetzt. Sind Sie sicher, daß die Nummer stimmt?« Was da los war, erfuhr ich in den nächsten Tagen. Alarmiert durch die immer schlechter werdenden politischen Nachrichten über die Abriegelung der Zonengrenze versuchte mein Vater an diesem Abend meinen Chefarzt in Sülzhayn zu erreichen. Da das ein damals so genanntes »Interzonengespräch« war, zog sich die Sache in die Länge. Heute, wo man in Sekundenschnelle mit den USA oder Neuseeland telefonieren kann, ist es kaum glaubhaft, daß man zu der Zeit Stunden auf ein Interzonengespräch warten mußte – ohne Garantie, daß es dann tatsächlich zustande kam. Als ich auf der Bahnhofmission saß, hatte mein Vater den Chefarzt am Telefon, der entsetzt sagte, ich sei vor drei Tagen aufgebrochen und müßte längst in Frankfurt eingetroffen sein. Da müsse was passiert sein, mein Vater solle sofort die Polizeistation in diesem Abschnitt der Zonengrenze alarmieren, wahrscheinlich läge ich irgendwo in den Bergwäldern zwischen der Dependance und der Zonengrenze. Er würde es bei der Volkspolizei versuchen. Nur schnellste Hilfe könne noch etwas retten. Sprachlos vor Schreck hängte mein Vater ein, der bis dahin keine Ahnung davon gehabt hatte, daß ich mich inzwischen alleine auf den Weg gemacht hatte, um seine drohende Verhaftung in Sülzhayn zu verhindern. Kaum hatte er meiner Mutter und meiner Schwester die Katastrophenmeldung berichtet, als das Telefon läutete. »Hier spricht die Bahnhofsmission, bei uns sitzt ein gewisser Ulrich Frodien, der behauptet, er sei der Sohn von einem gewissen Dr. Ulrich Frodien und er möchte bitte abgeholt werden, aber schnell, weil es geht ihm nicht so besonders gut, ist das in Ordnung?«

Ich war wieder in so eine Art Dämmerzustand zurückgefallen, als plötzlich die Tür zu dem kahlen Raum aufgerissen wurde, meine Schwester hereinstürzte und mir heulend um den Hals fiel. Dahinter tauchte mein Vater auf. Wie immer in solchen Situationen mit seinem Pokerface. Ich kam nicht mehr hoch, um ihn zu begrüßen. Als er mich hoch zog, sackte ich zusammen, mußte meinen Kopf auf seine Schultern legen, und merkte plötzlich, daß sein Gesicht naß war. Ein ungeheures Glücksgefühl durchströmte mich. Alles würde wieder gut werden. Ich hatte es endlich geschafft. Ich war wieder zu Hause.

Es gab viele junge Mädchen und wenige junge Männer. Letztere wußten genau, daß sie in den ersten Nachkriegsjahren »Mangelware« bleiben würden. Der Autor (re.) mit Heinz B. beim Sonntagsspaziergang im Park, dem Wochenendtreffpunkt der jungen Leute, wo die Verabredungen für den Tanzboden im »Goldenen Mond« getroffen wurden.

Nach Jahren in Uniform das erste Foto als Zivilist, für das sich der 19jährige im Frühjahr 1946 erst einmal die völlig ungewohnte Krawatte ausleihen mußte. Auf der Nase noch die Wehrmachtseinheitsbrille. Es dauerte lange, bis die Optiker ansehnlichere Modelle anzubieten hatten.

Mit der 125 Fichtel-Sachs unterwegs, nicht immer nur mit Medikamenten oder Benzinkanistern auf dem Gepäckträger. Wenn man damals mit so einem Fahrzeug eine Abiturientin von der Schule abholen konnte, hatte das eine ähnliche Wirkung wie heute ein Ferrari.

Freie Deutsche Jugend, Kreis Merseburg

BANKKONTO: STADTSPARKASSE MERSEBURG NR. 4747

Stadtjugendleitung der Freien Deutschen Jugend, [redacted]

Betr. Bescheinigung für den Jugendfunktionär Ulrich Frodien!

MERSEBURG, den
Lauchstädter Str. 6 - Fernruf 2521

Der Jugendfreund Ulrich Frodien, geb. 27.6.26. ist seit dem 6. Dezember 46. als Funktionär der Abteilungen Bildung, Werbung und Kultur in der hiesigen Stadtjugendleitung tätig.
Er ist Mitbegründer der [redacted] Jugendgruppe und gehörte zu den ersten MitgliedernDurch seinen restlosen Einsatz war es ihm möglich an verantwortlicher Stelle am Aufbau unserer Organisation teilzunehmen. Durch seine tatkräftige Mitarbeit hat er sich das Vertrauen aller Jugendfreunde erworben, und wurde von ihnen als Kreis-Bezirks und Landesdelegierter gewählt, um dort ihre Interessen zu vertreten. Am 11.5.47. wurde er für den Besuch der Jugendhochschule Bogensee ausgewählt.
Ausserdem war er bei verschiedenen Veranstaltungen als Versammlungsredner tätig.
Besonders hervorzuheben sind seine ständigen Bemühungen den Gedanken der Überparteilichkeit in die Mitgliederschaft hineinzutragen. Am Aufbau der hiesigen Jugendgruppe war er massgeblich beteiligt.
Sein Ausscheiden aus dem Funktionärskörper erfolgt auf eignen Wunsch.

Stadtjugendleiter
Franz Range

Freie Deutsche Jugend
Stadtjugendleitung
Bad Lauchstädt

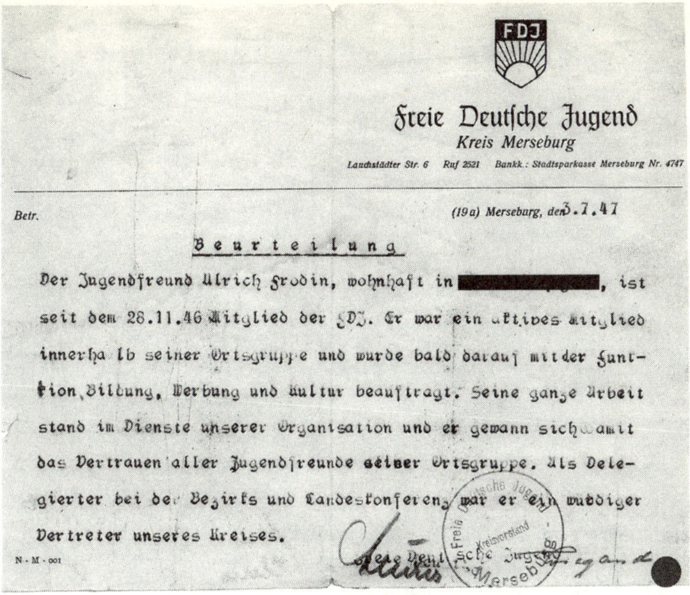

Freie Deutsche Jugend
Kreis Merseburg
Lauchstädter Str. 6 Ruf 2521 Bankk.: Stadtsparkasse Merseburg Nr. 4747

Betr.

(19a) Merseburg, den 3.7.47

Beurteilung

Der Jugendfreund Ulrich Frodin, wohnhaft in [redacted], ist seit dem 28.11.46 Mitglied der FDJ. Er war ein aktives Mitglied innerhalb seiner Ortsgruppe und wurde bald darauf mit der Funktion Bildung, Werbung und Kultur beauftragt. Seine ganze Arbeit stand im Dienste unserer Organisation und er gewann sich damit das Vertrauen aller Jugendfreunde seiner Ortsgruppe. Als Delegierter bei der Bezirks und Landeskonferenz war er ein würdiger Vertreter unseres Kreises.

Freie Deutsche Jugend
Freie Deutsche Jugend Kreisvorstand Merseburg

N-M-001

Schlußzeugnisse für eine Arbeit, die gescheitert war. Der Versuch, ab Sommer 1946 eine parteipolitisch unabhängige Jugendgruppe in der Sowjetzone aufzubauen, was nach den anfänglichen Versprechungen der FDJ möglich zu sein schien, erwies sich bald als eine unmögliche Aufgabe. Ab Sommer 1947 nahm der von den Kommunisten in der SED ausgeübte Druck so zu, daß sich schließlich im März 1948 CDU und LDP, die noch im Zentralrat der FDJ sitzenden Vertreter bürgerlicher Parteien, unter Protest zurückzogen. Was den Vorsitzenden, einen gewissen Erich Honecker, wenig gestört haben dürfte.

FREIE DEUTSCHE JUGEND FDJ

MITGLIEDSNUMMER

Nr. 369103

PROVINZ SACHSEN-ANHALT

1.11.1946

Eintritt

Frodien, Ulrich

Name-Vorname

27.6.1926 in Breslau

Geburtstag-Ort

[redacted]

Anschrift

[redacted]

Betriebs- oder Ortsgruppe

Merseburg

Kreis

D-2

Eigenhändige Unterschrift des Inhabers

FREIE DEUTSCHE JUGEND

Funktion Bildung, Werbung Kultur

Stempel

Unterschrift

WAS WILL DIE FREIE DEUTSCHE JUGEND?

Wir Jungen und Mädel der Freien Deutschen Jugend bekennen uns in Deutschlands bitterster Not zum Neuaufbau unserer Heimat auf antifaschistisch-demokratischer Grundlage. Uns vereint der heilige Wille, durch gemeinsame Anstrengungen die vom Nazismus verschuldete Not unseres Volkes überwinden zu helfen.

Wir wollen:

1. **Die Erhaltung der Einheit Deutschlands.**
2. Die Gewinnung der Deutschen Jugend für die großen Ideale der Freiheit, des Humanismus, einer kämpferischen Demokratie, des Völkerfriedens und der Völkerfreundschaft.
3. Die aktive Teilnahme aller Jungen und Mädel beim Wiederaufbau unseres Vaterlandes.
4. Die Schaffung eines neuen Deutschlands, das der Jugend das Mitbestimmungsrecht durch ihre aktive Teilnahme an der Verwaltung des öffentlichen Lebens einräumt; das allen Jungen und Mädeln ohne Unterschied ihrer Herkunft, des Vermögens und des Glaubens eine gute Berufsausbildung, Zutritt zu allen Bildungs- und Kulturstätten, gleiche Entlöhnung für gleiche Arbeit, ausreichenden Urlaub und Erholung sichert.
5. Die Förderung unseres jugendlichen Zusammengehörigkeitsgefühls durch die Entwicklung aller Interessengebiete unseres Lebens. Die Bildung von Arbeits- und Interessengemeinschaften sozialer, kultureller und sportlicher Art sowie des Jugendwanderns.

Deutscher Junge, Deutsches Mädel!

Wenn Du in Deinem Herzen den Drang fühlst, an der Gestaltung einer frohen, freien, glücklichen und friedlichen Zukunft unseres Volkes mitzuwirken, dann bist Du uns als Kamerad und Mitstreiter willkommen. Dann reihe Dich ein in den großen einigen Freundschaftsbund der

FREIEN DEUTSCHEN JUGEND.

Die »Ideale der Freiheit, des Humanismus« und vor allem »die Erhaltung der Einheit Deutschlands«, das schien uns ein vernünftiger und überzeugender Ansatzpunkt für politische Jugendarbeit zu sein. Wir wollten zusätzlich unbedingt erreichen, daß die oft mündlich zitierte »parteipolitische Unabhängigkeit« der FDJ in ihren Statuten festgeschrieben werden sollte. Gegen diese Zumutung wehrten sich die höheren Funktionäre, fast alle Kommunisten, bis aufs Messer. Heute wissen wir, warum. Damals, als alles erst anfing, glaubten wir an unsere Chance.

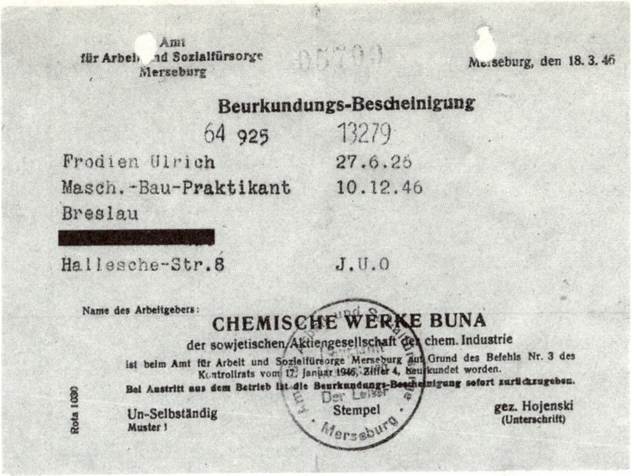

Amt
für Arbeit und Sozialfürsorge
Merseburg

Merseburg, den 18. 3. 46

Beurkundungs-Bescheinigung

64 925 13279

Frodien Ulrich 27.6.26
Masch.-Bau-Praktikant 10.12.46
Breslau
[redacted]
Hallesche-Str.8 J.U.O

Name des Arbeitgebers:
CHEMISCHE WERKE BUNA
der sowjetischen Aktiengesellschaft der chem. Industrie
ist beim Amt für Arbeit und Sozialfürsorge Merseburg auf Grund des Befehls Nr. 3 des Kontrollrats vom 17. Januar 1946, Ziffer 4, beurkundet worden.
Bei Austritt aus dem Betrieb ist die Beurkundungs-Bescheinigung sofort zurückzugeben.

Rota 1030

Un-Selbständig
Muster 1

Stempel

gez. Hojenski
(Unterschrift)

Nach DDR-Archiven wurden in der sowjetisch besetzten Zone zwischen 2 000 und 2 400 Fabriken demontiert und in die UdSSR abtransportiert. 13 000 km Eisenbahnschienen wurden abgebaut, um einen Teil der von den Deutschen zerstörten Infrastruktur zu ersetzen. 200 weitere, besonders wichtige Industrieanlagen, vor allem aus der Elektroindustrie, dem Schwermaschinenbau, der Chemie- und Energiewirtschaft blieben zwar stehen, wurden aber in Sowjet-Aktiengesellschaften umgewandelt und Eigentum der UdSSR, darunter Weltfirmen wie Agfa, Buna und Krupp-Gruson. Erst Ende der 80er Jahre, als die DDR auf Distanz zur UdSSR gegangen war, sprachen DDR-Wissenschaftler von »1 650 industriellen Objekten«, die »vornehmlich« teilweise abtransportiert worden seien.

Werksausweis des Autors vom Dezember 1946, als er als Ingenieur-Praktikant in der Sowjet-AG Buna in Schkopau arbeitete. Dort waren die entscheidenden Leitungsfunktionen seit Januar 1946 alle mit russischen Fachleuten besetzt, deren besondere Aufmerksamkeit unter anderem der großen Lehrwerkstatt galt, einer der größten damals in Sachsen-Anhalt, die gefördert wurde, soweit es die Umstände zuließen.

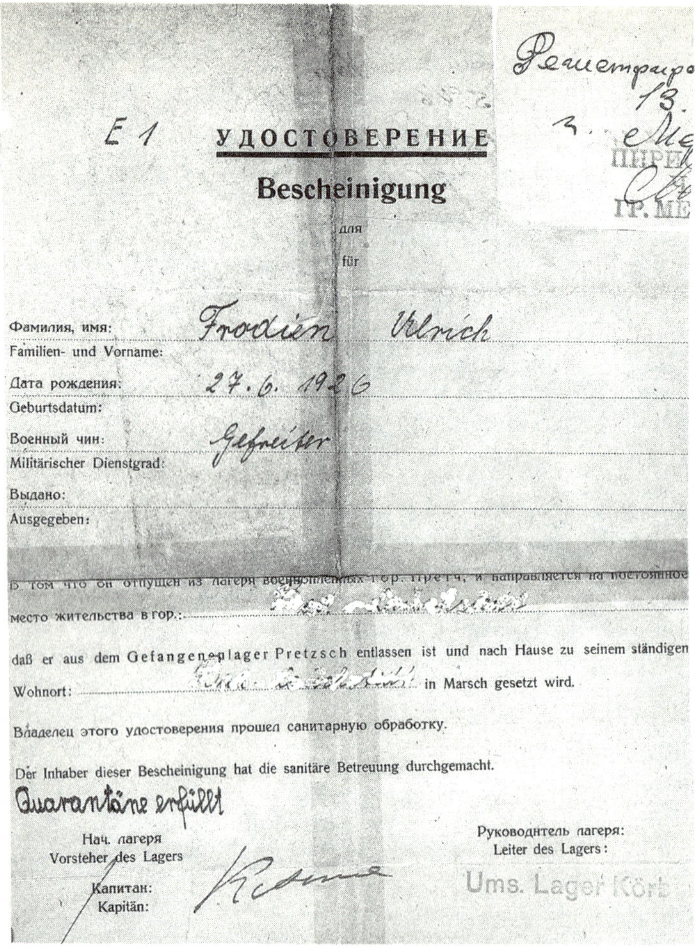

E 1 **УДОСТОВЕРЕНИЕ**

Bescheinigung

для

für

Фамилия, имя: Frodien Ulrich
Familien- und Vorname:

Дата рождения: 27.6.1926
Geburtsdatum:

Военный чин: Gefreiter
Militärischer Dienstgrad:

Выдано:
Ausgegeben:

В том что он отпущен из лагеря военнопленных гор. Претч, и направляется на постоянное место жительства в гор.:

daß er aus dem Gefangenenlager Pretzsch entlassen ist und nach Hause zu seinem ständigen Wohnort: in Marsch gesetzt wird.

Владелец этого удостоверения прошел санитарную обработку.

Der Inhaber dieser Bescheinigung hat die sanitäre Betreuung durchgemacht.

Quarantäne erfüllt

Нач. лагеря
Vorsteher des Lagers

Капитан:
Kapitän:

Руководитель лагеря:
Leiter des Lagers:

Ums. Lager Körb

Für alle ehemaligen Soldaten die lebenswichtige Eintrittskarte in das normale Leben als Zivilist und Bürger. Wer dieses Papier 1945/46 bei Razzien der alliierten Militärpolizei nicht vorweisen konnte, riskierte seine sofortige Festnahme und Überstellung in ein Lager. In der Ostzone gab es für die entlassenen Soldaten nur dann Lebensmittelmarken, wenn sie diesen Entlassungsschein vorlegen konnten.

Ulrich Frodien

»Bleib übrig«
Eine Kriegsjugend in Deutschland
Originalausgabe
Mit s/w-Abbildungen

ISBN 3-423-30849-4

Schon wieder Opas Kriegsgeschichten? Nein! »Bleib übrig« lautet gegen Ende des Zweiten Weltkrieges der Abschiedsgruß unter deutschen Soldaten. »Auf Wiedersehen« schien nicht mehr so recht zu passen. Der Journalist Ulrich Frodien, Sohn einer deutschnationalen Arztfamilie in Breslau, schildert seinen Weg vom Jungvolkjungen über den Hitlerjugendführer bis zum 17jährigen Kriegsfreiwilligen. Erst an der Ostfront beginnt er, an seinem bisherigen Weltbild zu zweifeln. Nach schwerer Verwundung gelingt ihm Ende Januar 1945 die Flucht aus Breslau. »Ihnen ist etwas Seltenes gelungen«, schrieb Hans-Jochen Vogel dem Autor, »eine anschauliche und realistische Schilderung von Kriegserlebnissen aus dem seinerzeitigen Bewußtseinsstand heraus. Und das in einer einfachen, ungekünstelten Sprache, die sich von Dramatisierung ebenso fernhält wie von Selbstmitleid.«

»Seine Erinnerungen sind ein wichtiger Beitrag zum Verständnis jener Generation, die sich nach 1945 schweren inneren Erschütterungen ausgesetzt sah.«
Norddeutscher Rundfunk

»Er berichtet von wahnsinnigem Mut und normaler Feigheit – verwoben mit einer Biographie, beispielhaft für diese ›übriggebliebenen‹ Jahrgänge.«
Abendzeitung, München

»Ein unsentimentaler, manchmal realistisch brutal geschriebener Zeitzeugenbericht, auch ein halbes Jahrhundert später lesenswert.«
Stuttgarter Zeitung

»Ein Zeitdokument, vor allem die Schilderungen aus seiner sterbenden Heimatstadt Breslau.«
Süddeutsche Zeitung